디지털 철학

디지털 철학

디지털 컨버전스와 미래의 철학

이종관 · 박승억 · 김종규 · 임형택 지음

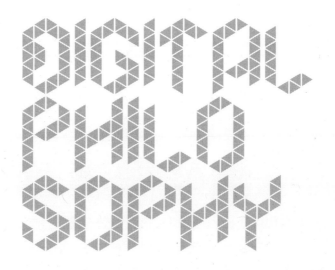

성균관대학교
출판부

또 하나의 책이 출간된다. 그것도 디지털 기술을 다루는 인문학 책, 철학 책이다. 인문학 그리고 디지털 기술, 전혀 가까울 것 같지 않던 두 영역이 최근 자주 만나고 있다. 그리고 그렇게 만나야 한다고 한다. 디지털 기술과 인문학의 융합은 시대의 소명이 된 듯도 하다.

　융합이 시대적 소명으로까지 육박하게 된 것은 2010년 어느 날 스티브 잡스가 아이패드를 선보이는 현장에서 일어난 사건 때문이다. 그는 당시 애플의 혁신은 인문학과 기술의 교차로에서 탄생한다고 선언했다. 실로 그 즈음 애플은 망해가던 과거를 거의 기적에 가깝게 극복하고, 놀라운 성장 속도를 뽐내며 세계인들을 감동시키고 있었다. 이러한 애플의 기적 시연은 우리나라 융합 역사에 새로운 전기를 마련했거니와, 이로써 융합은 더욱 가속화되고 확산되어야 할 강력한 동인으로 흡수되었다. 그리고 거기에는 다음과 같은 기대 심

리가 있었다. '이제 인문학을 제품화하는 기업은 애플처럼 될 수 있을 것이다......'

그런즉 이상한 기류가 감돌았다. 인문학자와 기술자가 만나 융합이라는 걸 하면, 금방이라도 애플을 능가하는 혁신 제품이 나올 듯, 숨 가쁘게 융합은 선전되었고, 사방에선 관련 이벤트들이 쏟아져 나왔다.

하지만 여기 이 책은 그러한 이벤트의 하나가 아니다. 이 책은 돈을 버는 책이 아니라 철학하는 책이다. 그렇다고 철학 책이 인간의 삶과 관계없이 진공에서 탄생하는 형식 놀이란 의미는 더욱 아니다. 이 책은 이 책을 쓴 사람들이 동시대를 살며 겪는 '실존적인 삶의 경험'에서부터 탄생한 것이다.

그 실존적 경험이란 우리가 지금 살아가면서 그 삶과 함께 절실하게 체험하고 있는 사실, 즉 세상은 급격하게 변하고 있다는 사실이다. 어쩌면 급격한 변화에 대한 언급은 더 이상 놀라운 말도 아니다. 아니 오히려 너무나 자주 반복되는 상투적인 말이 되어, 누구에게도 새로움을 전달하지 못한다. 마치 변화에 대한 환기는 니체가 말한, 닳아빠진 동전의 메타포처럼 아무런 의미도 담고 있지 못하다.

그러나 변화가 오고 있다는 것은, 그리고 그 변화가 늘 일어나고 또 그 속도가 지나치게 빠르다는 것은 사실 놀라운 일이다. 만일 우리가 다른 시대에 살고 있다면, 그래서 세계가 큰 변화가 없이 늘 그대로 진행되는 농경사회 같은 곳이라면, 조그만 변화도 얼마나 놀라운 일이겠는가. 더군다나 급격한 변화는 얼마나 사람들을 공황 상태에 빠뜨릴까.

정말 엄청난 변화가 일어났다. 변화가 정상이고 오히려 변치 않는 것이 이상한 시대가 도래하였다. 이제 모든 것은 변하고, 변해야만 하고, 변하지 않으면 없는 것이나 마찬가지인 상태로 전락했다. 만약 우리가 다른 시대로부터 온 것이라면, 늘 공황 상태에서 파랗게 질려 있을 시대…… 그러나 이제 공황은 일상이 되었고, 이러한 일상에서 공황 상태에 빠지는 사람은 병자로 전락한다.

이 모든 것은 세상에 '디지털 기술'이라는 것이 출현하면서 시작되었다. 디지털 기술은 서서히 우리의 삶 속으로 침투해 들어오더니 어느 순간부터 거듭제곱의 속도로 발전하며 확산되고, 세상과 삶이 이 기술에 의해 변화하는가 싶더니, 이제는 이 기술이 없으면 세상과 삶은 붕괴될 위험에 처해 버렸다. 이제 디지털 기술은 역사의 운명까지 돼버린 것이다. 늘 장악할 수 없는 운명의 그물망에 자신을 내맡기곤 하던, 역사적 존재인 인간은 이제 거스를 수 없이 밀려오는 디지털 파도에 운명적으로 몸을 내던진다.

그런데 디지털 기술에 의해 펼쳐지는 운명의 그물망은 아주 독특하다. 그 안에 사로잡힌 인간은 마치 자신이 직접 그물을 만드는 것처럼 기술을 개발한다지만, 거꾸로 그렇게 만들어진 그물은 인간을 초월한 어떤 힘 인양 인간을 완벽하게 사로잡는다. 그리고 그렇게 사로잡힌 인간은 자연스런 시간의 관념으로는 감당할 수 없는 속도로 이리저리 떠밀리며 끊임없이 이동을 강요받는다. 인간은 이제 빈틈없이 그리고 꼼짝없이 사로잡힌 상태에서, 그러나 이동통신기기를 손에 쥐고 쉴 새 없이 이동하는, 기이한 존재 방식으로 존재한다.

왜 이렇게 되었을까. 우리가 계속 이렇게 살아간다면, 대체 어떤 일이 인간 존재에게 일어날까. 그리고 그 미래는 어떻게 될까. 이러한 문제에 대한 철학적 논의를 이 책은 하고 싶다.

물론 디지털 기술은 일반적으로 정보화 기술과 거의 동의어이다. 그러나 디지털 기술을 인간이 살아가는 데 필요한 정보를 저장하고 전달하는 데 사용되는 효율적인 도구로만 인식한다면, 디지털 기술의 심층을 구성하는 사태는 은폐돼 버리고 만다. 뿐만 아니라 그로부터 발생하는 표층적 파장의 의미도 파악될 수 없다.

실증 학문들과 달리 사태를 보다 근원적인 차원에서 통찰하여 그 의미를 해석하는 것이 철학을 비롯한 인문학에 주어진 소명이라면, 철학과 인문학은 디지털 기술이 현실에 수용되어 일어나는 파장과 영향을 밝혀낼 때, 그것을 단지 정보를 다루는 기술로만 이해하는 층위를 극복하고 논의를 진행시켜야 한다. 또한 현재의 디지털 기술이 갖는 혁신성을 명확히 드러내고, 그 혁신성을 특징짓는 기저를 밝혀 내는 작업이 함께 수행되어야 한다.

이러한 이유에서 디지털 기술에 대한 철학적·인문학적 해명을 시도하는 이 책은, 디지털 기술을 그 이전의 기술과 구분하는 혁신성에 대한 접근으로부터 출발하여, 그 발전 과정의 심층사를 추적한다. 그리고 그러한 심층사를 견인하는 형이상학적 동기를 포착해 내고, 디지털 기술의 심층에서 디지털 기술을 작동시키는 존재론적·공간론적 특성들을 고찰해 본다. 이러한 작업은 그 특성에 비추어 인간의 현재 그리고 미래를 그려 보려는 작업으로 이어질 것이다.

막상 쉬운 작업은 아니었다. 이 책의 논의를 관통하는 '디지털 컨버전스'라는 사건은 다양한 문제를 건드리고 있다. 때문에 이러한 문제에 관심이 있는 네 사람이 공동으로 생각을 함께 나누고 논의하며 글을 썼다. 이 네 사람은 원래 오랫동안 성균관대학교 철학과에서 선생과 학생의 인연을 맺고 가르치고 배우는 관계였다. 하지만 어느덧 한때 학생이었던 사람들이 이제는 선생과 학문적 동료로서 함께 고민하고, 때로는 오히려 과거 선생이었던 사람에게 새로운 것을 가르쳐 주기도 하였다. 그러면서 서로 생각지 못했던 창의적 결과를 만나게 되었을 때, 네 사람은 어울려 철학하는 기쁨을 맛보기도 하였다.

이 와중에 가장 수고를 한 사람은 김종규 박사이다. 늘 늠름한 모습으로 어렵고 귀찮은 일을 마다않는 그가 있었기에 이 책이 완성될 수 있었다. 그의 노력에 고마움을 표한다. 그리고 성균관대학교 철학과 박사과정의 민규홍 군과 백송이 양의 헌신적인 도움이 없었다면, 이 책은 출간이 상당 기간 지체되었을 것이다. 두 사람에게도 고마움을 표하며, 그들의 철학적 연구에 큰 성과가 있기를 바란다. 마지막으로 성균관대학교 출판부의 현상철 선생에게 깊은 고마움을 전하고 싶다. 인문 정신에 깊은 애정을 갖고 있는 그가 있었기에 이 책은 출판이라는 행운을 만날 수 있었다.

2013년 한해가 저무는 12월 명륜골에서,
필진을 대표하여 이종관

DIGITAL PHILOSOPHY

디지털 컨버전스와
인간의 삶

디지털을 '돼지털'로 알아듣는 광고는 더 이상 재미있지 않다. 지금 우리는 디지털을 낯설어하지 않으며, 게다가 디지털에 둘러 싸여 살아가고 있기 때문이다. 세대 간의 차이가 여전히 남아 있기는 하지만, 은행업무나 장보기 등등의 사소한 일상조차도 점차 모바일을 중심으로 펼쳐지고 있다. 게다가 방송의 경우 이미 세대 간의 차이는 존재하지 않는다. 방송에 있어 더 이상 아날로그와 디지털은 공존하지 않기 때문이다. 이러한 탓에 우리는 '미디어 시대'라는 말보다는 '디지털 미디어 시대'라는 말에 이제는 더 익숙하다. '디지털 미디어 시대'는 아날로그에서 디지털로의 변환만을 뜻하는 것이 아니다. 그 변환 속에서 미디어의 성격도 변경되기 때문이다. 이러한 점에서 볼 때, 미디어와 디지털의 관계에 있어 규정하는 쪽은 미디어가 아니라 오히려 디지털이다.

일반적으로 알려져 있듯, '미디어 시대'라는 말은 기기의 사용 차원에서 이해되는 것은 아니다. 달리 말해 미디어는 그저 사용하는 도구의 차원에서 이해되지 않는다. 미디어는 오히려 인간의 삶을 규정하며, 인간의 삶이 미디어를 통해 영위된다. 따라서 '미디어 시대'란 단순히 새로운 도구를 사용하는 시대가 아니라 미디어를 통해 펼쳐지는 새로운 인간의 시대를 일컫는 말이다. '디지털 미디어 시대' 역시 유사하게 이해된다. 다만 이 시대에 대한 충족적인 이해는 '디지털'에 대한 이해 없이는 불가능하다. '디지털'이 '미디어'를 규정하게 되는 것은 단지 우연이 아니다. 그것은 '디지털 컨버전스'라는 흐름 속에서 필연적으로 귀결된 사건이다. 디지털에 대한 철학적 성찰이 요구되며, 이러한 철학적 성찰이 디지털 컨버전스와 조우하게 되는 것은 바로 이 때문이다.

그러나 이러한 성찰 속에서 철학이 세계를 해석해 오기만 했다는 마르크스의 비판은 여전히 유효한 듯하다. 물론 이 비판은 두 가지의 뜻으로 읽힐 수 있다. 먼저 이 비판은 철학의 무용성을 뜻할 수도 있고, 달리 보면 철학이 새로운 길을 모색해야 한다는 자성의 뜻으로도 읽힐 수 있기 때문이다. 여기서 전자의 뜻은 접어두어야 한다. 그 뜻에 따르면, 여기서 우리가 이러한 말을 하고 있을 필요도 없기 때문이다. 그러니 두 번째 뜻을 따라보기로 하자. 두 번째 뜻에서 마르크스가 비판하는 것은 철학적 해석 자체가 아니다.

물론 '디지털 철학'은 마르크스의 철학과는 무관하다. 그럼에도 불구하고 '디지털 철학'은 마르크스의 비판을 진지하게 받아들여야 한다. 왜냐하면 '디지털 철학'이 그저 디지털 컨버전스 세계를 단지 해석하는 데 그쳐서는 안 되기 때문이다. 이러한 의미에서 디지털 컨버전스를 철학이 다루는 이유에 대해 기술할 때, 우리는 최소한 '철학은 인간의 삶을 다루는 학문이며, 디지털 컨버전스는 인간의 삶에 큰 영향을 미치기 때문'이라는 식의 대답은 넘어서야 한다. 넘어서야 하는 것은 이 대답이 틀려서가 아니라, 이 대답이 구체적인 내용들을 결여하고 있기 때문이다. 이러한 내용의 결여 속에서 우리는 '어떻게 살 것인가?'에 대한 어떠한 예측이나 전망도 기대할 수 없다. 따라서 우리는 디지털 컨버전스가 왜 그리고 어떻게 우리의 삶을 변화시키는 것인가에 대해 보다 심층적이고 보다 구체적으로 접근해야 한다. 디지털 컨버전스의 정체를 밝히는 작업은 이러한 접근의 출발점이다.

디지털 컨버전스란 무엇인가?

디지털 컨버전스는 매체간의 융합과 그에 따른 기기와 문화콘텐츠 나아가 문화콘텐츠 시장의 융합으로 이해되고 있다. 그러한 가운데 개념적으로 상당한 혼란이 수반되고 있다. 컨버전스는 어떤 경우에는 미적분 수학에서 발원한 본래의 의미에 충실하게 1) 수렴, 혹은 2) 상이한 것들의 공존(coexistence), 3) 혼종화(hybrid), 4) 융합(fusion), 5) 조합(combination), 6) 합성(composition) 등 다양한 현상을 기술하는 용어로 사용되고 있다. 그러나 이때 그 용어에 의해 기술되는 다양한 현상들이 갖고 있는 개개의 양상 차이가 고려되지 않음으로써 상당한 문제점을 불러일으킬 위험이 있다.

　이러한 의미에서 철학에서는 디지털 컨버전스의 본래적 의미에 충실하게 이 개념을 이해하고, 이 개념의 발원지에서부터 이 개념이 기술하는 현상의 메타적 의미를 발굴해 내려 한다. 이때 길잡이가 되는 것은 디지털 컨버전스가 기술적 영역에서 출현하였으며 기술의 영역에서는 컨버전스의 수학적 의미가 크게 변용되지 않은 채 도입되었다는 사실이다. 따라서 기술 영역에서 컨버전스는 수렴의 의미로 활용되고 있다. 또한 여기서 중요한 점은 디지털 컨버전스가 컨버전스 일반을 이야기하는 것이 아니라 디지털이라는 특성을 갖고 있는 컨버전스라는 점이다. 이 두 가지 사실을 종합하면, 적어도 기술 영역에서 컨버전스는 다른 곳이 아닌 바로 디지털을 플랫폼으로 하여 수렴현상이 일어난다는 뜻이다. 결국 철학의 영역에서 소홀히 할 수 없는 디지털 컨버전스의 의미는 모든 존재하는 것을 디지털로 변환하여 디지털 논리(logic)로 수렴시킴으로써 각각의 존재자들의 자연적 경계가 해체되며, 상호침투하고, 소통하면서 일어나는 현상이다.

존재론적 혁신으로서의 디지털 컨버전스

디지털 컨버전스의 원래의 의미와 그 의미가 기술적 영역에서 방사되었다는 사실을 메타적 차원에서 고찰하면, 매체의 융합을 기술(記述)하는 용어로 활용되고 있는 디지털 컨버전스는 사실상 현대문화의 심층에서 일어나고 있는 존재론적 혁신이다. 즉 디지털 컨버전스는 존재하는 모든 것들이 총체적으로 디지털로 수렴되어 디지털화되는 과정의 한 국면이며 표층적 현상이다. 과거 기술적 한계로 텍스트와 문자를 중심으로 이루어지던 디지털화가 이제 여러 층위와 영역에 걸친 경계를 넘어, 소리, 이미지 심지어는 생명에 이르기까지 진행되고 있는 것이다. 이는 공간론적으로 말하면 일정 영역의 존재자만이 디지털화되어 디지털 공간에서 존재성을 현실화하던 단계에서 이제 거의 모든 존재자가 그 존재방식의 차이에도 불구하고 디지털화되어 디지털 공간에서 그 존재성을 현실화하고 있는 것이다. 이제 인간을 포함한 모든 존재자는 언제 어디서든지 디지털 스페이스로 접속되어 그곳에서 존재를 실현하는 상황으로 접어들고 있다. 디지털 컨버전스는 따라서 한편으로는 디지털화의 과정이 존재하는 모든 곳에 스며들어 편재하는 유비쿼티(Ubiquity)의 실현과정이다. 동시에 디지털 컨버전스는 다른 한편으로 존재하는 모든 것이 언제 어디서든지 멈춤 없이 디지털 스페이스로 접속되어 존재를 현실화하는 모빌리티(Mobility)의 실현과정이다. 이렇게 모빌리티와 유비쿼티라는 양상으로 진행되는 디지털 컨버전스는 기존의 존재 영역간의 경계를 모호하게 하여 영역간의 상호침투를 유발하고 나아가 혼종화를 일으키기도 한다. 그러한 가운데 과거에는 존재하지 않던 현상이 창발하기도 한다. 그런데 이런 과정은 자연적 과정이 아니며 따라서 자연적 존재자를 디지털화하는 각종의 모바일 유비쿼터스 디지털 기기를 통해서만 가능해진다. 그간 이 디지털 기기는 우선적으로 디지털화를 허용하는 존재자로부터 복잡한 과정을 통해 디지털화를 허용하는 존재자 등 그 존재방식에 따라 용이하게 개발될 수 있는 것과 상당한 시간적 지체 후에야 비로소 개발될 수 있는 것으로 편차가 심하게 구분되어 있었다. 그러나 이제 이 모든 것을 통합할 수 있는 디지털 플랫폼이 완성되어 감에 따라 이러한 기기의 여러 편차가 조정되면서 존재하는 모든 것이 디지털로 수렴되는 과정에 들어섰다.

이러한 디지털 컨버전스는 심지어 인간의 몸과 감각의 영역에서까지 일어나고 있다. 인간이 만지고 듣고 먹고 느끼고 냄새 맡는 모든 것들이 그 고유의 영역을 벗어나 이제 디지털로 변환되고, 나아가 이러한 감각기능을 수행하는 인간의 감각기관 및 뇌까지 디지털로 변환될 수 있는 시점이 멀지 않았다. 그리하여 이제 디지털 기기 혹은 매체와 인간의 인터페이스 또한 뇌신경 신호를 실시간으로 디지털 신호로 변환함으로써 뇌와 기기간의 직접적인 상호 작용으로 실행되는 '뇌-기계 인터페이스(Brain-Machine Interface)'의 개발이 진행되고 있다. 이러한 예에서 보듯, 과거와 전혀 다른 존재양상과 방식을 갖고 있는 것으로 취급되어 왔던 것들이 이제는 디지털 변환을 매개로 때에 따라서는 결합하고, 때에 따라서는 섞이고, 때에 따라서는 합성되고, 또 때에 따라서는 융합되고, 그리하여 어떤 경우에는 혼종화 양상을 보이다가 이질적인 것으로 창발하기도 한다.

환경으로서의 디지털 컨버전스

오랫동안 바다 생활을 한 사람이 육지에 오르면 육지 멀미라는 것을 하게 된다. 또한 스쿠버다이버의 행동은 물과 육지에서 달라진다. 이 현상들은 사람이 달라져서가 아니라 그가 처한 공간이 달라지기 때문에 발생하는 것이다. 다시 말해 환경으로서의 공간의 변화는 인간의 행동에 큰 영향을 미치게 된다. 디지털 컨버전스는 바로 이러한 공간의 변화와 밀접한 연관을 맺고 있다.

디지털 컨버전스는 디지털을 플랫폼으로 삼으며, 이에 공간 역시 디지털과 혼종화된다. 예를 들어 인간의 사회적 활동 대부분이 온라인에서 이루어질 수 있는 것은 바로 이러한 혼종화 덕분이다. 더 나아가 미디어 영역에서는 이러한 혼종화의 결과로서 새로운 현실을 선보이고 있다. 추후 자세히 논의될 것이기는 하지만, 디지털 미디어가 제공하는 증강현실(augmented reality) 혹은 혼합현실(mixed reality)은 우리에게 새로운 공간의 형식을 드러내고 있다. 이렇게 새로운 공간의 형식은 우리의 행동과 의식 그리고 인식 방식에 대하여 새로운 환경으로 작용한다. 그리고 환경에 대한 적응의 관점에서 우리의 행동과 의식 그리고 인식의 방식 역시 새로운 변화를 맞이하게 될 것으로 보인다.

이와 더불어 디지털 컨버전스는 그 심층에서 이미 생명을 중심으로 수렴되고 있다는 사실 또한 간과되어서는 안 된다. 여기에는 두 가지 이유가 있다. 우선 인간 행동과 의식 그리고 인식에 관한 논의는 인간의 존재의미를 구성하는 핵심인 생명성에 관한 논의를 누락하고는 진행될 수 없기 때문이다. 그리고 생명을 중심으로 일어나고 있는 디지털 컨버전스와 그 결과의 총아인 디지털 컨버전스 생명은 생명에 대한, 나아가 인간의 의미에 대한 존재론적이고 실존적인 전복을 촉발시키고 있기 때문이다.

총체적 디지털화와 존재의미의 전복

그런데 총체적 디지털화는 대체 왜 어떻게 일어난 것일까? 디지털 컨버전스가 일어날 수밖에 없는 정치경제학적 동기는 이러한 개념이 등장하기도 전에 이미 장 보드리야르에 의해 추적되었다. 그리고 이러한 추적과정에서 두 가지 매우 중요한 사실이 밝혀졌다. 우선 디지털 컨버전스는 20세기 전반 인간이 처한 위기를 돌파하기 위한 과정으로, 인간은 이제 그 이전 어느 시대와는 비교할 수 없는 전혀 다른 공간으로 이주하고 있다는 것이다.

　다른 하나는 디지털화를 통해 진상(眞相)과 가상(假相)의 자리바꿈이 일어난다는 그의 통찰이다. 물론 보드리야르가 처했던 상황은 20세기 후반 디지털화의 초보적 단계에 불과했지만, 이러한 디지털화에 잠복하고 있는 진상과 가상의 자리바꿈은 디지털 컨버전스의 기축 과학들인 NBIC(Nano+Bio+Info+Cogno) 융합이 더욱 정교해지는 것과 비례하여, 급기야는 가상이 존재론적으로도 이미 진정한 진상이라는 결론으로 다가가고 있다. 이러한 경향은 디지털화를 선도하는 첨단과학에서 디지털 기술을 중심으로 한 컨버전스가 그 심층에서 생명을 중심으로 진행되면서, 단순히 매체 차원의 컨버전스에서는 목격될 수 없는 인간의 존재의미에 대한 전복으로 귀결되고 있다.

무엇을 할 것인가?

디지털 컨버전스의 미래가 어떤 모습일 것인지는 다만 예측할 수 있을 뿐이다. 미래 예측은 늘 양가적인 것이어서, 디지털 컨버전스가 초래할 존재의 의미 변화에 대한 가치 평가가 분명하게 내려질 수는 없다. 그러나 철학은 인간의 실존적 삶의 수호자이다. 따라서 디지털 컨버전스의 미래에 대한 즉각적인 가치 평가를 내릴 수 없다는 것이 결코 무책임한 태도로 귀결될 수는 없다. 그것의 미래가 혹여 인간의 실존적 삶을 파괴할 수도 있을 것이기 때문이다. 바로 여기서 철학이 무엇을 해야 하는지가 결정된다. 철학은 그러한 모든 가능성을 염두에 두고 디지털 컨버전스가 초래할 변화들의 양상을 비판적으로 고찰하고 예견해야 한다.

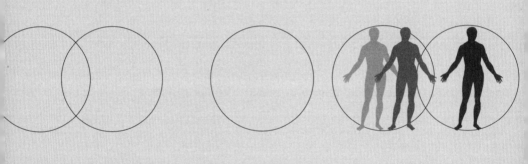

1부

디지털 컨버전스의 역사와 흐름

하나의 양식 안에 모든 것을 담아내려는 컨버전스(Convergence)의 이념은 물리
적 토대로서의 기기(器機)뿐 아니라 그런 기기에 담길 수 있는 콘텐츠들의 컨버
전스를 강요하고 있는 것처럼 보인다. 이른바 최근 디지털 산업계의 화두 중 하
나인 '플랫폼화'에 관한 논의들이 그렇다. 이러한 컨버전스의 이념은 편의성과
즉각성을 강조하는 도구적 합리성의 구체적 양상들 중 하나라는 점에서 오늘날
의 삶에 있어서 결코 낯선 것이 아니다. 단순화해서 말하자면 컨버전스는 오랫
동안 상상의 세계 속에서 펼쳐져 있던 인간의 욕망에 대해 기술의 발전이 제공
하는 선물처럼 보인다. 그러나 좀 더 깊이 있는 시선 속에서 응시하면 컨버전스
는 단지 첨단 사회를 사는 오늘날의 이념뿐만 아니라, 문명적 인간의 가장 근원
적인 지적 욕망에까지 닿아 있다고 말할 수 있다.

컨버전스 개념을 지탱하고 있는 존재론은 컨버전스에 참여하는 대상이나 방법
의 동질성 혹은 동일성을 전제하고 있다. 기기는 물론이고 콘텐츠조차도 '수렴'

할 수 있다는 믿음은 그것들이 하나의 동질적인 양식 안에 담길 수 있는 존재들이라는 것을 함축한다. 이런 점에서 컨버전스 개념은 만물이 변화하는 원인을 물이라고 생각한 탈레스와 같이 고대 밀레토스의 자연철학자들의 이념과 닿아 있다. 밀레토스의 현자들은 부단히 변화하는 세계를 관통하는 하나의 원리가 존재하리라고 믿었다. 인간 지성에 의해 파악될 수 있는 이러한 우주적 원리는 곧 존재의 원리라고 할 수 있을 것이다. 컨버전스적 이념을 공유하는 통섭(Consilience)을 주장하는 윌슨(E. Wilson)이 이른바 '이오니아의 마법'을 말하는 것도 그 탓이다.[1]

이러한 오랜 욕망의 역사에도 불구하고 오직 이념으로 머물러 왔던 컨버전스가 인간 삶의 현실을 실제로 바꾸어 가는 기술적-도구적 힘을 가질 수 있게 된 것은 '디지털 시대'의 도래 덕이다. 무엇보다 '디지털'은 화려한 색깔을 가진 존재자들의 다양한 차이를 이진수의 기술방식으로 환원하여 조작할 수 있는 가능성을 열어 주었기 때문이다. 이러한 의미에서 디지털 컨버전스는 형이상학적 원리로 모든 것을 설명하려는 고대 그리스의 자연철학적 기획이 고도로 합리화된 형태라고 할 수 있다.

일종의 시대적 패러다임으로서 디지털 컨버전스는 그래서 '모든 것이 디지털'로 가능해질 것으로 이해되기도 한다. 디지털 컨버전스를 선도하는 사람 중 하나인 니콜라스 네그로폰테는 3단계의 시기적 구분을 통해 디지털 컨버전스 개념을 설명한다.[2]

그는 디지털 컨버전스를 궁극적으로 비트(bit)와 아톰(atom)이 하나가 되는 것으로 이해하고, "비트를 잡기도 하고, 입기도 하고, 먹기도 하는 시대가 열릴 것"이라고 선언한다. 즉, 모든 존재가 '디지털'에 의해 매개되어 결합하는 이른바 '총체적 디지털화'이다.[3]

1)
비트를 비트로만
인식하는 시기

2)
비트와 아톰의 시기

3)
비트와 아톰이
하나가 되는 시기

총체적 디지털화는 삶의 양식과 사회 구성체들의 존재 양식뿐 아니라 인간 생명까지도 포함하는 존재 전체의 디지털화를 의미한다. 따라서 이를 이해하기 위해서는 인간을 포함한 존재자 전체, 그리고 존재자들의 존재 양상을 규정하는 시/공간이 어떻게 디지털화할 수 있는지, 그리고 그 구체적인 양상이 어떻게 진행되었는지를 차례로 살펴보아야 한다.

제1장

디지털 컨버전스의
역사적 전개과정

제1절 · 고대 그리스에서 기하학과 산술의 구분

수학이라는 학문을 구성하고 있는 기본적인 단위로 우리는 흔히 산술(대수)과 기하학을 꼽는다. 그러나 고대 그리스에서 수학(mathematics)은 지금처럼 그저 특정 분과 학문을 뜻하는 것이 아니라, 학문 그 자체를 뜻하는 단어였다. 당시 기하학과 산술은 각기 다른 학문의 영역을 차지하고 있었다. 예컨대 플라톤은 기하학을 다른 학문들(천문학이나 음악, 산술)과 구분했는데, 그것은 기하학이 그가 생각했던 존재의 본질에 가장 근접한 학문이라고 생각했기 때문이다. 기하학은 도형을 다룬다. 그리고 도형은 자연적인 존재자들의 형상에서 뽑아낸, 즉 추상화한 형태이다. 이때 추상은 인간 지성에 의해 가능한 것으로서, 이는 다시 말해 추상의 대상이 되는 존재자의 본질

자체 혹은 적어도 그 일부를 직관했음을 뜻한다.

이러한 구분은 아리스토텔레스에게서도 계속 이어진다. 아리스토텔레스 역시 『자연학』과 『범주론』에서 수와 도형, 즉 산술과 기하학을 구분한다. 비록 그 둘이 모두 '양'의 범주에 속한다는 점에서 동일하지만 수는 단속적인(혹은 이산적인) 반면에 도형은 연속적이고, 수는 아무런 위치를 점하지 않지만 도형은 위치를 점한다는 차이를 지닌다. 먼저 도형은 자연적인 사물들의 외양을 그것이 있던 실체에서부터 분리하는 추상화 과정을 거쳐서 발생한다. 반면 수는 이와는 다르게 세는 행위로부터 발생한다. 도형이 자연적 사물의 기하학적 본질로서 자연적인 사물과 모종의 연결고리를 갖고 있다면, 수는 그 대상이 무엇인지와는 아무런 상관이 없다. 그래서 아리스토텔레스에게 있어 수는 가장 추상화된 '양'이다. 아리스토텔레스는 존재자들의 관계를 일곱 단계로 나누면서, 그 안에 수와 도형, 자연적인 사물의 관계성을 논한다.[4] 아리스토텔레스에게 있어서, 실체는 가장 덜 추상화된 것, 즉 그 안에 모든 추상화된 것을 지닐 수 있는 주어와 같은 것을 뜻했다. 그러므로 연속적인(continuous) 존재자는 계속적인(contiguous) 존재자로 환원될 수 없었고, 오히려 그것이 계속적인 존재자를 자신 안에 담고 있는 존재자로서 더 근원적인 존재였다. 그러나 이렇게 가장 복잡한 것이 가장 근원적인 것이라는 생각은 밀레토스의 자연철학자들이 시도했었던 하나의 원리로 생성 소멸하는 자연을 설명하려는 시도와 정면으로 충돌한다. 그리고 이런 대결의 역사적 결과는 아리스토텔레스의 기대와는 달리 존재론적으로 간단한 것이 더욱 근원적이라는 주장의 승리로 진행되었다. 근대 수학이 바로

그 승리의 주역이었다.[5]

제2절 · 근대 수학 : 수(數)로 환원된 기하학

근대 수학의 주요 흐름 중 두 가지는 대수의 발전과 그를 토대로 한 기하학의 산술화이다. 이 두 가지 흐름은 모든 것이 수로 환원될 수 있고, 나아가 모든 것이 계산될 수 있다는 이념을 가시화한다. 이는 동시에 모든 것을 이진수의 배열체계로 환원할 수 있다는 디지털 컨버전스 이념을 예비한 것이기도 하다.

근대 수학의 발전에서 데카르트의 공헌은 크게 두 가지를 꼽을 수 있다. 직교좌표계를 구상해 해석기하학의 발전을 가능케 한 것과 대수학을 발전시킨 것이다. 데카르트가 제시한 해석기하학의 방식은 기하학의 도형들을 좌표 상의 점(點)으로 표현하는 것을 가능하게 해 주었다. 이때의 점은 수들의 조합, 즉 좌표로 표현될 수 있는, 산술화한 공간이다. 이를 통해서, 기하학적 도형을 대수적인 방정식으로, 다시 말해서 함수로 표현하는 것이 가능해진다.

해석기하학과 더불어서 그가 제시한 또 한 가지의 개념은 수학의 각종 개념들을 기호로 표현하는 것이다. 그 예로, 기하학에서 선과 면, 부피는 전혀 다른 세 가지 차원의 존재들이었다. 각각 1차원과 2차원, 3차원에 속했으며, 이 세 가지 차원의 존재자들은 서로 다른 것으로 여겨졌다. 그러나 데카르트는 그의 해석기하학을 통해서 이 세 가지 차원이 서로 연결될 수 있는 것으로 보았고, 그것을 각각 x와 x2, x3으로 표현했으며, 이를 통해 제각기 달랐던 세 가지 차원 도형들이 서로 연결 관계 속에서 표현될 수 있게 되었다. 기하학적 공간이 산술로 환원될 수 있는 가능성이 열림에 따라, 공간을 차지하고 있는 모든 물체들은 결국 계산 가능한 양으로 처리될 수 있다는 이념이 생겨난다. 남은 문제는 이산적이고 단속적인 수가 어떻게 연속을 표현할 수 있는가 하는 것이었다.

이미 뉴턴과 라이프니츠는 물리적 세계의 연속적인 운동을 미적분 연산을 통해, 해석학적으로 다룰 수 있음을 보여준 터였기 때문에 수가 연속을 표현할 수 있게만 된다면, 자연 전체를 수로 표현하는 것이 가능해진다. 예컨대 고대 그리스 시대만 하더라도 $\sqrt{2}$와 같은 무리수는 기하학적으로는 표현이 가능해도 대수적 관점에서는 정의가 곤란한 대상이었다. 그러나 18세기와 19세기에 걸쳐 이루어진 수론의 발전은 그런 한계를 극복하고 모든 것을 수로 환원할 수 있다는 이념을 구체화시켜 준다. 데데킨트J. W. R. Dedekind와 크로네커L. Kronecker는 연속을 정의할 수 있게 해주었으며, 궁극적으로 칸토르의 집합론은 실무한을 수학의 세계에 도입함으로써, 모든 공간을 점집합으로 환원하는 것을 가능하게 해주었다. 따라서 공간을 점유하는 모든 존재자는 이제 원리적으로는 대수적 방정식 혹은 해석학적 함수를 통해 표현될 수 있으며, 이에 따라 계산될 수 있는 모든 존재자는 조작 가능한 대상이 되는 것처럼 보이게 되었다.[6]

제2장

수학의 발전에 따른 인식론적 전환
: 수학적 질서와 객관성의 이념

위대한 휴머니즘의 시대로 평가받는 르네상스에 있어, 인간은 자연 속에 내재해 있는 신적 질서를 읽어낼 수 있는 유일한 존재자로 간주되었다. 창조주의 '신성한 텍스트'로서 자연에 내재한 질서는 인간의 지성에 의해 해독될 수 있는 창조의 원리였고, 이러한 창조의 원리는 다음과 같은 특성들을 갖고 있었다.

1) 창조의 질서가 미치지 않는 곳은 없다.
2) 창조의 질서는 자연의 존재 원리이며, 그런 한에서 자연의 내재적 본질이다.
3) 창조의 질서는 객관적이다. 즉 인간 지성이 어떻게 인식하느냐와 상관없다.
4) 그럼에도 인간 지성이 창조의 질서를 파악할 수 있다는 점에서 그 질서는 지성적이다.

갈릴레이로부터 뉴턴에 이르는 과학혁명의 시기는 이러한 질서가 곧 수학적 질서임을 보여주었다. 그것은 무엇보다 수학의 보편성과 객관성 때문이었다. 과학혁명의 시기는 세계를 수학적으로 이해하는 것이 곧 세계를 객관적으로 이해하는 것이라는 이념을 낳는다. 이렇게 해서 이른바 '자연의 수학화'는 근대 사상 전체를 지배하는 지도적 이념으로 자리 잡게 된다.[7] 주관적인 제 2속성들을 배제하고, 오직 측정 가능한, 따라서 객관적인 양들의 관계만으로 세계의 역학적 법칙을 해명하는 것을 목표로 하는 근대 과학의 경향은 양적으로 기술될 수 있는 존재만이 과학적 탐구의 대상이라는 것을 정식화함으로써, 수학적으로 기술될 수 있는 것들만이 참된 존재라는 착시 현상을 가능케 한다. 존재의 가장 근원적인 형식인 공간과 시간의 경우에도 예외는 아니다.

해석학의 발전은 공간을 산술화함으로써, 공간에 대한 연산을 가능케 하고, 조작 가능성을 높여 주었다. 공간에 대한 산술적 조작 가능성은 필연적으로 시간에 대한 산술적 조작 가능성을 함축한다. 왜냐하면 '운동' 자체가 시공 연속체 속에서 일어나는 (함수적) 상태변화이기 때문에, 공간의 산술화는 자신을 매개변수 삼아 시간마저도 산술화할 수 있게 해주기 때문이다. 이렇게 공간과 시간이 수로 환원됨으로써 세계 자체를 수로 환원할 수 있는 실마리가 드러나게 되었다.

제3장

세계에 대한 기술방식의 전환과
디지털화의 역사

디지털 컨버전스를 가능하게 해주는 디지털화의 역사는 이렇게 시
공간을 이해하는 패러다임의 변화로부터 시작된다. 먼저 근대 과학
은 세계를 수학적으로 기술하는 것만이 객관적이며, 따라서 수학이
세계에 대한 진리를 탐구하는 가장 적합한 수단이라는 관념을 확립
시켰고, 근대 수학의 발전은 수학의 전 체계를 수로 환원할 수 있음
을 증명하였다. 그리고 해석학을 실마리 삼아 전개된 수론의 발전은
이른바 '자연수' 이외의 다른 수, 나아가 새로운 수의 구성을 통해 세
계를 기술하는 방식의 다양성을 열어 놓게 되고, 그것이 결국 세계를
이진수로 기술하는 것을 가능하게 한다. 이러한 과정을 간단히 요약
하면 다음과 같다.[8]

라이프니츠는 1666년 〈조합론De Arte Combinatoria〉에서 모든
추론을 수적 질서로 환원할 수 있는 가능성을 열어보였으며, 1679년

에는 이진법의 체계를 완성함으로써 모든 것을 디지털로 수렴시키는 디지털 컨버전스의 길을 예비한다. 마침내 19세기 중반 부울G. Boole 은 라이프니츠의 수리논리적 이념을 기계적으로 처리할 수 있는 실질적이고 수학적인 수단을 개발한다. 이른바 부울 대수는 논리적 연산을 대수적 연산으로 치환하는 방법, 즉 추론과 증명을 0과 1로 조작 처리할 수 있게 해주었다. 1931년 괴델Gödel이 힐버트Hilbert의 두 번째 문제를 해결하는 과정에서 사용한 방식은 모든 수학적 기호들을 0과 양의 정수로 부호화하고(괴델수) 이를 통해 수학적 증명을 정수연산으로 취급할 수 있음을 보여준다. 그리고 괴델에 이어 1936년 튜링Turing은 〈계산 가능성과 결정 문제〉에서 이른바 튜링 머신이라는 이론적인 계산기를 가정한다. 이러한 가능성은 튜링을 비롯해서 에커트J. P. Eckert, 모클리J. W. Mauchly 등에 의해 실제로 구현된다. 수론의 발전이 컴퓨터의 탄생을 가능케 한 것이다.

1946년 애니악, 그리고 1947년 폰 노이만von Neumann의 프로그램 내장 방식을 구현한 에드삭, 그리고 1950년 에커트와 모클리는 애니악을 개선하여 에드박을 내놓는다. 에드백은 프로그램 내장 방식은 물론 1938년 섀넌이 스위칭 회로의 동작이 이진법 대수로 표현될 수 있다는 아이디어를 차용함으로써 이진법을 기초로 하는 디지털-비트-계산기의 시대를 연다.

하드웨어의 측면에서는 50년대 후반 진공관이 트랜지스터로 대체되고, 60년대 말에서 70년대 초에 걸쳐 종래의 반도체 소자였던 게르마늄의 기술적 제한을 규소(실리콘)로 극복함으로써, 이른바 집적회로(IC)를 이용한 획기적인 개선이 이루어지게 된다.

이러한 하드웨어의 기술적 발전은 기계적 논리연산의 효율성을 극대화시켜 줄 수 있게 되었으며, 세계의 질서를 디지털로 수렴시키려는 근대적 꿈은 물질적 구현 수단을 갖게 된다. 질적 차이를 가진 개개의 모든 존재자들을 양적인 기술방식으로 다시 표현함으로써 그 차이들을 제거하는 인식론적 환원과 궁극적으로는 최대한의 계산가능성을 높인 이진수 체계로 기술하는 방법론의 발전은 존재자의 세계 전체를 비트로 치환하는 총체적 디지털화의 가능성을 열게 된다. 이것이 말하자면 '존재론적 컨버전스'이다.

1679/1702년: 라이프니츠는 이진법(중국의 음양이론을 활용한)을 과학 분야에서 활용할 것을 제안한다.

1840년: 러브레이스는 연산 수행에서 연속, 반복의 원리를 정의함으로써 전산 프로그램의 순환을 정의한다(알고리즘).

1854년: 부울 〈사고의 논리〉 출간. 〈논리와 확률의 수학적 이론이 근거하고 있는 사고법칙에 관한 연구〉 출간. 이로써 논리학은 철학의 범주에서 벗어나 수학의 범주로 진입한다. 그는 사고 과정이 and, or, no의 세 명제로 되어 있으나, 실제로는 0-1, true-false, open-close와 같은 두 상태 값만을 갖는 출입문을 이용해 기호화할 수 있다고 설명했다.

1937년: 튜링은 〈계산 가능한 수에 대하여〉에서 미리 설정된 프로그램에 따라 문제를 해결하기 위한 일련의 작업을 순차적으로 수행할 수 있는 가상의 기계를 구상 한다(튜링머신).

1938년: 섀넌은 〈릴레이와 전류전환기의 기호적 분석〉에서 이진법을 이용해서 부울 대수와 전기 회로의 작용 관계를 대비시키고 이진수인 비트bit(BInary diT)

의 개념을 정의한다.

1937년: 스티비츠의 모델 K. 벨 연구소의 기술자 스티비츠가 최초로 이진회로를 구
상한다.

1940년: 아타나소프 이진 컴퓨터 ABC를 제작한다. 전기램프를 이용한 이 기계는 메
모리와 논리회로로 구성되었으나 아직 프로그램 사용은 불가능.

1946년: 모클리와 에커트가 애니악을 개발하고, 프로그램 내장형 애드백을 발명한다.

1946년: 폰 노이만이 〈에드백Electronic Discrete Variable Automatic Computer에
관한 보고서〉에서 컴퓨터의 작동에 관해 과학적으로 정의한다.

1947년: 에드삭(Electronic Delay Storage Automatic Calculator) 개발 계획의 일환
으로 프로그램을 매번 입력시키는 번거로움을 덜기 위해 서브프로그램을 내
장시킨다.

1954년: 제라늄 트랜지스터의 가격이 너무 높아 텍사스 인스트루먼트 사의 틸은 제
라늄 대신 쉽게 구할 수 있는 실리콘(규소)으로 대체함으로써 생산가를 혁신
적으로 낮춘다.

1955년: 벨 연구소에서 트랜지스터 컴퓨터 트래딕을 개발한다.

1958년: 텍사스 인스트루먼트사의 엔지니어 킬비는 하나의 반도체 기판 위에 여러
개의 트랜지스터를 올려놓는 방식으로 최초의 IC(집적) 회로를 개발한다.

1963년: IC(집적) 회로를 상용화한다.

1971년: 인텔이 마이크로프로세서(인텔4004)를 개발한다.

1977년: 개인용 마이크로 컴퓨터(애플II)가 탄생한다.

1978년: 지역 전산망을 시발로 한 전산망이 획기적으로 발전한다.

제4장

존재의 디지털화
: 경계의 해체와 수렴

존재의 디지털화(혹은 총체적 디지털화), 혹은 모든 존재자가 특히 이진
수로 표현될 수 있다는 주장은 결코 기이한 주장이 아니다. 목소리를
생각해 보자. 목소리는 우리가 한 개인의 정체성을 식별하게 해주는
중요한 감각 정보이다. 마이크로폰은 온갖 목소리를 전기적 신호로
바꾸어 버린다. 따라서 목소리의 질적 차이는 모두 전기적 신호의 양
적 차이로 환원된다. 그런 점에서 모든 목소리는 동질적이다. 그 양적
차이는 다시 스피커를 통해 질적 차이가 있는 것으로 재생될 수 있
다. 놀라운 청각 능력을 가진 사람이 아날로그적 소리와 디지털적 소
리를 구분해 낼 수 있다고 하지만 그것은 정도의 문제일 뿐이다. 영
상으로 재현되는 우리의 시각 정보들 역시 마찬가지다.

영화 〈매트릭스〉의 상상력은 우리가 어떻게 디지털화된 세계에
서 살 수 있는지를 보여준다. 책상 위에 사과 하나가 있다고 해보자.

우리의 시각에 비쳐지는 그 사과의 붉음, 우리의 촉각에 전해지는 그 사과의 단단함과 청각에 전해지는 '아삭'하는 소리 등은 우리가 느끼고 체험하는 세계의 질적 풍요로움이다. 그러나 그런 사과는 파장이 상대적으로 긴 종류의 태양 에너지, 그리고 피부 세포에 전해지는 일정 정도의 압력과 청각 세포에 전해지는 음파로 번역될 수 있다. 그리고 이런 모든 정보들은 세계에 대한 인지적 경험의 중앙처리장치인 뇌로 가기 위해 전기적 신호로 번역되어야 한다.

여기서 실제 사과는 무엇인가라는 물음은 군더더기가 된다. 왜냐하면 그 실제 사과가 무엇이든 우리가 그 실제 사과를 만나는 방식은 언제나 뇌의 전기적 신호를 통해서이기 때문이다. 따라서 세계, 그리고 그 세계 내 존재자들의 주어짐은 곧바로 on/off의 이진수라는 통로만을 통해서만 가능할 뿐이다. 이를 후기 구조주의자들의 표현을 빌려 말하자면 기표가 기의를 대체해 버리는 것과 마찬가지다. 특히 세계가 감각적 경험을 통해 재구성되는 것이며, 감각 자료들 역시 일종의 기표라고 간주할 경우에는 그런 감각적 기표가 다시 전기적 신호, 혹은 이진법적 상징들로 재기표화된다는 점에서 세계에 관한 모든 경험이 이진법적 상징들로 치환될 수 있다. 이것이 바로 디지털 존재론이다.

근대 과학 혁명을 통해 등장한 자연의 수학화와 객관성의 이념은 이러한 디지털에 의한 재기표화를 인식론적으로 정당화해 준다. 세계를 수학적으로 표현하는 것은 오히려 객관적이라고 믿어지기 때문이다. 최근 발전하고 있는 뇌과학과 인지과학의 연구는 이러한 가설을 더욱 그럴 듯한 것으로 만들어준다. 감각 경험에 대한 신경 생리학적 해명을 통해 우리가 경험하는 존재자들의 질적 차이들은 뉴런과 시냅스의 전기적 신호의 차이로 번역되고, 그것은 다시 원리적으로는 0과 1의 순서와 자릿수의 문제, 달리 말하면 디지털 수의 차이로 번역될 수 있기 때문이다. 이렇게 현상적 수준의 질적 차이가 양적 차이로 환원됨으로써 벌어지는 존재론적 사건은 이른바 '경계의 해체'와 '가상과 현실 사이의 혼종'이다. 그러나 이러한 혼종은 분명 일종의 착시 현상과 같다. 왜냐하면 디지털 기술을 매개로 묘사된 차이는 실제 대상의 차이가 아니라 차이를 모상화한 것이기 때문이다. 이러한 착시 현상은 기표와 기의를 등가로 생각하는 의미론적 전제를 받아들일 때 가능하다. 그러나 '고기'라는 글자가 우리의 위장을 채워 포만감을 줄 수는 없다.

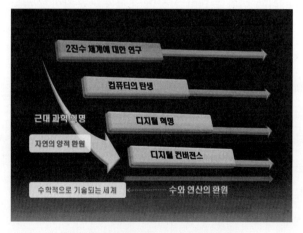

[그림 1] 디지털 컨버전스의 시간적 전개양상

기표화된 세계는 실제 세계의 시뮬레이션일 뿐이다. 그러나 우리가 기표와 기의의 등가성을 받아들이는 순간 그렇게 기표화 작용을 통해 '생산된' 세계는 다시금 기표화의 대상이 될 수 있으며, 그 과정은 원리적으로 무한히 계속될 수 있다. 그런데 이 무한성은 사실상 근대 수학의 발전 과정 속에서 이미 예비된 것이기도 하다. 감각적 경험의 공간이 좌표계로, 그 좌표계가 다시 점집합으로 이어지는 과정이 그렇다. 이러한 일련의 과정은 세계를 질적 차이가 없는 세계로 만들어 버리고, 이는 결과적으로 보드리야르의 지적처럼 무엇이 원본이고, 무엇이 시뮬레이션 된 것인지의 구별을 소거해 버린다. 남는 것은 기표화하는 작업뿐이다.

갈릴레이로부터 시작되어 칸토르에게서 분명해진 수학적 무한성의 이념, 그리고 모든 것을 디지털화 할 수 있다는 기술적 표현 방식의 발전은 우리의 자연적인 직관이 구분하는 모든 것들의 경계를 무너뜨린다. 이는 이미 뉴턴이 천상의 물체들을 움직이게 하는 법칙과 지상의 물체들의 운동 법칙 사이의 차이를 제거함으로써 가능해진 이념이기도 했다. 무엇보다 인간의 경험에서 가장 원초적인 공간과 시간의 한계를 기술적으로 극복함으로써 공간과 시간에 의해 구분되는 경계를 붕괴시켜 나간다. 이렇게 경계를 붕괴시켜 나갈 수 있는 힘은 디지털화가 존재를 균질화함으로써 그 질적 차이들을 은폐시키기 때문이다. 이렇게 차이를 '제거'함으로써 혹은 자연적 경계를 해체해 버림으로써 융합이 가능해지는 것이다.

디지털 기술이 이루어 낸 경계의 해체는 각 개별 존재자들의 차이를 소거함으로써 새로운 하이브리드적 존재자들을 양산해 낼 수 있게 하는 것만이 아니다. 그것은 모든 경계적 차이의 기원으로 작동하는 시간과 거리를 붕괴시킴으로써 존재자 사이의 관계마저 수렴시켜 버린다. 달리 말하자면 모든 것이 디지털화된 네트워킹의 체계 안에서 새로운 기능적 의미, 즉 새로운 관계를 갖게 되는 것처럼 보이기 때문이다. 예컨대, 디지털 컨버전스 기술의 발전은 집과 주인의 의사소통을 가능케 한다. 회사에서 퇴근하면서 저녁 메뉴를 스마트 냉장고에게 주문하고, 냉장고는 자신이 보관하고 있는 재료들의 종류와 수량을 확인한 뒤, 주인이 도착하기 전에 필요한 재료를 상점에 주문한다. 또 보일러는 주인의 명령에 따라 목욕물을 미리 받아 놓을 수도 있다. 인간의 언어를 이해할 수 없는 그저 콘크리트 덩어리였던 집이 디지털 기술이 마련해 준 네트워크를 통해 그 주인과 의사소통이 가능한 상태가 되는 것이다. 이러한 (조만간 현실화 될) 상상이 바로 존재 전체가 동질적이라고 간주하는 총체적 디지털화의 한 단면이다.

그래서 디지털 컨버전스는 부르디외나 피에르 레비⁹ 같은 사람들이 말하는 것처럼 인간의 가장 근원적인 욕망들을 실현시켜 줄 수 있다. 예컨대, 디지털화를 통해 가능해진 새로운 네트워크의 세계는 제한 없이 경계를 넘나드는 자유와 소통의 욕망을 만족시켜 줄 수 있기 때문이다. 그러나 그러한 욕망의 실현 이면에는 마치 전자적 스파크가 만들어내는 빛이 드리우는 그림자처럼 은폐되는 세계가 있기 마련이다. 그래서 역설적이게도 끝없이 네트워크를 이동하는 노마드적 주체는 자신이 향유할 수 있다고 여기는 자유에 대한 피로감을 느끼기도 한다. 이 때문에 디지털화에 저항하는 욕망, 즉 균질화된 세계에서 차이에 대한 욕망, 경계에 대한 향수 역시 커진다.

이러한 역설적 상황의 공존은 디지털 컨버전스가 가능하기 위한 불가피한 전제, 즉 세계의 균질화가 사실은 기만적인 이념일지도 모른다는 실존적 불안감의 다른 표현이다. 현실보다 더 현실적인 재현의 기술을 목격하는 현대인은 궁극적으로는 자신의 존재마저도 다른 무엇에 의해 조작될 수 있을지 모른다는 불안감을 갖게 된다. 네트워크 공간 안에서 자신의 정보가 유출되고, 자신 아닌 또 다른 자신들이 버젓이 활동하는 현상들을 목격하기 때문이다. 이러한 실존적 불안감은 디지털화 하는 세계에 대한 근본적인 불신으로까지 이어질 수 있다.

그러한 불안감을 극복하는 근본적인 방법은 자연적 세계에 존재하는 차이를 소거하는 것과 반대로 다시금 그 차이를 생산해 내는 것이다. 물론 이러한 차이의 생산 역시 디지털 기술에 의존한다. 디지털 기술에 의해 생산되는 차이, 그리고 그렇게 풍요로워진 차이로 가득 채워진 세계는 마치 피그말리온 신화와 같다. 그것은 한편으로는 인간보다 더욱 아름다운 인간이지만, 동시에 신의 도움이 없이는 결코 채워질 수 없는 욕망의 다른 표현이기도 하다. 가장 합리적인 세계관과 신비주의적 세계관이 공존하는 세계, 이것이 총체적인 디지털화에 직면한 자연적 인간의 현주소이다.

디지털 기술이 자연 세계에 존재하는 차이를 우리가 실제로 경험하는 것 이상으로 더 정교하게 재현해 낼 수 있다고 하더라도 그 차이가 실제로 사라지는 것은 아니다. 무엇보다 자연적 차이가 상황과 맥락에 얽혀 있는 기의적 차이인 반면에 디지털화된 존재의 차이는 실제의 차이를 소거해 버린, 단지 기표적 차이에 불과하기 때문이다. 그래서 그것은 하나의 위장일 뿐이며,[10] 따라서 차이는 은폐된 채 그대로 남아 있으리라는 의심은 계속된다.

제5장

컨버전스와 디버전스
: 디지털화의 양가성

여기에서 '디지털 융합'이 가진 이중성이 드러난다. 그것은 마치 프로이트적인 양가감정(Ambivalanz)처럼 서로 양립하기 어려워 보이는 이중성이다. 예컨대, 디지털 기술을 기반으로 하는 컨버전스가 동일한 논리에 의해 디버전스를 낳는 것이 그렇다. 동일한 기술적 절차에 의해 수렴적 과정과 창발적(발산적) 과정이 공존하는 것이다. 이러한 양가성은 다양한 방식으로 표출될 수 있다. 예컨대, 하나의 기기 안에 모든 것을 담아낼 수 있는 컨버전스적 상품에 대한 요구가 있는 반면, 한두 가지의 기능만을 극도로 전문화시킨 단순한 제품, 더 나아가 시대를 거스르는 듯 보이는 낡은 제품을 자랑스럽게 사용하고자 하는 욕망도 존재한다. 광역화된 네트워킹을 자유롭게 향유하려는 세대 속에서 이른바 '히키코모리(은둔형 외톨이)' 형 인간이 늘어가는 것도 마찬가지다. 이러한 극단적 양가성의 밑바닥에는 균질화된 세계

속에서 은폐된 차이에 대한 갈망이 숨겨져 있다. 무엇보다 그 차이는 인간의 자기 정체성과 관련이 있기 때문이다.

인간의 자기 정체성 형성이 인간들 간의 사회적 제 관계와 무관하지 않다는 점에서 디지털 혁명이 가져온 전자적 네트워크 세계의 구축과 그 확장은 인간의 일상적 삶에 큰 영향을 미치게 된다. 현대인들 사이의 전자적 네트워킹은 이제 매우 익숙한 것이 되었다. 이러한 네트워킹은 한편으로 전통적 인간의 한계를 극복해 주고, 새로운 영토를 제공한다는 점에서 낙관적인 희망을 갖게 한다. 그러나 그것은 디지털화의 이중적 의미전환에 따른 착시 효과일 수도 있다. 무엇보다 디지털화는 모든 존재를 수의 배열로 '컨버전스(수렴)'시키는 환원적 프로그램이다. 따라서 일차적으로는 존재 세계의 자연적 다양성을 붕괴시키는 것이다. 그러나 이러한 환원은 존재를 단속적인 수의 배열로 치환한다는 측면에서, 그리고 이러한 수의 단속성은 배열의 무한한 변양을 허용하기 때문에 이제 존재자들은 자연적 본성에의 구속을 벗어나 자유로운 수적 변양 속에서 현실화되며, 그렇게 현실화된 것은 그 존재를 결정했던 배열의 변양을 통해 다른 존재 양상으로 출현할 수 있는 잠재력 그 자체가 된다. 이는 결국 존재자의 경계가 자유자재로 해체되면서 결합·혼종·대립 혹은 새로운 것으로 창발하는 현상을 출현시킨다. 그리고 이 무한한 양상적 변양은 마치 존재의 세계에 새로운 거주자들을 편입시키는 풍요로움을 느끼게 해 준다. 이는 분명한 하나의 역설이다. 컨버전스(수렴)가 다양성(발산)을 낳는 것처럼 보이게 하기 때문이다. 그것은 동질화가 차이를 낳는 것처럼 보이게 하는 역설이다. 분명 그러한 환원은 존재론적으로 이질적인 것들을 동질화시킴으로써 기대하지 않았던 하이브리드적 결합들을 낳는다. 그리고 무수한 하이브리드적 결합은 마치 존재의 세계에 새로운 거주자를 편입시키는 풍요로움을 느끼게 해준다. 그런데 이 풍요로움은 이중적인 의미에서 불안을 증폭시킨다. 그 하나는 다양한 하이브리드적 결합이 예증하듯이 방향을 예측할 수 없는 돌발성[11] 때문이고, 다른 하나는 그런 하이브리드적 결합을 가능케 한 디지털화가 인간 존재의 자기 정체성마저 위협하기 때문이다. 그래서 디지털 세계의 거주자에게는 풍요로움에도 불구하고 예측 불가능성과 정체성 상실로부터 오는 공허함을 피할 수 없다.

만약 우리가 디지털화라는 무차별적인 이념의 장밋빛 전망을 잠시 거두어 낸다면, 그것은 인간 삶의 다양한 영역에서 원리적으로 디지털과 무관하거나 디지털화될 수 없는 것조차 디지털화하려고 시도하는 동질화의 폭력이자, 진정한 의미의 다양성에 대한 위협으로 변질될 수 있다. 때문에 이러한 위협을 무의식적 감지하고, 그에 대해 실존적인 관점에서 저항하는 문화가 생겨난다. 말하자면 디지털 컨버전스의 이념이 그에 반하는 이념을 스스로 낳는 것이다. 그런데 이러한 양가성은 한편으로 불가피한 것이기도 하다. 디지털화의 이념을 추동시키는 계산 가능성의 이념이 계산 불가능성이라는 한계에 부딪치기 때문이다. 이러한 양가성은 디지털 컨버전스 시대를 살아가는 주체들의 상반된 문화적 경향에 대응할 뿐 아니라, 그러한 상반적 경향의 이유를 가장 내밀한 곳에서 설명해준다. 물론 이러한 상반적 경향은 서로를 완전히 배제하는 것이 아니라, 서로를 지시하는 관계에 있다. 즉 이후에 살펴보겠지만 계산 가능성과 계산 불가능성이 공존하며 하나의 체계를 이루듯이, 그리고 자본주의 체제가 체제 자체의 존속을 위해 체제에 반하는 사회주의적 이념과 정책을 끌어안고 수용하듯이 디지털 컨버전스가 그에 저항하는 이념을 끌어안고 있는 상황이라고 말할 수 있다.

예컨대, 디지털 기술이 가능케 해준 네트워킹은 근대적 위계질서를 붕괴시키는 것처럼 보인다. 그에 따라 디지털 기술에 대한 낙관적인 전망은 근대 이성을 비판하기 위해 등장한 새로운 사회적 이념들을 공유하거나 대변하는 것으로 간주되고 있다. 그러나 분명한 것은 디지털화는 근대의 계산적 이성의 성취라는 사실이다. 따라서 디지털 컨버전스가 근대적 위계질서를 붕괴시킨다고 말하는 것은 근대의 계산적 이성의 프로젝트가 궁극적으로는 스스로를 붕괴시키는 역설적인 결과를 맞이했다고 말하는 것이나 마찬가지다. 그렇지 않다면 근대성에 대한 반동적 이념들이 디지털 네트워킹이라는 경로를 통해 디지털화의 이념 속으로 융해됨으로써 근대 이성의 부정적 성격은 오히려 은폐되고 있다고 보아야 할 것이다.

어떤 경우든 디지털 컨버전스는 자신에 대한 반동적 이념을 끌어안는 전략을 통해 인간 실존의 근원적인 욕망을 계속해서 유예시킬 수 있다. 그 때문에 네트워크 사회 속에서 차이에 집착하는 개인들의 실존적 욕망은 중지되지 않는다. 그러한 실존적 욕망은 오히려 마치 라캉의 '대상 α'처럼, 부재함으로써 혹은 도달이 불가능하기 때문에 끊임없이 움직이도록 자극하는 원인이 될 수도 있다.[12]

이러한 경우 문제가 되는 것은 바로 주체다. 주체를 주체이게 해주는 욕망이 그 주체를 둘러싸고 있는, 혹은 그 주체의 무의식을 지배하고 있는 구조에 의해 지배받고 있기 때문이다. 구조주의자들은 언어와 사회의 구조에 대한 분석을 통해 근대적 이성이 사실은 살아 있는 인간을 의미하는 것이 아니라 개개의 주체를 뛰어 넘는 구조라는 것을 폭로함으로써, 근대적 인간이 사실은 식물인간 상태의 주체라고 선언하였다. 그들이 그와 같은 선언을 위해 활용한 분석, 그리고 그 분석의 대상인 구조 역시 모두 수학적 구조라는 사실은 결코 우연이 아니다. 구조주의자들이 밝혀낸 구조는 합리화된 사회라는 근대의 계산적(합리적) 이성의 또 다른 얼굴이기 때문이다.

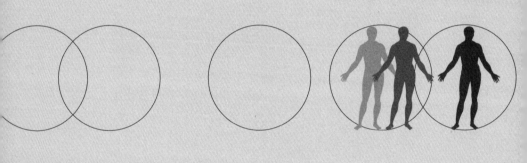

2부

디지털 컨버전스 시대의 의식과 행동

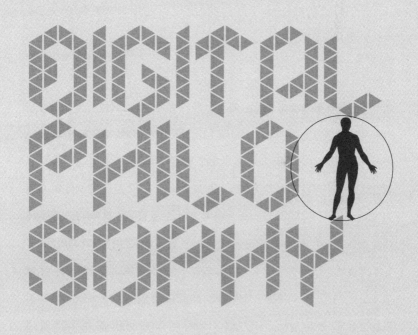

어떠한 문화의 물적 토대 변화는 예외 없이 그 토대 위에서 살아가는 인간의 의식과 행동에 영향을 미친다. 디지털화가 이러한 물적 토대를 빠르고 전면적으로 변화시키고 있다는 점에서 디지털 기술에 기초한 다양한 컨버전스 현상들이 현대인의 의식과 행동 양식에 커다란 변화를 가져올 것이라는 점은 의심의 여지가 없다. 따라서 현대인의 의식과 행동에 대한 모든 탐구는 디지털화의 양상에 대한 예측과 매우 밀접하게 연관된다. 이러한 의미에서 컨버전스와 디버전스라는 디지털화의 두 방향은 향후 인간의 의식과 행동을 예측하고 진단하는 데 매우 중요한 지침으로 이해된다. 왜냐하면 컨버전스와 디버전스는 한편으로 디지털화가 전개되는 두 방향의 극단들을 의미하지만, 다른 한편으로 디지털화에 대응하는 인간의 태도를 의미하기도 하기 때문이다.

디지털화가 전개될 수 있는 두 방향 내에서 인간의 의식과 행동이 발현된다는 점에서, 디지털화를 추동해 온 디지털 컨버전스는 인문학의 주요 주제가 된다.

인간의 의식과 행동에 대해 가장 오랫동안 연구하고 성찰해 온 학문 분야는 바로 인문학, 그 중에서도 철학이기에 그러하다. 잘 알려져 있는 것처럼, 철학은 본질에 대한 학(學)이다. 본질은 다양한 양상을 가지며, 철학은 그것들을 고려하면서도 거기에서 그치는 것이 아니라 다양성을 통일하는 본질을 탐구한다. 그리고 또한 그 본질에 비추어 다시 다양성의 의미를 추적함으로써 또 다른 다양성의 가능성과 방향을 예측한다. 이러한 의미에서 철학은 곧 미래학의 성격을 갖게 된다. 철학의 방법과 방식으로 인간의 의식과 행동을 통해 디지털 컨버전스의 미래를 탐색해 보려는 것은 바로 이러한 이유에서이다.

디지털 컨버전스의 전개 양상에 따른 인간의 의식과 행동에 대한 예측은 다양한 가치들과 연관되어 있다. 때문에 인간의 의식과 행동에 대한 탐구는 산업계와 학계 모두에서 비상한 관심을 끌고 있다. 여기서 주목해야 할 점은 인간의 의식과 행동이 발현되는 양상은 셀 수 없이 다양하며, 따라서 이러한 양상만을 추적해서는 그 미래의 방향성을 충분히 예측해 낼 수 없다는 점이다. 그렇지만 아쉽게도 대개의 연구들이 그러한 양상을 추적하는 데 만족해 왔다. 이러한 까닭에 2부에서는 디지털 컨버전스 시대를 살아가는 인간의 의식과 행동이 어떠한 변화를 겪고 있으며, 향후 변화의 방향은 어떠할 것인지 거시적인 시각과 미시적인 시각에서 조망해 보고자 한다.

제1장

총체적 디지털화와
부유하는 주체

객관성이라는 근대의 인식론적 이념은 수학적 질서에 기초한 무모순의 이념과 동일성의 이념으로 귀착된다. 그리고 그러한 이념의 추종자들은 결국 측정 불가능한 질적 차별성을 소거하고, 정량적으로 입증될 수 있는 것(측정 가능한 것)만이 객관적이라는 결론에 도달한다. 여기서 일련의 전이가 일어난다. 객관적인 것만이 진리이고, 진리만이 존재의 보증이라는 점에서 모든 것에 대해 측정 가능하고 수학적 질서로 설명될 수 있는 것만이 학문의 대상이자 진리 담지자, 또한 마침내 참된 존재로 간주되는 것이다.

이는 세계의 질서가 인식하는 주관에 대해 초월적이라는 의미에서 객관적이라고 보던 관점으로부터 그 반대의 관점으로 이동하는 일종의 전회이다. 즉 객관성이라는 이념을 매개로 존재에 대한 탐구가 인식 가능성에 의지하는, 다시 말해 존재의 문제가 인식의 문제로 환원됨으로써, 세계의 초월적 객관성은 인간 지성의 재구성적 활동에 기초한 객관성으로 환원된다. 아울러 17세기 이래 수리물리학의 놀라운 성공은 근대 학문의 전형성을 획득함으로써, 수리물리학적 방법론이 사회·경제학은 물론 생명과 마음의 문제를 포함하는 모든 진리 탐구의 이념으로 자리 잡게 된다. 이제 수리물리학적 방법론이 다시 이진법적 기술(description) 가능성과 on/off라는 전자적 조작 가능성과 결합함으로써, 세계의 모든 현상을 이진법적/전자적으로 기술 가능하다는 이념으로 진행하게 된다. 예컨대, 정보 담지자로서 문자라는 기호는 on/off로 표현될 수 있는 바이트 정보량으로 치환되고, 정보처리 공학의 발전은 세계를 정보로 환원하는 것을 가능케 한다.

더욱이 매체의 기술적 발전, 특히 디지털 방식의 놀라운 재현 가능성은 그러한 실제 세계와 재현되는 세계 사이의 간극을 현격하게 좁혀 버림으로써, 결과적으로 참된 세계와 그렇지 못한 세계 사이의 구별 가능성을 소거시킬 수 있는 단계까지 이르렀다. 예컨대, 자연의 눈으로 볼 수 없었던 미시 세계는 전자적 눈으로 들여다 볼 수 있으며, 그 전자적 눈은 이론적으로 무모순적이다. 결국 최적의 설명으로 묘사되는 세계가 참된 세계와 가장 가까운 세계라는 인식론적 전제와 동일성의 형이상학을 근간으로 하는 근대 인식론은 디지털 컨버전스에서 가장 이상적인 형태로 구현될 수 있다. 이러한 전략에 따르면 디지털 방식으로 정보화되고 재현될 수 있는 것만이 인간이 세계를 재구성하는 구성요소가 되고, 모든 현상과 지식, 즉 콘텐츠는 이제 디지털이라는 외양을 갖출 때만 진리 담론에 참여할 수 있는 자격을 갖게 된다. 왜냐하면 지식과 정보 담론의 모든 통로가 이미 디지털화되어 버렸기 때문이다.

제1절 · 계산적 이성과 주체의 상실

근대 과학과 사상을 지배한 근본적인 주체는 인간의 '이성', 특히 계산할 수 있는 합리적 이성이었다. 그리고 이러한 계산적 이성의 꿈은 이른바 '힐버트 프로그램'으로 상징된다. 19세기 후반 불거진 수학의 토대 위기가 마치 도미노처럼 수학을 토대로 하고 있는 자연과학 전체의 위기로 귀결될 수 있는 상황을 고려할 때, 힐버트 프로그램은 일종의 자기 존재 증명과 같았다. 모든 자연과학적 탐구의 방법론적 기초로서 수학은 스스로 자신에게 문제가 없음을 보여주어야 했기 때문이다. 하나의 체계, 예컨대 산술의 체계가 무모순적이고 완전하다는 것을 증명할 수 있다면, 그 체계는 자신의 존재를 증명하기 위해 다른 것을 전제할 필요 없는 자기 완결적인 것이 된다. 이러한 자기 정당화는 사실상 데카르트 철학의 인식론적 이념이자 근대 형이상학의 이념적 지향점을 수학적으로 정식화한 것이다.

　그렇지만 근대의 계산적 이성이 참된 세계를 수학적으로 기술될 수 있는 세계로 치환하는 것은 결과적으로는 계산적 이성의 근원적인 뿌리 자체를 위협하는 위기에 처하게 만든다. 우선 수학적으로 치환된 세계는 이질적인 경계가 없는 무한한 이념적 공간이 되는 대신에 인간 주체가 경험하는 세계의 질적 차별성들을 은폐시켜 버리고 만다.[1] 후설이 갈릴레이를 '발견과 은폐의 천재'라고 부른 것은 이 때문이다. 그것은 사실상 주체의 죽음으로 귀결된다. 왜냐하면 세계의 질적 차이를 소거하는 과정 속에서 주체마저도 함몰되어 버리기 때문이다. 근대 과학이 질적 차이를 소거하고자 했던 까닭은 엄밀한 객관성이라는 방법론적 이념 때문이었다. 질적인 차이는 결코 계산될 수 없는, 따라서 불확정성과 나아가 오류를 낳는 원천으로 여겨졌다. 물론 그러한 오류의 기원은 인간 자신에게 있다. 객관적인 세계 자체가 오류를 일으키지는 않기 때문이다. 오류는 판단의 속성이며, 따라서 판단의 주체에게 문제가 있을 뿐인 것이다. 그러나 이러한 논의는 객관적인 세계를 있는 그대로 관찰할 수 있는 투명한, 즉 이상화된 관찰자라는 주체가 전제되어 있을 때만 가능하다. 그런데 근대 과학이 상정한 이 '이상화된' 관찰자는 사실상 비인격적인 주체일 뿐이다. 이는 근대 과학에서 탐구의 주체로서의 인간이 왜 배제되는지를 설명해 준다. 오히려 인간 주체는 자신의 특별한 전통적 위치를 상실한 채, 세계의 다른 존재자들과 무차별적인, 따라서 계산될 수 있는 대상들 중의 하나로 전락하고 만 것이다.

이제 다음과 같은 부정적인 뉘앙스의 질문은 필연적으로 제기될 수밖에 없다. 도대체 그 계산하는 합리적 이성은 무엇 혹은 누구인가? 만약 구조주의자들의 말처럼 그것이 그 누구도 아닌 구조일 뿐이라면, 근대의 계산적 이성의 계몽적 기획은 스스로를 붕괴시키는 자기파괴적 결말에 이르게 된 것인가?

제2절 · 계산적 이성에 대한 저항과 디지털화의 역설적 돌파구

근대의 계산적 이성에 대한 저항은 후설과 하이데거 그리고 메를로-
퐁티 등의 현상학 쪽에서는 물론 보드리야르, 데리다, 들뢰즈와 같은
후기 구조주의자들의 논의를 통해 다양한 형식으로 표출되었다. 근
대적 이성에 대한 비판은 동일성의 형이상학 혹은 획일화 전략의 폭
력성을 폭로하는 것, 그리고 근대적 이성 안에 내재된 자기모순을 드
러내는 것이었다. 총체적 디지털화에 대한 저항과도 같은 맥락에서
이해해 볼 수 있는데, 총체적 디지털화 자체가 합리성과 효율성을 최
상의 덕목으로 삼은 근대의 계산적 이성의 가장 첨예한 전략이기 때
문이다.

　19세기 말엽부터 시작되어 온 주기적인 공황과 1930년대를 휩쓴
대공황은 자본주의 체제에 대한 근본적인 의심을 증폭시켰다. 후기
구조주의자들에 의하면 자본주의는 이때 한편으로는 과감하게 자신
에게 적대적이었던 사회주의적 이념과 정책을 끌어안고, 다른 한편
으로는 새로운 시장을 창출해 냄으로써 활기를 되찾았다. 동일한 논
리가 디지털화와 관련해서도 적용될 수 있다.

　자본주의 시장경제 시스템 속에서 새롭고 광대한 산업 영역으로
등장한 디지털 기반 시스템은 근대 세계의 전체적 획일성에 억눌려
있던 개인의 욕망들이 소비되고 유통될 수 있는 새로운 시장을 창출
해 냄으로써 새로운 돌파구를 찾아낸다. 그것은 디지털화를 통해 가
능해진 새로운 현상들을 인간 본성에 내재해 있는 원초적인 욕망들
을 충족시키는 상징으로 치환하는 작업을 통해 이루어진다. 예컨대,

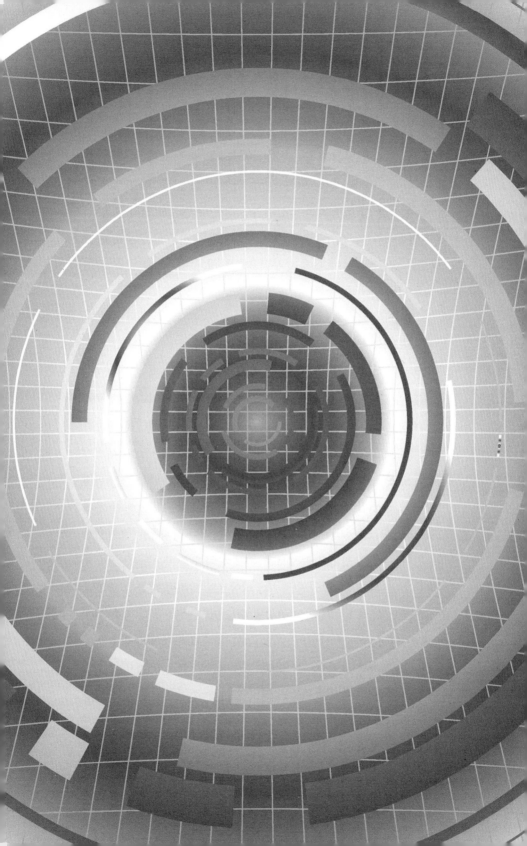

디지털화는 자연적 인간의 한계를 극복해 줄 수 있는 기술이라는 상징이 그것이다. 다시 말해 태생적으로 앞을 볼 수 없는 사람들에게 기술적인 시각을 마련해 줄 수도 있는 것처럼, IT와 BT의 융합은 의학의 한계를, 따라서 인간의 생물학적 한계를 멀찌감치 뒤로 밀어 놓고 있다. 물론 이러한 자연적 한계의 극복은 전통적인 인간 혹은 자연적 인간이라는 개념의 죽음 혹은 상실이라는 비용을 전제로 한다. 그리고 그러한 상실이 실제로 무엇을 의미하게 될는지는 아직 분명하지 않다.

1. 시뮬라크르의 세계 : 참된 세계와 가상 세계의 전도

디지털 기술의 발전은 참된 세계와 가상 세계의 경계를 기술적으로 극복해 넘으로써, 사실상 참된 세계라는 개념의 의미 역시 소거시켜 버린다. 디지털 기술은 제약된 현실을 뛰어 넘는 과잉 현실들을 산출해 낸다. 보드리야르가 예견한 것처럼 현실보다 더 현실 같은 세계가 기술적으로 가능해지고, 이러한 과잉 현실은 인간이 현실을 느끼게 하는 말초적인 감각들마저 조작함으로써 인간이 체험하는 현실 자체를 조작할 수 있는 기술적 단계에 이른다. 이러한 상황은 이중적으로 작동한다. 그것은 한편으로 새로운 존재 영역과 소비 시장이 창출되었다는 것을 의미할 수 있지만, 보드리야르의 말처럼 다른 한편으로는 일종의 냉소적 허무주의로 귀착될 수도 있다.[2]

우선 현실과 가상 사이의 경계가 무너짐으로써 이제까지 발견되지 않았던 광대한 대륙이 나타난다. 그곳에서는 현실과 가상 사이에 이분법이 적용되는 것이 아니라, 끊임없는 혼종과 새로운 대상성들이 나타난다. 그곳은 이미 기표들만의 세계, 즉 원본이 무엇인지를 가리는 일이 사실상 의미 없는 시뮬라크르의 세계이다. 부인할 수 없는 현실은 인터넷을 통해 구축된 새로운 세계가 새로운 직업, 새로운 상품, 새로운 소비가 이루어지는 시장이라는 것이다. 사람들은 기꺼이 자신을 분할해서 이중적인 정체성을 가질 수도 있다. 디지털화된 공간은 일종의 자기 분열적 향유의 공간이기도 하다. 즉, 자유자재로 자신의 정체성을 변신시킬 수 있는 공간이다. 더욱이 그 공간은 실제 세계에 영향을 전혀 미치지 못한 채 그저 머릿속 상상의 세계로 남는 게 아니라, 어느덧 우리의 실제 삶을 지배하는 세계가 되고 있다. 자신을 치장하기 위해 돈을 쓰는 것만이 아니라, 자신의 아바타를 치장하기 위해 기꺼이 돈을 쓰고자 한다. 자기 생활의 편의를 위해 자동차를 구매하는 것이 아니라, 카트라이더의 내 차를 업그레이드하기 위해서도 기꺼이 돈을 지불한다.

물론 이러한 다중적 세계에 대한 역설적인 욕망 또한 존재한다. 예컨대, 왜 현실보다 더 현실적인 상을 재현하려고 하는가, 이러한 재현의 욕망 혹은 점점 더 완벽한 사물이 되고자 하는 기호의 욕망이 생겨나는가? 이는 그것이 '사실은' 현실이 아니고, 사물이 아니기 때문이다. 즉, 기표가 기의를 지시하기를 중지하는 순간, 기표는 일종의 결핍 상태에 빠지게 되기 때문이다. 보드리야르가 기호의 자전(precession)이라는 표현으로 말하고자 한 것은 라캉적 의미에서 '대상 α가 끊임없는 결핍과 상실의 상태'인 것과 마찬가지다.[3] 그래서 기호는 자신의 결여 상태를 극복하기 위해 사물보다 더 사물적이고, 현실보다 더 현실적인 재현의 기술에 집착하게 된다. 그러나 그것은 여전히 기표일 뿐이며, "기표는 … 본성상 결핍만을 드러낼 뿐이며, 따라서 욕망이 현실 속에서 얻을 수 있는 것은 고작해야 상징계의 한 기표에서 다른 기표로 향하는 덧없는 여행이다."[4] 기호의 자전 혹은 기표에서 기표로 이행하는 일련의 과정에서 기호가 갖고 있던 애초의 결핍 상태는 계속해서 증폭된다. 이러한 과정 내에서 욕망의 소유자로서 주체는 알 수 없는 상실감과 공허함을 체험한다. 그것은 기표와 상징의 풍요로움 속에서 느끼는 상실감이며, 이 상실감을 극복하기 위해 주체는 끊임없이 새로운 욕망을 추구하며 부유하게 된다.

디지털화된 세계 역시 바로 이러한 긴장관계를 끊임없이 증폭시킨다. 그것은 시뮬라크르로 충만한, 그러나 원본 없는 결핍의 상태를 극복하기 위한 하나의 방편이다. 공급초과의 시장경제가 스스로를 존속시키기 위해, 끊임없이 새로운 수요를 창출해야 하는 것과 마찬가지로 원본 없는 시뮬라크르의 세계는 끊임없이 새로운 욕망의 대상들을 창출해 낸다. 특히 새로운 대상과 새로운 가능성들을 창출해 내는 컨버전스 기술은 바로 그런 새로운 욕망의 원천으로 작동할 수 있다.

2. 리좀과 노마드, 그리고 네트워킹 : 하나의 허구적 컨버전스의 가능성

근대의 계산적 이성에 대한 가장 강력한 비판 중 하나는 들뢰즈와 가타리를 통해서 이루어졌다. 라캉의 주체 개념을 기계라는 개념으로 대체한 들뢰즈는 '리좀' 개념과 '노마드' 개념을 도입함으로써 서구의 사유를 지배해 온 계통수적 구조에 대립항을 정립한다.[5] 들뢰즈가 비판한 계통수적 구조는 근대 동일성 철학의 상징이다. 즉, 그것은 위계적이며, 하나의 통일된 구조를 의미한다. 들뢰즈와 가타리가 제시한 리좀은 그에 반해 통일적인 구조에 통합되지 않는 비위계적인 다수성을 의미한다. 그것은 일종의 비규칙적인 그물망으로서 어느 곳에나 연결될 수 있는 위상을 갖는다. 그리고 그런 위상을 자유롭게 떠다니는 주체가 바로 노마드이다.

들뢰즈와 가타리의 이러한 개념들은 다분히 전략적인 개념이다. 그들은 이러한 개념들을 통해 근대의 계산적 이성을 해체하고자 했던 것이다. 그러나 들뢰즈와 가타리에 따르면, 이러한 혁명적 전략은 좀 더 세밀하게 구분되어야 한다. 그것은 무엇보다 "자본주의가 자기 존립에 위협적인 혁명조차 자신의 공리계에 추가함으로써 끊임없이 스스로의 경계를 넓혀가는 체제"라는 점에 기초해 있다.[6] 달리 말해, 혁명이 어떤 체계적인 구조 아래서 원인과 목적의 사슬에 기초해 있는 것이라면, 그것은 언제든 다시 자본주의화 할 수 있다는 것이다. 이러한 역설적인 상황은 총체적 디지털화의 전략과도 맞아 떨어진다. 첨단 디지털 기술을 기반으로 하는 네트워킹 사회가 바로 리좀과 노마드 개념을 자신의 공리체계로 끌어들이는 것처럼 보이기 때문이다.

그런데 이는 일종의 개념적 착종일 가능성이 있다. 무엇보다 디지털 기술을 기반으로 한 네트워크 사회가 곧바로 들뢰즈와 가타리가 말하는 리좀과 같은 상태라고 말하기 어려운 점이 있기 때문이다. 들뢰즈와 가타리가 주목한 '차이'라는 개념은 결코 디지털 기술이 현실을 모사하기 위해 생산해 낸 '차이'와는 다르기 때문이다. 앞서 언급했던 것처럼 디지털 기술이 생산해 내는 '차이'는 존재의 균질성을 은폐시키기 위한 일종의 허구적 기표일 뿐이다. 그것은 하나의 균질한 체계를 전제로 한 차이이며, 따라서 그러한 체계를 해체하는 전략적 개념으로서의 차이가 아니다.

이러한 개념적 착종은 마치 자본주의가 반체제적 공리를 오히려 자신의 공리계 안으로 끌어들이는 것과 마찬가지다. 가부장적, 오이디푸스적 체계를 비판하는 대안적 개념으로서 가타리의 '집단 지성' 역시도 마찬가지의 관점에서 볼 수 있다. 만약 네트워킹을 통해 작용하는 '집단 지성'이 어떤 조작된 경로를 통해 조직된 것이라면, 그것은 그저 '예속된 집단'일 뿐이며, 그런 한에서 그것은 오히려 근대 계산적 이성의 다른 변용일 뿐이기 때문이다. 예컨대, 인터넷 공간 속의 익명성을 무기로 자행되는 집단적 마녀사냥을 생각해 보자. 소수의 정보조작자들에 의해 빠르게 확산된 거짓 정보는 한 개인의 삶을 파괴할 수도 있는 집단 폭력의 동기로 변질될 가능성이 크다.

무엇보다 총체적 디지털화라는 형이상학은 들뢰즈와 가타리가 '리좀'과 '노마드'를 통해 비판하고자 했던 근대의 계산적 이성의 가장 첨예한 모습이라는 점에 주목해야 한다. 즉, 근대적 주체의 해체를 드러내기 위해 도입한 리좀과 노마드 개념이 역설적으로 디지털을 통해 가능해진 네트워킹 개념과 접합됨으로써, 다양해지고 확장되는 세계 속에서 계산적 이성의 관철이라는 역설적인 돌파구로 활용되는 일종의 피상적인 컨버전스가 생겨날 위험이 상존하고 있다고 말할 수 있다.[7] 그것은 곧 노마드적 자유가 고향을 잃은 이방인의 정체성 상실로 전환될 위험을 의미한다. 예컨대 노마드 개념에 대한 진지한 성찰 없이 네트워크적 정체성이라는 피상적인 유사성에만 주목한다면, 비록 개인이 자유로이 네트워크 속을 항해한다고 하더라도, 그 자유는 이미 모종의 틀에 의해 규정된, 혹은 프로그램화된 자유에 불과할 것이기 때문이다. 그래서 사실상 '노마드적 자유'는 은폐된 채, 정처 없이 부유하는 체험으로만 여겨질 가능성이 있다.

또한 이러한 상황에는 마치 보드리야르의 '내파'와 같이 총체적 디지털화가 스스로 붕괴할 수 있는 역설적인 가능성도 내재해 있다. 욕망을 일종의 '결핍'으로 이해한 라캉과 달리, 들뢰즈와 가타리는 욕망을 아무것에도 묶여 있지 않은 자유롭고 무의식적인 생산으로 보며, 그것이 종내에는 거대한 체계를 스스로 붕괴시키는 힘이 될 수 있기 때문이다. 만약 가타리와 들뢰즈가 옳다면, 네트워크는 의사소통의 자유와 정보교류의 통로만이 아니라 무방향적이고, 아무런 구속이나 절제 없는 욕망의 분출구가 될 수 있으며, 이렇게 통제할 수 없는 욕망의 에너지들은 결국 네트워크 자체를 무질서의 상태로 만들어 버릴 수도 있다.

물론 디지털 네트워크 공간이 인간에게 어떤 새로운 가능성을 열어 줄 것인가는 인간 자신에 의해 결정되는 문제이지, 결코 네트워크 시스템 자체가 결정해 주지 않는다. 그렇지만 보드리야르의 경우나 혹은 들뢰즈와 가타리의 경우 모두에서 분명한 것은 존재하는 모든 것을 하나의 동질성으로 환원하고자 하는 디지털 컨버전스의 이념이 자신의 내부에 스스로를 붕괴시킬 수 있는 임계점들을 갖고 있다는 것이다. 이러한 역설적 상황은 디지털화된 사회에 노마디즘적 자유와 코쿠니즘(cocoonism, 농경민처럼 안정과 정착을 중시하는 주의로, 누에고치가 그 어원이다)적 폐쇄성, 광대한 다양성과 존재론적 획일성, 컨버전스와 디버전스, 친 디지털적 문화와 반 디지털적 문화, 디지털 세계를 새로운 문명의 유토피아로 보는 입장과 디스토피아로 보는 입장이 공존하게 하는 까닭이다. 때문에 실제로 많은 사람들에 주어진 소통과 속도의 자유가 오히려 거꾸로 심한 피로감을 느끼게 하는 것이다.

디지털 기술에 의해 묘사되는 세계는 하나의 기만적 세계를 열어놓을 가능성을 품고 있다. 그러한 기만 속에서 인간은 채워지지 않은 근원적인 욕망을 끊임없이 갈구한다. 그것은 모든 것이 연결된 네트워크 사회에서 부유하는 자기 자신을 확인하고 싶어 하는 욕망이며, 비트로 환원되어 무차별적 존재가 된 자기 자신의 정체성을 확인하고 싶어 하는 욕망, 즉 차이에 대한 갈증이다. 이러한 실존적/존재론적 욕망은 디지털화하는 세계에 대한 저항으로 표출될 수 있다. 그리고 이러한 저항은 존재의 총체적 디지털화에 대한 반대 극점으로 자리매김하게 된다.

제2장

환원주의적 한계에서 본 컨버전스 사회에서
의식과 행동의 변화 경향

제1절 · 환원주의와 증폭된 욕망의 문제

디지털 컨버전스를 통해 가속화되는 존재자의 총체적 디지털화는 결국 인간의 실존적 불안을 야기한다. 이는 인간이 자신의 존재가 무력화될지도 모른다는 사실 앞에 마주섬으로써 생겨난다. 그 동안 지성사를 통해 관철되어 온 하나의 이념은 인간이 다른 존재자와는 다르다는 것이었다. 그 차이에 대한 인식은 인간의 자기 정체성을 결정하는 가장 유력한 방법이었다. 그러나 디지털화한 세계, 그리고 디지털 공간 속을 부유하는 모든 존재자는 원칙적으로 동질적이며, 그런 한에서 인간조차도 예외일 수 없다.

근대 과학 혁명 이래로 진행되어 온 환원주의는 한편으로는 이 세계를 조작적으로 지배할 수 있는 강력한 실증적 힘을 보여 왔지만,

그 이면에서는 끊임없이 '인간의 차이'를 해소시켜 왔다. 예컨대, 진화론을 통해 인간은 더 이상 특별한 신의 창조물이라고 확신할 수 없게 되었고, 유전학을 통해서는 인간을 포함한 모든 생명이 단백질의 유전정보 조합의 산물로 이해되었다.

이러한 환원주의는 인간의 모든 특권적 지위를 박탈하여, 인간의 실존적 불안을 야기한다. 세계의 모든 존재자가 비트로 환원되었을 때, 인간 고유의 존재론적 지위는 증발하는 것처럼 보이기 때문이다. 이러한 상황은 결국 자신의 존재를, 자신의 정체성을 확인하고자 하는 근원적인 욕망을 부추긴다. 그러나 디지털화한 세계는 그런 욕망을 충족시켜줄 수 없다. 디지털화한 세계 속에서 모든 존재자는 근원적으로 차이가 없을 뿐만 아니라 원칙적으로 수의 원리로 환원될 수 있는 동질적 존재성을 구현하고 있을 뿐이기에, 차이는 그저 그러한 근원적 동질성의 한계 내에서 배열의 조작으로부터 발생하기 때문이다. 이제 존재자들의 근원적 존재 방식의 차이는 동질성 속에서 배열의 자유로운 조작으로부터 발생하는 엄청나게 현란한 차이의 놀이에서 삭제되고 그것으로 대치된다.

그런데 이러한 배열의 자유로운 조작의 주체는 이제 다른 어느 누구라는 인간이 아닐 수 있다. 그 경우 이 조작의 주체는 역설적으로 주체라는 것 자체의 의미를 실종시키는 프로그램이 된다. 프로그램은 조작자라는 주체의 의미를 무력화하는 자기 진화적 배열의 가능성을 열어놓기 때문이다. 배열은 이제 어떤 주체의 통제를 벗어난 자동적 장치의 구동 과정이며 그것의 산출물이 되는 것이다. 프로그램에 대한 단순한 이해는 그 이유를 밝혀준다. '프로그램'은 '특정한 맥락에서 예상한 결과들을 산출'할 수 있게 해 준다. 'program'이라는 말에서 드러나듯, 그것은 '미리 쓰인 것'이기 때문이다.[8] 프로그램을 만드는 사람들, 프로그래머들은 '프로그램 언어'를 배워 프로그램을 짠다. 프로그램을 짜는 데에는 자연어가 아니라 프로그램 생성을 위한 고유의 언어, 인공적인 언어, 약속된 언어가 필요하다. 즉 "프로그램의 미리-글(pre-script)은 항상 '논리적으로' 고정된 지식"이다.[9]

이렇게 짜인 프로그램은 그 진행 과정에서 일일이 인간의 손을 빌리지 않고도 계산되고, 예정된 결과를 내놓는다. 기본적으로 프로그램 언어 역시 이진법 수로 이루어진 일종의 함수이므로 계산에 따라 움직이기 때문이다. "기계적인 코드는 미리-이해되고 미리-계산된 방식으로 과정들을 통제한다. 이렇게 하려면, 과정 그 자체는 … 반드시 미리 수학적으로 계산 가능한 방식으로 이해되고 분석되어야만" 한다.[10] 프로그램이 수학적으로 계산된다는 것은, 그것이 완전히 '자동적'인 것이며, 그 중간 과정에는 인간이 개입할 여지가 없다는 의미이다.

사이버네틱-기술 지식은 자동화되며, 의도적으로 그 자신을 인간들에 독립적 상대자로 만든다. … 실행 가능한 기계 코드를 통한 세계의 해석은 세계(자료)를 통해 주어진 것의 해석 과정에서 실제로 그리고 기계적으로(즉, 이해 없이) 이루어지고, 이 해석은 이미 그 자료를 단지 '기계적으로' 처리하는 프로그램 그 자체의 미리-글(pre-script)에 은닉해 있다. … 사이버네틱 프로세스들의 뒤에 은닉된 기술적 지식은 '망각될' 수 있다. 그 과정들이 자동적으로 진행하기 때문이다. 오직 기술자나 엔지니어만

이 이런 사이버네틱 프로세스들이 기술적으로 어떻게 결과들을 생산하는지 알 필요가 있다. 이해 그 자체는 인간 존재로부터 전자 디지털 장치들 내로 넘어갔다."11

　　하지만 이러한 상황 속에서 역설적으로 자기 이해와 차이에 대한 욕구가 증폭된다. 자신의 존재를 확인하고 싶은 것은 인간의 내밀한 욕망이기 때문이다. 이러한 욕망의 충족은 자본의 시장 속에서 이루어지며, 이러한 탓에 인간의 욕망은 그 시장 내에서 교묘하게 상품화된다. 차이는 욕망을 충족시키는 기제이다. 자본의 시장 속에서 차이를(욕망의 충족을) 구매함으로써 인간은 마치 마약의 환각에 빠진 사람처럼 일시적인 만족감을 맛보게 된다. 디지털 기술은 이러한 상황을 더욱 가속화시킬 수 있는 힘을 가지고 있다. 디지털 코드 배열의 무한한 변양 가능성은 현실보다 더 현실 같은 이미지의 구성과 감각의 조작을 가능케 하기 때문이다. 결국 이미지와 상징으로 재현된 인간의 욕망체계는 첨단 디지털 기술에 의해 증폭되고, 이러한 증폭과정 속에서 인간은 모종의 갈등 상황에 빠지게 된다. 그것은 마치 갈증을 해소하기 위해 마신 음료가 더욱 갈증을 키우는 것과 마찬가지다. 인간이 우주 속에서 자신의 존재를 확인했던 역사적인 방식은 바로 신화였다. 디지털 시대의 총아라고 할 수 있는 게임에서 신화가 차용되는 까닭도 바로 이러한 맥락에서 설명될 수 있을 것이다. 이는 총체적 디지털화가 의지하고 있는 환원주의적 전략이 그 가장 깊은 곳에서 한계에 부딪치고 있는 것과 같다.

제2절 · 환원주의적 비결정성과 개방된 미래

어떤 체계의 예측 불가능한 창발성을 디지털의 방식으로 실연해 보인 울프램의 세포자동자 이론은 환원주의적 프로그램이 갖고 있는 강력한 힘을 보여준다. 너무나도 단순한 규칙의 프로그램이 단순 반복의 과정을 통해 생산해 내는 다양한 차이들은 자연세계에 존재하는 차이가 사실은 0과 1의 배열에 의해 설명될 수 있다는 것을 실증하는 것처럼 보인다. 이러한 사정은 어떻게 컨버전스와 동시에 디버전스적 현상이 공존할 수 있는지를 수학적으로 보여주는 것이기도 하다. 이러한 환원주의의 강력함은 무엇보다 계산 가능성이라는 이념에 기초해 있다. 실제로 컴퓨터의 이론적 모형인 튜링 기계를 고안한 튜링은 "정의 가능한 모든 수학적 연산은 컴퓨터에 의해 수행될 수 있음을 보여주었다."[12]

흥미로운 것은 튜링이 자신의 과제와 관련하여 던진 질문, 즉 '어떤 수학적 형식으로도 표현될 수 없는 수'의 존재 여부다. 괴델이 힐버트 프로그램을 좌절시킨 것과 마찬가지로 튜링 역시 원리적으로 계산 불가능한 수가 존재함을 수학적으로 증명한다. 계산 불가능하다는 것은 정의가 불가능하다는 것과 같다. 즉 어떤 수학적 정의 방식으로도 정의가 불가능한 수, 예를 들면 대수 방정식의 근으로 주어질 수 없는 초월수 π를 생각해 보자. 세계를 수학적 질서로 파악하고자 했던 피타고라스학파가 $\sqrt{2}$를 발견했을 때, 당혹스러웠던 것은 그 수가 비례를 사용해도 '계산이 불가능한 수'였기 때문이었다. 기하학적으로는 분명 존재하면서도 계산해 낼 수 없는 수였던 것이다. 그런데 대수학의 발전은 √2를 정의할 수 있는 방법을 고안해 냈으며, 튜링의 표현을 따르자면, 그렇게 정의 가능하다는 점에서 계산 가능하다. 예컨대 √2는 $X^2 - 2 = 0 (x > 0)$이라는 식의 근이다. 그런데 똑같이 비순환 무한소수라 할지라도 π는 무리수인 √2를 정의하듯 어떤 대수적 방정식을 사용하더라도 규정할 수 없는 수이다. 그리고 이렇게 정의 가능하지 않다는 점에서 계산될 수 없는 수이다. 튜링의 증명에 따르면, 우리가 일상적으로 계산하는 수들을 오히려 특이한 경우로 볼 수 있을 정도로 실수 체계에서 계산 불가능한 수는 많다.[13]

이렇게 계산 불가능한 수가 존재한다는 사실에서 모든 존재를 계산적 합리성의 관점에서 파악하고자 하는 형이상학은 자신의 프로젝트를 유예시킬 수밖에 없다. 계산적 이성이 파악하는 세계의 존재론적 구조인 수 체계에 비결정성이 함께 공존하고 있기 때문이다. 이것이 의미하는 바는 실제로 존재하는 세계는 결코 완벽하게 정의 가능한, 따라서 계산 가능성으로 설명할 수 있는 한계를 넘어선다는 것이다. 따라서 앞서 네그로폰테가 말한 "비트를 잡기도 하고, 입기도 하고, 먹기도 하는" 디지털 컨버전스의 시대가 열릴 것이라는 주장은 여전히 과도한 상상일 가능성이 높다.

한 연역적 이론체계가 무모순이고, 동시에 그 체계에서 가능한 모든 진리를 유한한 절차에 따라 증명할 수 있다는 힐버트의 꿈을 좌절시킨 괴델의 증명이 나왔다고 해서 수학의 체계가 붕괴되지는 않았다. 오히려 이를 계기로 새로운 종류의 수학적 이론들이 모색되었다. 마찬가지로 계산 불가능한 수가 존재한다고 해서, 다시 말해 모든 존재에 대한 계산적 이성에 대한 형이상학적 이념이 좌초한다고 해서 디지털화가 곧바로 중지되거나 붕괴되지는 않는다. 오히려 그러한 사실은 기술적 발전의 새로운 우회로를 찾게 하는 동기를 제공할 것이다. 다만 분명한 것은 계산적 이성의 형이상학으로는 포착되지 않는 뭔가가 기술적 발전뿐 아니라 인간의 의식과 행동에도 영향을 미치리라는 것이다.

'메가 트렌드'라는 표현에 생기를 불어 넣은 장본인인 나이스비트(John Naisbitt)는 이러한 상황을 하이테크와 하이터치라는 개념으로 표현한다. 첨단 기술을 지향하는 하이테크적 문화는 그 대칭적 균형점으로서 첨단 기술에 반대하듯, 낡고 오래되어 향수를 자극하는 하이터치적 문화를 낳는다. 최첨단 디지털 기술을 탑재한 신제품을 갖고 싶어 하는 욕망과 낡은 방식의 아날로그적 상품을 비싼 가격에 사려고 하는 욕망의 두 트렌드가 서로 균형을 이루며 공존한다는 것이다.[14]

디지털 컨버전스를 디지털화의 최첨단 현상으로, 즉 하이테크적 개념으로 이해할 경우, 그 반대의 방향인 하이터치적 경향은 무엇으로 이해될 수 있을까? 그것은 앞서 논의했던 인간의 실존적 욕망, 혹은 하이데거적 표현으로 말하자면 고향에 대한 향수를 의미할 것이다. 결국 디지털 컨버전스라는 새로운 문명 체제 앞에 선 인간은 양극단의 사이에서 끊임없는 모색을 시도할 가능성이 높다. 궁극적인 의미의 비결정성이 남아 있는 한, 체계의 미래는 열려 있다고 말할 수 있기 때문이다.

제3절 · 혼종의 스펙트럼 : 양 극단의 사이에서

모빌리티와 유비쿼티가 실현되는 디지털 컨버전스 사회는 인간 문명을 근본적으로 변화시키는 계기가 될 것임에 틀림없다. 무엇보다 전통적인 시·공간 개념을 대체하는 새로운 시·공간이 등장할 것이며, 그에 따라 그 속에 살고 있는 인간의 생활방식도 근본적으로 변화할 것이다. 예컨대, 신문과 철도의 등장이 정보 교류의 속도를 높여 민주주의가 발전하는 데 일익을 담당했던 것처럼,[15] 더욱 완벽한 정보 교류를 가능케 하는 디지털 컨버전스는 더욱 강력한 변화를 불러일으킬 것이 틀림없어 보인다.[16] 또한 최근 논의되고 있는 이른바 NBIC (Nano+Bio+Info+Cogno) 융합은 이러한 새로운 변화를 더욱 가속화시킬 것으로 전망되고 있다. 이 변화의 한 중심에 '디지털화' 개념이 자리 잡고 있다. 그런 융합이 가능할 수 있었던 것은 대상을 디지털화할 수 있었기 때문이다. 디지털화한다는 것은 간단히 말해 계산 가능한 상태, 즉 정량적으로 합리화된 상태라는 것을 의미한다. 따라서 디지털 컨버전스는 합리성 내지는 효율성이 더욱 증강된 상태를 의미하며 또 지향한다.

그러나 디지털 컨버전스가 인도하는 미래가 온전히 유쾌하기만 한 것은 아니다. 예컨대, 심슨 가핑켈은 자신의 저서, 『데이터베이스 국가*Databasenation*』[17]에서 광대역 통신망으로 연결된 사회가 마치 조지 오웰의 소설에서 나온 어두운 미래처럼 개인의 사생활을 심각하게 위협할 것이라고 전망하기도 한다. 이러한 전망이 결코 근거 없는 비방은 아니다. 현재 우리가 일상적으로 겪고 있는 상황만으로도 짐

작이 가능하기 때문이다. 또한 경이로운 재현 기술에 의한 감각 정보의 조작 가능성, 자유롭고 풍요로운 지식 유통 시장 속에서 점점 더 치밀한 정보 조작의 가능성, 그리고 네트워크화된 현실 세계와 가상 세계 사이의 혼종에서 오는 자기 정체성의 혼란, 새로운 융합기술이 유발할 수 있는 자연적 인간의 종말 등 새로운 환경에서 인간을 두렵게 만들 수 있는 일들은 얼마든지 예상 가능하다. 심지어 시대를 대표하는 미래학자인 나이스비트도 자신만의 시·공간을 지키기 위해 휴대폰을 쓰지 않는다고 고백한 적이 있다.[18]

이러한 상반된 경향의 문화적 대응은 디지털 컨버전스를 대하는 개인과 집단의 의식과 행동을 그대로 반영한 것이기도 하다. 물론 그런 대응은 다양한 스펙트럼을 가질 것이다. 예컨대, 디지털 컨버전스를 적극적으로 수용하려는 사람과 그에 저항하는 사람 사이에는 다양한 정도 차이를 갖는 행태들이 존재할 것이다. 이를 도식적으로 유형화 하면 주로 다음과 같은 세 가지 변인에 의해 펼쳐지는 위상적 공간에서 결정될 것이다.

그리고 이러한 변인들의 작용 형태에 따라 다양한 디지털 격차가 발생할 가능성이 높다. 또한 그러한 디지털 격차가 계층적 구조를 갖게 된다면, 그 차이는 곧바로 그 계층의 의식과 행동에 있어 집단적인 경향성으로 귀결될 가능성도 있다.

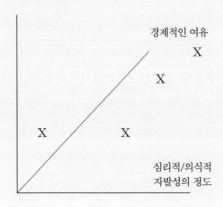

[그림 2] 디지털 컨버전스에 대한 문화적 대응

    디지털 컨버전스에 의해 변화될 세계에 대한 극단적인 찬사와 비합리적일 정도의 거부감이 공존하는 것은 무엇보다 그것이 여전히 진화 중인 개념이기 때문이다. 그래서 그 두 경향이 마치 역동적인 균형점을 찾아가는 힘처럼 작용하면서, 다양한 혼종 형태들을 등장시킬 것이라고 예측할 수 있다. 예컨대, 오늘날 많은 첨단 기기들이 소비자의 아날로그적 감성을 자극하는 디자인을 사용하고 있다. 그것은 디지털 기기들이 주는 차가운 기계적 이미지에 대한 저항감을 상쇄시키기 위한 전략이다. 이러한 모색은 아직 그 변화의 폭발력이 어느 정도로, 또 어느 방향으로 전개될지 가늠하기 어려운 새로운 문화에 대해 기대와 불안을 동시에 갖고 있는 우리 자신에 대한 기술적인 되물음이기도 하다.

제3장

놀이의 디지털화

디지털 컨버전스에 대한 문화적 대응 방식과 태도가 다양한 것처럼, 디지털 컨버전스의 현상들 역시 다양하다. 이 다양성은 그 자체로 매우 중요한 것이지만, 다른 한편으로 이 다양성은 디지털 컨버전스에 대한 접근을 어렵게 만든다. 우리가 경험할 수 있는 것은 이러한 다양한 현상들일 뿐, 디지털 컨버전스 자체는 아니기 때문이다. 그래서 우리는 어느 특정한 행위나 방식에서 디지털 컨버전스에 대한 문화적 대응을 임의적으로 규정하거나 그 방향을 정할 수는 없다. 이러한 사정은 디지털 컨버전스적 현상에 있어서도 마찬가지이다. 우리는 다양한 디지털 컨버전스의 현상들을 경험할 수는 있지만, 이것들만으로는 디지털 컨버전스에 충족적으로 접근할 수는 없기 때문이다.

디지털 컨버전스적 현상들은 디지털 컨버전스의 과정 속에서 드러나는 것이기에, 이 현상들은 한편으로 디지털 컨버전스라는 전체 사건의 종속적 사건들이기도 하지만, 다른 한편으로는 이 전체 사건을 대표하는 사건들이기도 하다. 그래서 우리는 이 둘 중 하나를 택일하는 것에 만족할 수 없다. 그러나 그렇다고 우리가 이 두 마리의 토끼를 한꺼번에 쫓는 것도 사실은 불가능한 일이다. 오히려 이러한 시도 속에서 우리는 어느 한쪽도 만족하지 못하는 결과에 봉착하기 쉽다.

우리는 이와 같은 어려움에서 벗어나기 위해, 같은 어려움을 이미 겪고 극복했던 하이데거의 존재론을 떠올려 볼 필요가 있다. 하이데거에게 어려움은 존재에 접근해야 하지만, 우리가 실상 접할 수 있는 것은 존재자 밖에는 없다는 것이었다. 잘 알려진 것처럼, 하이데거는 이 문제를 특이한 존재자를 선택하는 방법으로 해결해 나간다. 바로 인간이라는 존재자를 존재에 접근하는 통로로 사용하는 것이었다. 인간은 그 자신의 존재 자체를 고민하는 특이한 존재자였기 때문이었다.

우리가 여기서 놀이의 디지털화로서의 '온라인 게임(Online Games)'을 선택한 것도 디지털 컨버전스에 접근하기 위해서이다. 물론 온라인 게임이 그 자신의 존재 자체를 고민하는 존재자는 아니다. 하지만 다른 의미에서 동일한 역할을 수행할 수 있는 것이 바로 '놀이'로서의 '게임'이다. '놀이'는 가장 심층적 차원에 놓여 있는 인간의 문화적 형태이기도 하며, 그 행위이기도 하다. 그래서 '놀이의 디지털화'는 인간 문화의 가장 심층적 차원에서 이루어지고 있는 디지털 컨버전스적 현상으로 이해된다. 이는 마치 우리가 근원적인 의미를 탐구하기 위해 어떤 것의 어원이나 기원을 분석하고 탐구하는 것과 마찬가지이다. 어쩌면 우리는 문화의 가장 심층에서 이루어지고 있는 디지털 컨버전스의 현상을 통해 가장 근원적인 차원에서 디지털 컨버전스에 접근할 수 있는 통로를 발견할 수 있을지도 모른다. 이렇게 가장 심층적인 것이 가장 디지털화하기 어려운 것일 것이기 때문이다.

제1절 • 디지털 컨버전스 : 게임, 신화

다양한 컨버전스 서비스를 제공하고 이를 통해 수익을 도모하는 것은 정보통신 업계에서 일반화된 사업 방식이다. 이러한 일반화의 과정 속에서, 한 정보통신 대기업은 "브로드밴드"라는 정보통신 용어를 상품명으로 사용하기도 하였다. 물론 브로드밴드는 단순히 상품명을 의미하는 것이 아니다. 잘 알려져 있는 것처럼, 이것은 '광대역통신'이라는 정보통신 용어로서, "공통화된 고속 대용량의 엑세스망을 통하여 다양한 서비스가 이용 가능한 환경"을 제공하며, "음성, 데이터, 영상 등 통신내용에 의존하지 않는 서비스 제공을 가능하게 한다."[19] 여기서 이러한 브로드밴드라는 정보통신 용어를 언급하는 까닭은 이것이 디지털 컨버전스와 매우 밀접한 연관을 맺기 때문이다. 예를 들어 브로드밴드 인프라의 구축 속에서는 각종 컨버전스가 실제로 발생하게 된다.

브로드밴드 인프라를 이용하기 위해 게임 콘솔이나 무선기기와 같이 여러 기술들의 컨버전스가 이루어져야 하며, 이러한 기기들과 콘텐츠들 간의 컨버전스도 이루어져야 한다. 그렇지만 브로드밴드와 컨버전스가 일의적인 관계를 갖는다고 보기는 어렵다. 다시 말해 브로드밴드화의 과정 속에서 컨버전스가 비로소 발생한 것은 아니라는 것이다. 물론 브로드밴드화의 과정 속에서 브로드밴드 인프라에 적합한 기기들 간의 그리고 기기들과 콘텐츠들 간의 컨버전스들이 발생한 것은 사실이지만, 컨버전스 자체가 브로드밴드로부터 출발하는 것은 아니기 때문이다. 브로드밴드라는 기술이 가능하려면 사실상 '신호'가 디지털화되어야 한다. 그리고 브로드밴드에 적합한 기기들의 컨버전스도 디지털화된 신호의 전송과 수신을 위한 것이라는 점에서 디지털화를 전제로 해야만 한다. 물론 음성이나 영상과 같은 콘텐츠의 디지털화가 비교적 최근에 가능해지긴 했지만, 전송될 대상, 즉 '신호'라는 관점에서 보면 그 연원도 디지털화에서 찾을 수 있다. 디지털 컨버전스를 디지털화 혹은 디지털로의 환원이라고 본다면, 브로드밴드화와 이 과정 속에서의 컨버전스들은 디지털 컨버전스에서 과학과 예술 그리고 기술과 예술이 통합되는 것과 같은 디지털화 과정의 한 특징적 사례라고 볼 수 있다.

사실 기기의 디지털화는 기술적 논의의 영역이며, 디지털화될 또 다른 대상에 비해 논란의 소지도 없어 보인다. 왜냐하면 그러한 기술 자체가 존재 의미의 변화 속에서 기인된 것이며, 이에 따른 결과이기 때문이다. 그러나 콘텐츠의 경우는 그렇지 않다. 기술적 측면에서 콘텐츠 디지털화의 메커니즘은 간단히 이해될 수 있다. 예를 들어 앞서 논의한 브로드밴드의 경우, 그것의 주된 특성이 대용량의 콘텐츠를 고속으로 전달하는 것이기 때문에, 이러한 전송 속도를 감당하면서도 전송된 데이터를 쉽게 전달하고 저장하기 위해서는 콘텐츠가 더 이상 아날로그 형식이 아니라 비트 단위로 쪼개져 디지털 형식으로 전환되어야 한다. 그러나 이렇게 전환되는 대상이 단순한 문자, 소리 혹은 동작이 아니라 전체의 맥락 속에서 이해되어야만 하는 문화의 구성 요소들이라는 점을 생각한다면, 콘텐츠들의 디지털화는 그렇게 간단한 문제가 아니다.

디지털 컨버전스에 있어 콘텐츠의 디지털화를 논의할 때, 우리가 주목해야 하는 분야는 바로 온라인 게임이다. 온라인 게임에 대한 주목은 우선 그것의 산업적 영향력에서 그 연유를 찾아볼 수 있다. 2003년 한국게임산업개발원의 『게임백서 2003』에 따르면, 우리나라 디지털 콘텐츠 시장에서 가장 큰 규모를 차지하는 것이 게임 산업이다.[20] 또한 온라인 게임과 모바일 게임의 성장은 최근까지 꾸준히 증가하는 추세이다. 한국콘텐츠진흥원의 『2012 대한민국 게임백서』에 따르면, 온라인 게임은 2014년에 11조원, 모바일 게임은 1조원 규모에 육박할 것으로 예상되는 등, 온라인 게임 및 모바일 게임은 디지털 컨버전스에 있어 핵심적인 산업으로 자리잡고 있다.

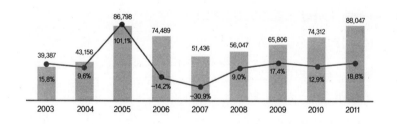

[그림 3] 국내 게임시장 전체 규모 및 성장률 추이(2003~2011)[21]

구 분	2010 매출액	2011 매출액	2011 성장률	2012(E) 매출액	2012(E) 성장률	2013(E) 매출액	2013(E) 성장률	2014(E) 매출액	2014(E) 성장률
온라인게임	47,673	62,369	30.8%	78,762	26.3%	97,076	23.3%	117,986	21.5%
모바일게임	3,167	4,236	33.8%	6,328	49.4%	9,180	45.1%	12,580	37.0%
비디오게임	4,268	2,684	-37.1%	2,084	-22.4%	2,019	-3.1%	1,974	-2.2%
PC게임	120	96	-20.0%	76	-21.3%	61	-19.6%	53	-13.2%
아케이드게임	715	736	2.9%	765	4.0%	791	3.3%	810	2.4%
PC방	17,601	17,163	-2.5%	16,562	-3.5%	15,590	-5.9%	14,395	-7.7%
아케이드게임장	768	763	-0.7%	757	-0.8%	756	-0.1%	760	0.6%
합 계	74,312	88,047	18.5%	105,333	19.6%	125,472	19.1%	148,558	18.4%

[그림 4] 국내 게임시장의 규모와 전망(2010~2014, 단위: 억 원)[22]

이러한 산업적인 측면 외에 온라인 류[23]의 게임에 있어 보다 본질적인 의미에 주목할 필요가 있는데, 그것은 콘텐츠의 디지털화가 다른 영역과는 매우 상이한 양상으로 전개된다는 점이다. 왜냐하면 이러한 게임 내에서의 콘텐츠의 디지털화는 현상적으로 매우 이질적인 두 요소의 결합으로 드러나기 때문이다. 게임이 신화와 결합이 바로 그것이다. 이러한 현상에 대한 서술은 게임 관련 연구자들의 설명 속에서도 흔하게 발견된다.

디지털화에 있어 주목받고 있는 "온라인 게임의 세계관은 그 자체가 신화라고 할 수 있을 만큼 신화적 요소의 차용이 두드러진다."[24] 예를 들어 온라인 게임 〈라그나로크〉는 북유럽 신화 속에서 신들의 멸망을 이르는 '신들의 황혼', 즉 '라그나로크'라는 말(訔)을 게임의 명칭으로 삼고 있기도 하며, 「길드워」와 같은 게임에는 "각종 신화와 역사에서 차용한 상징과 재창조된 이야기들이 흩어져 있다. … 티리아 왕국의 사람들이 모시는 신들이 대체로 로마 신화의 모방"[25]이다. 현재 게임이 기술의 측면에서 디지털화의 최전선에 서 있다는 점을 고려한다면, 게임이 신화와 결합되는 것은 또 다른 디지털 컨버전스로 이해될 수 있다. 왜냐하면 신화가 인간의 문화세계를 구성하는 하나의 요소임을 감안할 때, 이와 같은 게임과 신화의 결합은 기술과 문화의 디지털 컨버전스 현상으로 볼 수 있기 때문이다. 그렇다면 기술과 문화의 컨버전스 현상으로서 게임은 어떻게 신화와 결합하는가?[26]

게임과 신화의 결합은 일반적으로 '서사'와 '유희성'의 두 가지 방향 속에서 논의되고 있다. 먼저 '서사'가 게임과 신화 결합의 설명적 모티브가 될 수 있는 까닭은 게임의 기반이 서사적 스토리라는 점이다. 한혜원에 따르면, "서사학과 게임학 양측 모두 분명 무게중심은 다르지만, 게임을 새로운 서사 양식으로 받아들이고 새로운 분석의 틀로 분석되어야 한다고 본다는 점에는 이견이 없다."[27] 또한 신화는 그 어원적 의미가 보여주듯이[28] 서사의 원형이다. 특히 온라인 게임이 신화의 내용을 차용함으로써 게임 내에 신화를 끌어들이는 것은 '서사'라는 공통의 특성에 기반한 현상이다.

'유희성'이 게임과 신화 결합의 설명적 모티브가 될 수 있는 까닭은 게임, 특히 온라인 게임이 유희적 감정과 연관되기 때문이다. 예를 들어 미국의 Interactive Digital Software Association의 2002년 조사에서 게임 플레이어들이 답변한 게임 참가 이유의 85%는 '재미있기 때문'이었다.[29] 이러한 경향성은 특정 시기나 특정 국가에만 한정된 것은 아니다. 2011년 조사에 따르면, 우리나라의 경우 역시 게임을 하는 주된 이유가 재미있기 때문이다.[30] 이러한 이유들은 자연스럽게 게임을 '놀이'라는 측면에서 이해하도록 만든다. 간단히 말해, 게임은 놀이인 것이다.[31] 놀이의 역사는 인류의 역사와 괘(軌)를 같이해 왔으며, 따라서 디지털화된 놀이로서 현재의 온라인 게임도 종교적 제의와 지속적으로 연관된 것으로 볼 수 있다. 왜냐하면 종교적 제의 속에서 펼쳐지는 퍼포먼스들은 일종의 유희적 행위이며, 이러한 까닭에 종교적 제의는 놀이의 기원으로 여겨지기 때문이다. 이러한 의미에서 밀러는 종교적 제의와 온라인 게임간의 유사성을 다음과 같이 설명한다. "디오니소스 페스티벌이라는 고대 의식은 오늘날 아주 인기 있는 다중 접속 온라인 게임(Massively Multiplayer Online Games : MMOGs)과 비슷한 점이 있다. 무엇보다도 이러한 현대의 게임 참가자들은 서로 다른 등장인물이 되어 다른 플레이어들과 상호 작용하고, 특별한 목적을 달성하기 위해 노력한다. 그러한 게임에서는 종종 삶과 죽음의 결과가 있는 장면이 나오기도 한다."[32] 다시 말해 유희성의 측면에서 온라인 게임과 종교적 제의는 그 형식이나 내용에 있어 매우 큰 유사성을 보인다. 그렇지만 서사와 유희성의 측면에서 게임과 신화의 결합을 설명할 수 있다고 하더라도, 이러한 설명에는 여전히 해명되어야 할 것이 남아 있다.

온라인 게임에서 신화적 요소들이 많이 사용되고 있으며, 이러한 까닭에 온라인 게임의 세계관 자체가 신화라 간주될 만하기도 하다. 그렇지만 이때 온라인 게임의 세계관 그 자체가 신화라고 말할 수 있는 핵심적인 근거는 그 게임이 이야기로서의 신화가 갖고 있는 내용적 요소를 사용한다는 것이다. 그러나 신화적 요소들을 제 아무리 많이 사용한다고 하더라도 그 요소들의 합이 신화 자체가 될 수는 없으며, 더욱이 신화는 단지 오래된 판타지 소설이 아니다. 신화를 단순한 허구적 상상력의 생산물쯤으로 보는 것은 신화에 대한 매우 조야한 이해일 뿐이다.

이와 더불어 종교적 제의와 놀이 그리고 신화를 하나의 연장선상에서 본다고 하더라도, 이 과정에서 발생하는 본질적 의미의 변경 역시 반드시 논의되어야 한다. 온라인 게임을 놀이라 규정한다면, 이것은 현상적으로 온라인 공간으로의 놀이의 이전으로 이해된다. 그렇지만 여기서 주목해야 하는 것은 온라인 게임은 디지털 컨버전스의 전개 과정에서 펼쳐지는 한 흐름이며, 놀이는 일종의 사회화 과정이고, 문화적 체험의 과정이라는 점이다. 이러한 점들은 고려한다면, 놀이로서의 온라인 게임이 그저 놀이터의 변경처럼 디지털 공간으로 이전된 놀이로만 이해될 수는 없다. 왜냐하면 사회화 과정과 문화적 체험이 결코 놀이와 분리되지 않기 때문이다. 따라서 온라인 게임의 이해에 있어서 놀이의 장소뿐만 아니라 그간 놀이를 통해 이루어져 온 사회화 과정과 문화적 체험 과정의 디지털화 역시도 고려해야만 하는 것이다. 이러한 의미에서 온라인 게임은 그저 특이한 한 형태의 놀이가 아닌 '놀이의 디지털화'로 이해된다. 그렇지만 이렇게 이해된 '놀이의 디지털화'가 놀이의 특성, 즉 놀이가 고유의 정해진 규칙을 가지고 이에 따라서 정해진 시간과 공간 속에서 이루어진다는 점과 컴퓨터 게임이 프로그래밍된 구조 속에서 진행된다는 속성 차원의 일치라는 점만을[33] 뜻하는 것은 아니다. 왜냐하면 이러한 표층적 일치성이 발견될 수 있고, 설사 그것이 사실이라고 하더라도 이러한 일치성에서 사회적 과정과 문화적 체험의 과정이 그대로 이전되거나 동일시될 수 있다고 보기는 어렵기 때문이다. 온라인 게임이 규칙성과 시·공간성이라는 놀이의 속성을 동일하게 지니고 있기 때문에, 온라인 게임을 '디지털화된 놀이'라고 부를 수는 있겠지만, 실상 놀이 자체가 디지털화된다는 것은 본질적으로 놀이의 존재론적 의미와 기반이 전위(轉位)된다는 것을 뜻한다. 놀이 자체가 존재하게 되는 디지털의 공간과 시간의 의미는 현실에 있어 그것들이 갖는 의미와는 다른 것이기 때문이다.[34]

같은 맥락에서 게임과 신화의 결합에 있어 사실 그 결합 당사자들인 양자가 본래 충돌해야 할 서로 다른 두 세계관이라는 점을 주목해야만 한다. 디지털화는 인간 합리성의 극단적 방향 속에서 이루어져 온 것으로 이해되지만, 신화는 일반적으로 그 반대의 극, 말해 비합리성의 극단적 방향 속에서 이해되기 때문이다. 다시 말해 온라인 게임이 테크놀로지의 첨단으로서 디지털화를 기반으로 하는 이상 온라인 게임은 합리성의 세계에 속하며, 신화는 비합리성의 세계에 속한다. 이러한 의미에서 온라인 게임과 신화의 결합은 서로 다른 이질적인 두 세계관의 하이브리드인 것이다. 그렇지만 이렇게 양자가 갖는 서로 다른 방향만을 고수하게 되면, 이 둘의 결합은 결코 이해될 수 없다.

이 둘의 결합을 이해하기 위해서 우리는 두 가지 점을 전제해야 할 필요가 있다. 하나는 이 둘의 결합은 디지털화의 흐름 속에서 발생한 사실이라는 점이며, 다른 하나는 온라인 게임은 디지털화의 과정에서 결과된 것이라는 점이다. 이 둘을 전제하고 나면, 우리가 이해하고자 하는 결합에 있어 남는 것은 신화이다. 디지털 컨버전스의 흐름이 과거에서 현재로 그리고 미래로 향하는 것이라면, 우리는 이 둘의 결합에서 신화의 디지털적 전환에 보다 주목할 필요가 있다. 그리고 이 전환의 과정과 양상을 정확히 파악하기 위해서는 보다 근원적인 차원에서 접근할 필요가 있으며, 따라서 온라인 게임과 신화의 결합에 대한 이해는 신화의 본질적인 의미를 파악하는 데서 출발해야 한다.

제2절 • 신화와 인간의 삶

일반적으로 미토스는 로고스와 대비되는 것으로, 로고스 이전의 것(pre-logos)으로 이해된다. 따라서 통상적으로 로고스의 길은 탈신화의 과정 속에서 마련되는 것으로 알려져 있다. 현재 우리의 디지털 시대는 바로 이 탈신화의 과정에서 이해될 수 있다. 다시 말해 디지털 시대는 현재라는 시점에서 로고스의 극단이라 볼 수 있다. 그렇지만 이러한 탈신화화의 과정은 다른 측면에서 보자면 또 다른 의미를 내포한다. 로고스의 길이 미토스로부터 벗어남으로써 마련되는 것이라면, 로고스의 길은 미토스로부터 출발하는 것이 되며, 바로 이러한 의미에서 로고스의 길은 미토스에서 예비된다고 볼 수 있다. 이를 고려한다면, 로고스의 길을 이해하는 것은 미토스에 대한 이해에서 출발해야 할 것이다.

신화에 대한 이해는 신화에 접근하는 방식들에 따라 다양하게 전개되어 왔다. 그렇지만 이러한 다양성을 이해하기 위해서는 다양한 이해들을 전반적인 방향성에 따라 분류할 필요가 있다. 우선적으로 고려해 볼 수 있는 방향성은 신화를 경험적·과학적 방향 속에서 접근하는 것이다. 이 방향에는 두 개의 커다란 물음이 존재한다. 신화는 경험적·과학적으로 이해될 수 있는 것인가? 그렇다면 어떠한 방식으로 이해될 수 있는 것인가? 전자의 물음 속에서 두 개의 답변이 가능하다. 하나는 신화가 경험-과학적으로 이해가 불가능하다는 것이며, 다른 하나는 경험-과학적으로 이해 가능하다는 것이다. 예를 들어 레비 브륄에 따르면, 신화시대의 인간과 우리 시대의 인간 사이에는 어떠한 공통점도 없기 때문에, 이 둘 사이에는 경험과 사유 형식 간에 어떠한 공통점도 존재하지 않는다. 따라서 이러한 견해에 따르면 신화에 대한 이해는 애초부터 불가능한 것이 된다. 이와는 달리 두 번째의 답변, 다시 말해 신화가 경험-과학적으로 이해될 수 있다는 견해가 성립하기 위해서는 하나의 전제 조건을 필요로 하며, 이는 두 번째의 물음과 연관된다. 여기서 말하는 전제 조건이란 신화를 경험적·과학적으로 이해하기 위해서는 일종의 환원이 필요하다는 것이다.

때로 신화는 과학으로 환원되고, 때로 언어로 환원된다. 신화가 과학으로 환원될 때 신화적 사고와 과학적 사고 간의 근본적인 차이점은 없으며, 정도의 차이만 있을 뿐이다. 따라서 신화는 저급한 과학적 사고로 간주되고 치부될 뿐이다. 신화가 언어로 환원될 때, 신화는 언어의 결함으로 설명된다. 왜냐하면 신화적 표상에 상응하는 물리적 대상이 존재하지 않거나 동음이의어의 혼동 속에서 신화가 발생하기 때문이다. 예를 들어 노아의 방주와 유사한 데우칼리온과 피라의 신화는 사람(λαός)과 돌(λᾶας)의 혼동에 기인한 것이다. 이러한 현상은 신화시대 인간의 미숙한 정신에 기인한 언어적 결함이며, 언어의 병이다. 막스 뮐러에 따르면, 언어와 사고는 분리될 수 없기 때문에 언어의 병은 결국 사고의 병이며, 신화는 일종의 정신 병리학으로 이해된다. 프로이트의 정신분석학적 신화 이해도 물론 그것이 신화를 언어로 환원시키지는 않음에도 불구하고 이러한 맥락에서 이해해 볼 수 있다. 정신분석학적 이해의 차원에서 신화는 과학의 대상으로 환원되며, 이를 통해 신화는 과학적 방식으로 연구될 수 있다. 왜냐하면 경험적 검증이 가능한 정신 병리적 현상과 연관되기 때문이다.

　신화를 경험적·과학적 방향 속에서 접근하는 이해들을 고찰할 때, 우리는 하이데거의 말을 떠올려볼 필요가 있다. 하이데거에 따르면, 올바름과 진리는 다르다. 예를 들어 시(詩)를 단어들의 조합으로 설명하는 것이 올바르기는 하지만, 그것이 시 자체의 본질을 밝히는 것은 아니다. 마찬가지로 특정한 경우와 현상을 경험적·과학적 접근 방식으로 설명할 수 있고, 이러한 설명이 올바른 것일 수도 있을 터이지만, 이러한 설명이 신화 자체 혹은 신화의 본질을 밝히는 것은 아니기 때문이다. 또한 경험적·과학적 방향은 본질적으로 로고스적 차원에서 신화를 접근하는 방식이기도 하다. 신화의 본질과 그 기능 그 자체가 로고스에 기초해 있는 것이 아니기 때문에, 로고스적 차원에서 이해되고 접근될 수 있는 것이 아니다. 신화에 대한 이해는 신화 자체를, 즉 신화의 본질적 의미를 밝혀내야만 진정으로 이루어질 수 있다. 더욱이 신화가 인간 문화의 한 형태인 한, 신화의 본질적 의미는 신화적 사고와 그것이 갖는 사회적·문화적 생활에 있어서의 기능에서 구해져야 할 것이다.

　이러한 이해의 방식은 신화 자체의 의미를 묻는 것이다. 신화 자체의 의미를 묻는다는 것은 다른 영역과의 혼동을 배제하는 신화의 한계를 설정하고, 이 한계 속에서 신화의 의미와 기능을 논의하는 일종의 비판적(kritisch) 과업인 것이다. 이러한 의미에서 신화를 그 자체의 의미와 그것의 사회적·문화적 기능 속에서 파악하는 이해의 방향을 '비판적' 방향이라고 규정할 수 있다. 그렇지만 신화에 대한 비판적 이해가 신화 자체의 의미와 기능을 묻는다고 해서 레비 브륄과 같이 신화를 신화와는 다른 것과 절대적으로 분리하고, 그것이 이해 불가능한 것이라는 점을 입증하려는 것은 아니다. 오히려 이러한 이해의 방향은 신화 자체의 의미와 기능을 인간의 본질에 따라 해명하여 그것이 가지고 있는 고유의 인간학적 가치를 드러냄으로써 신화를 적극적으로 이해해 보려는 것이다.

따라서 비판적 방향에서 신화의 이해는 신화의 사회적·문화적 기능에 대한 고찰과 밀접하게 연관될 수밖에 없다. 신화에 대한 이러한 비판적 이해의 방향 속에서 우리가 특히 주목해야 할 신화 이론가들은 에른스트 카시러와 조셉 캠벨을 들 수 있다. 물론 심리학적 신화 해석을 거부하는 카시러와 융의 심리학을 적극적으로 자신의 신화 해석에 수용하는 캠벨의 태도 사이에 극명한 차이점은 존재하지만, 다른 한편 이들은 공통적으로 신화가 갖는 사회적·문화적 기능이 우리의 현실 속에서도 여전히 의미 있는 가치를 제공해 주고 있다고 보고 있다.

카시러에게 있어서도 캠벨에게 있어서도 신화는 인간의 '삶'과 매우 밀접한 연관 속에서 이해된다. 카시러에 따르면 신화 속에서 죽음은 생명의 유대와 통일 속에서 직관되고, 이러한 직관 속에서 죽음은 다른 생명 형태로의 변화로 이해된다. 다시 말해 한 생명은 죽음을 통해 모습을 바꿀 뿐이다. 이러한 변화는 생명의 공동체 속에서 가능해진다. 따라서 신화 세계 속에서 인간은 자신의 생명뿐 아니라 공동체도 유지하며, 인간은 낱낱으로 존재하는 것이 아니라 모든 것과 **공감적**(sympathetic)으로 결속해 있다. 다시 말해 신화적 사고 속에서 이러한 공감을 통해 생명체들은 서로 독립적으로 존재하는 것이 아니라 하나의 유대라는 생명 사회를 이룬다. 이러한 신화적 사고의 특징을 카시러는 'pars pro toto(부분이 전체를 대변한다)'라는 관계의 원리를 통해 집약한다. 생명의 통일적 흐름 속에서 전체는 부분들 속에서 드러나며, 부분은 곧 전체이고, 전체로서 작동하며 기능한다. 이러한 관계의 원리라는 측면에서 보자면, 개인의 존재는 더 이상 나누어지지 않는다는 의미가 아니라 전체와의 합일 속에서, 어떤 측면에서는 사회 속에서, 의미를 갖게 된다. 이러한 신화적 사고는 신화시대 속에서만 국한되는 것이 아니라 개인과 사회와의 관계가 유지되는 데 여전히 의미 있는 기능을 수행한다.

카시러의 이러한 관점은 캠벨이 종종 사용했던 'Tat tvam asi(네가 그것이다)'라는 산스크리트어로 기술된 우파니샤드의 구절과도 매우 밀접하게 연관된다. 가끔 우리는 지하철 선로에 떨어진 사람을 구하려 그 사람과는 전혀 일면식도 없는 사람이 뛰어 드는 경우를 보곤 한다. 심지어 일본으로 유학을 간 한 유학생이 자신의 목숨을 버리면서까지 일본인을 구한 경우도 있다. 쇼펜하우어는 이처럼 생면부지의 사람이 위급한 상황에 처했을 때 망설임 없이 자신의 생명을 버리면서까지 그를 돕는 행위를 어떻게 이해할 수 있는지를 고민했고, 이러한 행위를 자신과 다른 존재의 **동일시**라는 전제 속에서 이해할 수 있다고 보았다. 이것은 '나'와 '타인'의 관계 맺음의 방식이며, 이 방식을 캠벨은 'Tat tvam asi'의 의미로 받아들인다. 물론 이 말은 종교적으로 아트만과 브라만의 동일시를 의미하지만, 이러한 종교형이상학적 의미 외에, 사회적으로 이 말은 개인과 타인 혹은 사회의 관계를 반영한다고 볼 수 있다. "'네가 바로 그것이다!' 그러나 이 '너'는 다른 존재들과 구분해서 스스로 애지중지하는 그런 개별적인 '너'가 아니다. 보다 깊은 '너'에 대한 인식으로 이르는 한 길은 … 보는 자와 스스로를 동일시하는 것이다."[35] "대립자의 세계 너머에는 보이지 않지만 경험되는 통일성과 동질성이 우리 모두에게 있다."[36] 캠벨에 있어 '네가 바로 그것이다'는 언명은 신화 속의 '영웅' 개념과도 밀접하게 연관된다. 빌 모이어스와의 대담 속에서 캠벨은 '우리'가 한 생명의 두 측면으로서 서로 다른 둘이 아니라 '하나'이며, "우리의 진정한 실재는 모든 생명을 동일시하고 통합하는 데서 비롯된다"고 말한다. 그리고 영웅이란 자신의 물리적 삶을 바로 이것에 바친 존재이며, 위기의 순간에도 이를 끊임없이 실천하는 존재이다.[37]

따라서 신화 속에서의 영웅은 단지 초월적 힘과 능력을 과시하는 존재가 아니라 바로 우리 자신이며, 이러한 의미에서 영웅은 신화 속에서만 혹은 블록버스터 속에서 허구적으로만 존재하는 것이 아니라, 우리의 현실과 주변에 존재하는 존재자이다. 또한 신화 속의 영웅은 타인의 목숨을 많이 빼앗는 존재가 아닌 자신의 목숨을 버려서라도 타인의 목숨을 구하는 존재인 것이다. 이러한 견지에서 캠벨은 다음과 같이 말한다. "우리는 이제 영웅이 길에다 깔아놓은 실을 붙들고 따라가기만 하면 된다. 그러면, 알게 된다. 무서운 괴물이 있어야 하는 곳에서는 신을 만나게 되고, 남을 죽여야 하는 곳에서는 저 자신을 죽이게 되며, 외계로 나가야 하는 곳에서는 우리 존재의 중심으로 되돌아오게 되고, 외로워야 할 곳에서는 온 세상과 함께하게 될 것임을……"[38] 신화와 신화적 사고 속에서 인간은 개별적으로 그리고 파편적으로 살아가지 않는다. 인간은 모든 것과 연관되어 있으며, 늘 이러한 연관 속에서만 존재할 수 있다. 이러한 연관은 공간적 인접성을 의미하지 않는다. 어떤 의미에서는 디지털적 공간과도 매우 유사하게도 모든 것이 연관되어 있는 이상, 공간적 멂과 가까움은 의미가 없기 때문이다. 생명적 유대와 공감적 결속 속에서 언제 어디서건 나의 행위는 그 어느 누구에게도 그 어느 것에도 전달될 수 있다.

따라서 신화의 세계 속에서 인간은 낱낱으로 존재하는 것이 아니다. 신화와 제의를 통해 인간은 늘 공동체 속에서 모두와 함께 지속적인 연관을 맺고 있다. 이것이 신화의 사회적·문화적 기능이다. 물론 신화가 본래 가지고 있던 우주론은 더 이상 문화의 중심일 수는 없다. 그러나 카시러가 말하듯 신화의 우주론이 상실된다고 해서 신화가 갖는 인간학적 가치까지 상실되는 것은 아니다. 카시러와 캠벨이 보여주듯이 신화의 인간학적 가치, 즉 그것의 사회적이고 문화적인 기능은 여전히 우리의 삶의 영역에서 생생하고 유효하게 이루어지고 있다. 이러한 견지에서 본다면 신화를 박제화하는 것이 아니라 그것의 인간학적 가치를 우리가 보존하고 향유할 때, 우리는 보다 넓은 의미의 지평에서 삶을 영위할 수 있을 것이다.

제3절 · 게임에서 펼쳐지는 신화의 세계

한국에도 상영되어 인기를 끌었던 미국 드라마 〈스타트렉〉의 가장 유명한 대사는 'Beam me up'이다. 공간 이동을 요청하는 이 명령어는 특정한 기계 장치를 통해 전달되고 수행되는데, 이 장치는 우리가 사용하는 휴대전화 방식과 기기의 모델이 되었다.

이 장치는 현재의 휴대전화와 유사한 형태였다가, 새로운 버전의 드라마에서는 손목형 장치로 발전한다. 이러한 〈스타트렉〉의 손목시계 형태의 통신장치는 구글의 스마트 시계인 구글타임(Googletime)과 같은 웨어러블 컴퓨터(wearable computer)를 연상케 한다. 아마도 '입는다'는 점에서는 〈스타트렉〉이 네그로폰테의 미래 전망―"비트를 잡기도 하고, 입기도 하고, 먹기도 하는" 디지털 컨버전스―보다 앞서 있는 듯 보인다. 〈스타트렉〉에서 손목시계와 같은 통신 장치는 공상과학 영화에서나 등장할 수 있는 꿈과 환상이었지만, 기술은 이 꿈과

환상을 현실화하였다. 이러한 현실화를 추동하는 기술의 전개 속에서 인간의 현실 영역은 지속적으로 확대되어 왔다. 피에르 레비(Pierre Levy)는 이러한 과정을 '인류의 도정'으로 간주한다. 그에 따르면 인간화의 과정은 잠재적이고 가상적으로 존재하던 것을 현실화함으로써 진행되며, 특히 디지털 테크놀로지를 통한 가상성의 구현은 현재 인류 도정의 극단이다. 왜냐하면 잠재적이고 가상적으로만 존재하던 것이 디지털 테크놀로지를 통해 본격적으로 구현될 수 있었기 때문이다. 이러한 의미에서 피에르 레비는 디지털 기술의 발달과 그에 따른 문화의 디지털화 현상은 오랫동안 진행되어 온 인류의 인간화 과정의 최근 단계라고 말한다.[39]

디지털 테크놀로지의 전개 속에서 인간에게는 새로이 확대된 현실 영역이 주어지고 있고, 이로부터 문화의 지형 또한 변화되고 있다. 그러나 이러한 문화 지형의 변화가 인간 문화 세계의 양적 확장만을 의미하는 것은 아니다. 오히려 이러한 지형의 변화는 인간 문화 세계가 새롭게 재편되고 있다는 것을 의미한다. 왜냐하면 더 이상 문화 속에서 디지털 테크놀로지가 규정될 수 없는 듯 보이기 때문이다. 인간 문화 세계의 전개와 디지털 테크놀로지의 발생 간의 관계와는 무관하게, 현 시점에서 인간 문화는 디지털 테크놀로지의 전개 속에서 규정된다. 다시 말해 인간의 문화는 디지털 테크놀로지에 의해 정의되고 이해됨으로써 재편되고, 피에르 레비의 말처럼 문화는 디지털화되는 것이다.

디지털 테크놀로지의 전개 과정에서 발생하게 되는 디지털 컨버전스에 있어 반드시 수행되어야 할 선결 조건은 콘텐츠의 디지털화이다. 디지털 테크놀로지를 통해 인간 문화가 새롭게 재편된다는 관점에서 보면, 디지털 컨버전스에 있어 선결되어야 할 콘텐츠의 디지털화 대상이 바로 '문화'인 것이다. 신화가 인간 문화의 가장 오래된 형식임을 감안한다면, 게임과 신화의 조우(遭遇)는 문화의 디지털화 현상으로 설명될 수 있을 것이다. 게임과 신화의 조우는 단순한 결합이 아니라, 디지털 기술의 최전선에 서 있는 게임 속에서 첨단의 디지털 기술들과 신화라는 인간의 가장 오래된 문화의 형태가 컨버전스되고 있는 것이다. 피에르 레비의 말처럼 "가상(Virtuality)은 현존 질서를 유일한 현실로 받아들이기를 거부하는 인류가 상상력을 통해 탐구하는 자유의 영토이다. 인류는 항상 자신에게 주어진 세계에 만족하지 않고 보다 잘 이해할 수 있고, 보다 정의로우며, 보다 멋있고 사리에 맞는 '또 다른 세계'를 찾아왔다. 인류사는 현실에서 잠재적 가상적으로 존재하던 것들이 하나씩 실제로 구현되는 과정이었다. 디지털 테크놀로지의 발달로 나타난 '가상현실'은 이와 같은 가상을 거의 현실의 이미지와 유사하게 구현해 낸 인류사적 진보의 결과물이다."[40] 이러한 디지털화 속에서 인간의 상상은 단지 상상이 되는 것이 아니라 현실의 일원이 되는 것이다. 더 이상 상상은 현실과 대척점에 서 있는 것이 아니다. 그리고 또한 "이야기 기술의 발전이라는 측면에서 온라인 게임은 일시적·시류적 현상이 아니라, 영원히 현실에 만족하지 못하고 허구적 상상력을 통해 또 다른 세계, 더 나은 대안적 세계를 꿈꾸어 온 인류의 오랜 정신적 진화의 결과물"[41]인 것이다.

디지털 테크놀로지가 인류사적 진보이고, 이 진보의 지향점이 인간의 현실 영역의 확장이라면, 현실과 대척점에 있는 현실적이지 않은 것들을—이것들을 판타지라 부르던, 환상이나 공상이라 부르던, 가상이라 부르던, 혹은 신화라 부르던 간에—끊임없이 현실화시켜 현실의 영역 속에 끌어들이는 것이야 말로 기술 전개의 극단으로서의 디지털 테크놀로지의 임무라 볼 수 있을 것이다. 우리는 이러한 과정 속에서 판타지에 열광하는 하나의 이유를 이해할 수 있다. 현실적이지 않은 것들, 즉 환상, 공상, 가상 그리고 신화는 단지 비현실적인 것이 아니라 '아직 현실화되지 않은 것'으로, 따라서 어떤 의미에서는 인류가 최후로 정복해야 할 대상이자 영역으로 이해된다. 그리고 바로 이 영역은 산업의 측면에서는 블루오션이다.

신화에 대한 열광을 아직 현실화되지 않은 것을 현실의 영역으로 이전하는 것으로 이해하는 것은 기술과 인류 진보의 관점에서 바라보는 신화의 이해에 기초한다. 그렇지만 이것은 신화 자체에 대한 이해를 포함하지 않는다. 우리가 신화 자체에 대한 이해에 기초하여, 다시 말해 신화 혹은 신화적 사고가 가지고 있는 본질적 기능에 주목한다면, 판타지와 신화에 열광하는 또 다른 이유를 이해해 볼 수 있을 것이다. 그것은 바로 신화와 신화적 사고가 내포하고 있는 사회적·문화적 기능이다.

신화의 시대에 있어 시원 혹은 시초($\dot{\alpha}\rho\chi\acute{\eta}$)의 의미는 고대 자연철학 이후로 그것이 갖게 된 뜻과는 다르다. 고대 그리스의 자연철학 이래로 '$\dot{\alpha}\rho\chi\acute{\eta}$'는 실체적 원인이자 제1원리로서 단지 시간적 의미에 한정된 것은 아니었다. 오히려 그것은 시간적 의미를 넘어 지속되고 불변하는 것이다. 그러나 신화 세계 속에서 '$\dot{\alpha}\rho\chi\acute{\eta}$'는 늘 변화되는 것이었다. 다시 말해 신화와 신화적 사고 속에서 '$\dot{\alpha}\rho\chi\acute{\eta}$'는 다른 것들로 대체되거나 교체됨으로써 늘 변경되고 변화되는 것으로 이해된다. 즉, 한 생명체의 죽음은 그 자체로 그 존재 자체의 소멸을 의미하는 것이 아니라 단지 그 모습을 탈바꿈(metamorphosis)함으로써 존재를 지속해 나가는 것이다. 예를 들어, 토템(totem)의 숭배는 미개하고 저급한 자연 이해에서 유래하는 것이 아니라 'ἀρχή'의 탈바꿈 속에서 맺게 되는 생명의 유대감에서 유래하는 것이다. 이러한 생명의 유대라는 감정을 통해 개인들은 그 자신을 공동체의 생명과 일치시킴으로써 개인의 생명을 유지하려 한다. 이러한 개인들의 욕구가 만족되는 것은 제의(祭儀) 속에서이다. "제의들에서 개인들은 융합하여 한 형상을 이루어 분별할 수 없는 하나의 전체가 된다."[42]

그렇지만 제의 속에서 이렇게 하나의 전체가 된다는 것이 개인의 소멸을 의미하지는 않는다. 여기서 다시 'pars pro toto'와 'tat tvam asi'의 의미를 떠올릴 필요가 있다. 개인들이 하나의 전체로 융합되는 것은 개인이 가지고 있는 고유의 의미성을 박탈당하고, 그저 개체적 의미가 전혀 없는 부품으로서 전체에 귀속되는 것이 아니라, 개인은 전체를 대표함으로써 분별할 수 없는 하나의 전체가 되는 것이다. 신화에 있어 개인의 고백이 없는 까닭은 바로 이러한 점에서 이해될 수 있다. 개인의 자기 인식은 전체에 대한 이해 속에서 이루어지며, 따라서 전체에 대한 것은 실질적으로 자신의 고백이 된다. 이러한 의미에서 신화는 개인들의 생명뿐 아니라 공동체를 유지하는 사회적 기능을 담당하는 것이다.

신화와 신화적 사고가 보여주는 연속적 세계와 공동체성은 근대의 철학적 사유가 등장함으로써 그 의미를 전격적으로 상실하게 된다. 근대 철학의 사유 속에서 신화와 신화적 사고가 보여주는 공동체성은 인식의 대상이 될 수 없으며, 등질적 공간의 분할 속에서 연속된 세계는 낱낱으로 나뉘어야 했기 때문이다. 하이데거에 따르면, 이러한 근대 특유의 주관/객관의 양극화에 현대 기술의 본질이 근거해 있으며, 현대 기술 속에서 모든 현실적인 것은 부품으로 탈은폐된다. 이 탈은폐 과정에서 인간 또한 자기성이 탈취되어 부품으로 전락됨으로써, 자신의 고유한 의미를 상실하게 된다.

미국의 사회학자이자 교육학자였던 닐 포스트먼도 이와 같은 의미에서 인간이 겪게 되는 인간성 상실을 설명한다. 그에 따르면, 현재 인간 세계는 테크노폴리라는 전체주의적 기술주의 문화에 도달해 있으며, 이 문화 속에서 단순성·명확성·효율성이라는 기술적 규준은 인간을 포함한 모든 것에 강요된다. 이러한 강요 속에서 인간의 활동은 전체의 맥락 속에 존립하는 것이 아니라 이 맥락에서 떨어져 나와 파편적으로 존립하게 되는 것이다.[43] 인간은 생산의 영역 속에서 자기 자신의 생산물과 괴리됨으로써 소외를 경험하며, 사회와 자신의 괴리 속에서 소외를 경험하게 된다. 이러한 의미에서 인간 소외는 단순한 개인의 문제가 아니라 사회의 병리현상으로 이해된다. 사회 병리현상으로서의 인간 소외는 전체로부터 단순히 이탈된 개인들이 겪게 되는 사건만을 의미하지는 않는다. 현대 기술의 전개 속에서 전체는 등질적 공간으로 나뉠 수 있고, 따라서 전체는 등질적 부분들의 집합 개념으로 이해된다. 이러한 집합으로서의 전체는 인간이 그 자신을 끊임없이 의탁하는 공동체로서의 의미를 갖지 않는다. 자신을 의탁함으로써 자신의 자기성을 파악하고 확보하는 토대인 공동체의 해체 속에서 부품화되고 파편화되는 인간은 자신을 비추어 그 자신을 인식할 수 있는 근본적인 지지대를 상실하게 된다. 따라서 인간 소외는 서로 엮인 이중의 문제이며, 인간이 자기 자신을 인식하려는 욕구 자체가 상실되지 않는 한, 인간은 자기 자신에 대한 인식을 위해 끊임없이 이 토대의 회복을 욕구하게 된다. 이러한 의미에서 소외와 인간성 상실의 문제는 인간으로 하여금 연속성과 공동체성 회복이라는 욕구를 자아내고, 바로 이러한 욕구에서 판타지와 신화에 대한 열광의 또 다른 이유를 이해해볼 수 있다.

아직 현실화되지 않은 것에 대한 정복의 욕망과 상실된 인간성을 회복하고자 하는 인간의 욕망은 게임 속에서 상품화되고, 이 욕망의 상품화 속에서 게임과 신화는 결합한다. 그렇지만 욕망의 상품화가 곧 욕망의 충족을 함축하지는 않는다. 욕망의 충족 정도는 아마도 이러한 결합이 어떻게 이루어지느냐에 따라 결정될 것이다. 예를 들어, 게임이 신화와 결합됨으로써 인간이 현실화되지 않은 것의 현실화를 경험할 수 있고, 이렇게 결합된 게임을 통해 상실된 인간성을 회복하려는 자신의 욕구를 충족시킬 수 있으리라 기대된다면, 인간은 게임이라는 상품의 자발적이고 적극적인 수요자가 될 수 있을 것이다. 왜냐하면 만일 게임 속에서 이러한 현실화가 가능해지고, 게임 속에서 신화의 본질적인 의미와 기능이 구현됨으로써 소외된 현실을 벗어날 수 있다면, 인간은 게임을 통해 보다 쉽고 즐겁게 현실화에 대한 경험과 인간성 회복의 욕구를 충족시킬 수 있을 것이기 때문이다. 그러나 게임 속에서 디지털화되어 현실적으로 구현된 신화가 정작 그 본래의 의미와는 다르게 왜곡된 것이거나 신화적 사고와 철저히 괴리되어 그 본래의 사회적 기능을 구현하지 못한 것이라면, 인간의 욕구 충족에 대한 갈증은 새로운 상실감 속에서 증폭될 것이다. 이러한 예상을 감안한다면, 신화 혹은 판타지가 실제로 구현되는 양상을 살펴볼 필요가 있다.

제4절 · 스토리텔링 : 신화와 게임의 합류점이자 분기점

게임에서 신화의 구현은 디지털 스토리텔링을 통해 이루어진다. 디지털 스토리텔링에서 주목하는 부분은 이야기로서의 신화(mythology)[44]의 줄거리와 등장인물들이다. 사실 스토리텔링에서 이야기로서의 신화(mythology)가 주목받을 수밖에 없는 이유는 그 명칭들 속에서도 이해해 볼 수 있다. 'mythology'는 'mythos'와 'logos', 즉 이야기(myth)와 말하기(logos)의 결합어이며, 'storytelling'도 이야기(story)와 말하기(telling)의 결합어이기 때문이다. 이렇게 보면, 'storytelling'의 어원은 바로 'mythology'이다. 디지털 스토리텔링도 역시 이러한 기반 위에 서 있다. "디지털 스토리텔링이란 디지털 기술을 매체 환경 또는 표현 수단으로 수용하여 이루어지는 스토리텔링"[45]이다. 그러나 디지털 스토리텔링이 단순히 디지털 정보 기술이 매개된 스토리텔링으로만 이해되기는 어렵다. "거시적인 관점에서 볼 때 디지털 스토리텔링은 인류가 현존 질서를 유일한 현실로 받아들이기를 거부하고 이야기 예술을 통해 새로운 자유의 영토를 탐구해 온 오랜 노력의 결과물이다. 인류는 항상 자신에게 주어진 세계에 만족하지 않고 보다 잘 이해할 수 있고, 보다 정의로우며, 보다 멋있고 사리에 맞는 '또 다른 세계'를 찾아왔다. 이같은 추구 때문에 무수한 이야기꾼들이 자신의 이야기로 또 다른 세계의 허구적인 구성틀(Fictional Framework)들을 만들어 냈다. 서사와 이미지, 동영상과 상호작용성이 통합되어 완벽한 몰입의 허구적 구성틀을 창출하는 디지털 스토리텔링이야말로 인류가 소망하던 꿈의 이야기 기술이라고 말할 수 있다."[46] 따라서 허구적 공간과 이 공간 속에서 특징적인 캐릭터를 구축하는 것은 디지털 스토리텔링에서 핵심 요소이며, 바로 이러한 이야기의 소스를 제공한다는 의미에서 신화는 디지털 스토리텔링에서 주목받는 것이다.

송정란에 따르면, 오늘날 콘텐츠의 소스로서 신화가 주목받는 이유는 세 가지로 요약된다. 첫째, "수용과정에서 이미 검증된 이야기이기에 실패할 확률이 적다는 점" 둘째, "각 민족의 유사 신화에서 보는 바와 같이 인류의 보편적 욕망이나 가치관이 반영되어 있기에 이야기적 가치가 높다는 점" 셋째, "신화의 속성이 비합리적이고 허구적이기 때문에 이를 원형으로 삼아 다양한 창조적 변형이 가능하다는 점" 등이다.[47] 콘텐츠 기획자와 개발자들이 신화에 관심을 갖게 되는 것은 바로 이러한 까닭이다. 이러한 관심 속에서 신화는 콘텐츠의 소스로서 규정된다. "신화는 심원한 원형적 의미를 다층적으로 함유하고 있는 스토리 양식이자 콘텐츠 소스로서 큰 가치를 지니고 있다."[48]

디지털 스토리텔링 속에서 신화는 콘텐츠의 소스이며, 다양한 창조적 변형 과정을 거쳐 콘텐츠로 디지털화된다. 그리고 다양한 창조적 변형은 단일한 신화에만 적용되는 것이 아니라 다양한 신화들의 결합을 가능하게 한다. 예를 들어 〈길드워〉와 같은 온라인 게임 속에서 여러 신화의 상징들과 이야기들이 재창조되어 스토리로 구현되기도 한다.[49] 다시 말해 디지털 스토리텔링에서 신화는 콘텐츠화 되기 위해 그 구조와 소재들이 선택되고 변형될 수 있는 것이며, 이렇게 선택되고 변형됨으로써 새로이 창조될 수도 있는 것이 된다. 이러한 신화의 변형과 창조의 가능성은 디지털 혹은 디지털화의 근본적인 의미에서 이해되고 찾아질 수 있다.

디지털 혹은 디지털화는 단순히 현상적인 기술적 의미, 특히 획기적인 대용량의 전송 기술과 같은 의미와 방식만을 뜻하는 것은 아니다. 이러한 기술적 의미가 가능하기 위해서라도 디지털 혹은 디지털화는 일종의 사고방식을 견지해야만 한다. 즉 어떠한 것도 맥락과 무관하게 분리되고 고립될 수 있다는 사고가 전제될 때에만 최소한 기술적 의미도 가능해질 수 있다. 이러한 사고 속에 신화도 통일적 맥락과 무관하게 낱낱으로 분해되고, 분해된 것들 간의 조합을 통해 새로운 신화로 변형되고 창조될 수 있는 것으로 간주된다. 그리고 이러한 방식으로 신화는 분해되고 재결합되고 새롭게 합성됨으로써 콘텐츠화된다. 기존의, 특히 디지털 스토리텔링의 관점에서 신화와 기술의 디지털 컨버전스를 설명할 수 있는 단초는 바로 이 지점이다. 물론 현재의 게임 형태를 설명할 때 이러한 방식의 결합은 효과적이고 유용할 수도 있을 것이겠지만, 게임 속에서 진행되고 있는 신화와 기술의 디지털 컨버전스를 근본적으로 설명할 수는 없다고 보인다.

그 까닭은 우선 신화 고유의 인간학적 가치에서 찾아볼 수 있다. 신화의 공간상은 등질적으로 구분될 수 있는 기하학적 공간상과는 달라서 그것을 임의적으로 분해하거나 떼어낼 수 없는 것이다. 따라서 디지털 콘텐츠화를 통해 신화의 재창조가 일어날 경우 신화 고유의 인간학적 가치를 보전해 낼 수 있다고 보기는 어렵다. 두 번째로 인간학적 가치는 문화 전반의 맥락 속에서 구축될 수 있는 것이지 임의적으로 생산해 낼 수 없기 때문에, 설사 신화소들이나 여러 신화적 모티브들을 결합하여 새로운 신화를 창조한다고 하더라도, 그것이 신화 고유의 인간학적 가치를 담지하거나 구축할 수 있다고 보기도 어렵다. 세 번째로 진정한 신화는 본래 임의적으로 만들어 낼 수 없는 것이어서, 새롭게 창조된 신화는 진정한 의미에서 신화일 수 없다. 오히려 그것은 디지털 기술로 만들어진 '기술적 신화'일 뿐이다.

이러한 점들을 고려한다면, 게임 속에서 펼쳐지는 신화에 대한 설명들은 본래적 신화와 게임의 관계를 모색한다기보다는 기술화된 신화와 게임의 관계를 해명할 뿐이다. 만일 게임 속에서의 신화와 기술의 디지털 컨버전스가 이러한 방식으로 신화의 본래적 의미와 기능을 도외시하고, 단지 그것을 분해하고 재결합하여 디지털 콘텐츠화하는 것에만 머문다면, 현재의 신화와 게임의 결합은 인간의 근원적이고 실존적인 욕망을 만족시키는 것이 아니라, 신화가 갖는 인간학적 가치의 기반을 붕괴시킴으로써 오히려 인간의 근원적이고 실존적 욕망을 증폭시킬 가능성이 높다고 보인다. 이렇게 본다면 신화를 단지 디지털 콘텐츠의 대상으로만 간주하는 설명적 틀을 벗어나 그 본래의 의미와 가치를 구현하는 방향에서 게임 내의 디지털 컨버전스를 설명하는 새로운 설명적 틀을 모색해 볼 필요가 있다.

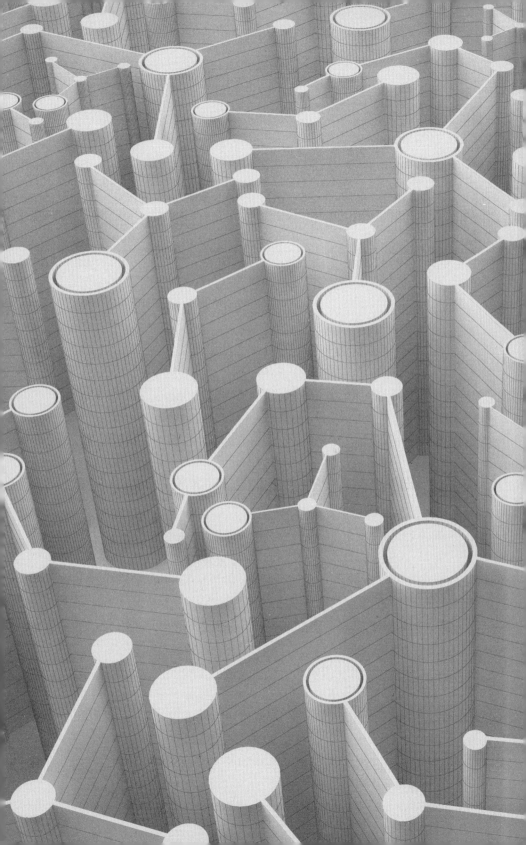

제5절 · 디지털 컨버전스 시대의 신화와 인간 : 그 역할과 의미

디지털화의 과정은 특정한 영역에서만 이루어지는 현상이 아니다. 디지털화는 인간 사회 전반에서 진행되는 흐름이며, 이는 인간의 삶 전체를 변화시켜 가고 있다. 디지털화는 아직 실현되지 않은 것들을 실현시킴으로써 인간 욕망의 한계를 확장시킨다. 그리고 이 욕망의 확장 속에서 인간은 자신의 영역 또한 확장하고 있다. 그렇지만 이러한 과정에 대해서 암울한 진단과 전망 또한 제기되고 있다. "최첨단의 기술과 문명의 성취를 보여주는 디지털 시대에서 인간은 사물화되어 가고 기능화되어 가면서 인간으로서 고유한 존재적 위치와 인간성을 상실한 채, 대지는 거세되며, 부활하는 탄성을 잃고, 계절의 질서는 와해되고 있다. 진지하게 사고하는 모든 인간들은 21세기의 임박한 미래에 지구 전체에 닥칠 전면적인 위기를 인식한다."[50] 이러한 진단과 전망이 가능한 까닭은, 보드리야르에게서도 볼 수 있듯, 우선 디지털화의 과정 속에서 가상과 현실이 점점 구분되지 않게 됨으로써 인간은 자신의 본래 터전으로 삼았던 대지를 점차 상실하게 되고, 이로써 인간은 자신의 고유한 터전에 대한 혼란에 빠지게 되었기 때문이다. 또한 전체가 무차별적으로 쪼개짐과 동시에 모든 영역과 공간의 경계가 사라짐에 따라 인간은 전체성뿐만 아니라 개별성도 상실하게 되었다. 개별성의 상실 속에서 인간은 자기 상실을 경험하며, 전체성의 상실 속에서 자기 상실의 극복 가능성도 상실하게 된다. 이것들은 일종의 정신 병리적 현상으로 이해되며, 이미 앞에서도 언급되었듯이, 사회적 차원에서 발생하는 병리적 현상이라는 의미에서 사회 병리적 현상이라는 이름으로 명명된다.

　이러한 상황 속에서 주목할 만한 현상은 최근 신화의 가치가 재발견되고 있다는 것이다. 인간의 마음의 병을 다루는 인문학적 치료의 한 방안으로 신화의 활용 방안이 모색되고 있기 때문이다. 물론 이러한 모색에 있어 신화는 주로 '이야기'라는 측면에서 다루어진다는 한계를 가지고 있기는 하지만, 이러한 구체적인 활용 방안과는 별개로 인문학적 치료의 한 영역으로서 신화의 가치와 기능이 모색된다는 것 자체는 사회 병리적 현상에 대한 신화의 치유 기능을 인정한다는 것을 의미하기도 한다. 그렇지만 신화 특유의 치유 기능이 밝혀지고 그것이 적절하게 적용되려면, 신화가 이야기로서 전달하는 낱낱의 내용들에만 초점을 맞추고 그것을 활용하는 것이 아니라 신화 자체가 갖는 기능에 초점을 맞추고 그 활용 방안을 모색해야 할 것이다. 다시 말해 신화가 단지 '옛 이야기'일 뿐은 아니라는 점을 인식한다면, 신화가 이야기하는 내용 자체에만 머무는 것이 아니라 그것을 기초하고 있는 신화적 사고에 주목해야 한다.

　이야기로서의 신화 속에서 드러나는 신화적 사고는 인간이 하나의 개별적 존재가 아니라 전체 속에서 비로소 존립할 수 있는 존재임을 보여준다. 이 사고 속에서 인간은 홀로 존재하지 않는다. 인간은 사회와 세계, 더 나아가 우주와 하나의 생명적 유대 속에서 그리고 공감적 결속 속에서 하나의 전체를 이룬다. 이러한 유대와 결속은 언어 속에도 그대로 투영되어 있다. "성(聖)을 뜻하는 'holy'는 앵글로색슨어의 'hal-'이 어근인데, 이 말은 '건강한', '온전한' 혹은 '전체의' 의미를 지니고 있다. 동일한 어근에서 나온 'hale'이란 단어도 '강건

한'이란 의미를 지닌 것으로 짐작된다. 또 온전함 혹은 전체성을 뜻하는 영어의 'whole'이란 단어가 그리스어 'heil'과 친족관계를 가지고 있으며, 독일어의 'heilen'이란 동사로 남아 병을 치료한다는 의미가 되었다. 이렇게 보면, 'healthy', 'heal', 'hale', 'holy', 'whole' 등은 모두 동일한 의미를 내포하고 있음을 알 수 있다. 즉 고대의 인간들은 병이나 재난의 원인을 성 혹은 완전성(전체성)에서 분리된 결과라고 보고 있다."[51] 이와 같은 유대와 결속의 투영 속에서 신화의 치유적 기능을 가늠해 볼 수 있을 것이다. 왜냐하면 신화적 사고 속에서의 생명적 유대와 공감적 결속은 분리로부터 결과하는 병의 치료책이며, 현대 기술 사회 속에서 발생하는 인간의 자기 상실이라는 사회 병리적 현상도 디지털화의 과정 속에서 전체와의 분리가 전면적으로 진행됨으로써 결과 되기 때문이다.

이렇게 본다면, 최근 아동용 도서부터 성인용 도서에 이르기까지 다양한 신화 관련 도서가 급증하는 것도 일회적이거나 특이한 상황으로 보기는 어려울 것으로 보인다. 물론 현대인들의 신화에 대한 탐닉이 지나간 것에 대한 단순한 개인적 향수로 이해될 수도 있겠지만, 이는 다른 한편으로 현실적 상황에 대한 대안을 모색하는 현대인들의 의지적이며 일반화된 현상으로, 다시 말해 인간의 근원적이고 실존적인 욕망의 현상으로 이해할 필요가 있다. 왜냐하면 신화에 대한 관심은 이미 개인적 취미의 차원을 넘어 사회적 차원으로 전면화되었고, 의료 차원에서도 사회 병리적 현상에 대한 활용 가능성이 인정되고 있기 때문이다. 또한 게임도 질병의 치료 방식으로의 활용 가능성이 모색되고 있다는 점을 감안한다면, 게임과 신화의 결합도 개인들의 취미가 아닌 사회적 차원에서 그리고 치유의 차원에서 고찰해 볼 필요가 있다.

사실 치유의 차원에서 게임과 신화가 결합될 수 있는 가능성은 이것들의 기원적 측면에서도 찾아질 수 있다. 디지털 스토리텔링 전문가들이 말하듯 게임은 놀이이며, 놀이의 역사 속에서 제의와 연관된다. 다시 말하면 게임은 제의를 그 기원으로 갖는 것이다. 이러한 의미에서 보면 캐롤린 핸들러 밀러가 고대 디오니소스 축제의식과 현재의 다중 접속 온라인 게임(Massively Multiplayer Online Games : MMOGs)의 유사성을 지적하는 것은 그리 놀라운 것은 아니다. 왜냐하면 게임은 근원적으로 그 기원을 제의에 두고 있기 때문이다. 다른 한편 신화 또한 제의와 떼려야 뗄 수 없는 관계를 맺고 있다. 어떤 의미에서 신화는 제의에 대한 설명이기도 하거니와 신화의 시대에 있어 "개인들의 깊고 열렬한 욕구는 그들 자신을 공동체의 삶과 자연의 삶과 일치시키는 것이며, 제의는 신화의 극적 요소이기도 하다. 이 욕구는 종교적 제의들 속에서 충족된다. 여기서 개인들은 하나의 형태로—하나의 구별될 수 없는 전체로—녹아든다."[52] 그리고, 앞서 언급했듯이, 이러한 개인들과 공동체의 유대와 결속에서 어원적으로 '치료'의 개념이 파생된다. 고대의 인간들이 질병이나 재난을 전체에서의 분리에서 보았고, 이 분리에서 전체로의 통합은 제의를 통해 이루어졌다.

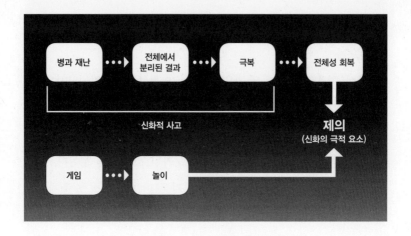

[그림 6] 신화와 게임의 새로운 가능성

　게임의 기원을 제의에서 찾는 것은 제의가 일종의 놀이라는 것을 뜻하며, 놀이로서의 제의를 통해 전체로 통합됨으로써 질병이나 재난을 치유한다는 점에서 제의는 놀이치료에 해당하는 것이다. 이렇게 본다면, 그 기원들 간의 관계 속에서 게임은 놀이치료의 기능을 그 자체로 내장하고 있는 셈이다. 또한 제의는 신화의 극적 요소로서 신화 고유의 기능을 대표하는 것이라는 점에서, 게임은 그 기원상 신화와 연관될 수밖에 없는 셈이기도 하다. 다시 말해 게임과 신화는 이 둘의 결합에 대한 기존의 해석처럼 놀이의 차원에서만 연관을 맺는 것이 아니다. 오히려 이 둘은 그 본질적 의미에 있어 그리고 놀이의 근본적 의미에 있어 치유적 차원 내에서 내재적으로 깊은 연관을 맺고 있는 것이다. 이와 같이 본다면, 신화와 게임의 결합은 예상치 못한 것이 새롭게 등장하게 된 것이 아닐 뿐만 아니라 이종 간의 잡종적 결합도 아닌 것이다. 따라서 이 둘의 결합을 이종 간의 잡종으로 보는 것은 신화뿐만 아니라 게임에 대한 올바른 이해 방식이 될 수 없다.

산업적인 측면에서 그리고 게임을 즐기는 유저의 측면에서도 게임이 제공할 수 있는 단순한 즐거움의 차원으로서의 유희성은 여전히 가장 강조되는 항목이지만, 최근에 보이는 경향들 중에서는 게임이 갖는 치유 기능이 이전과 달리 새롭게 조명되고 모색되고 있다. 또한 [그림 7]처럼 힐스튜디오(Hill Studio)의 'PDWii'라는 게임은 실제로 파킨슨병 환자의 신체 활동 증진 훈련에 활용된 바 있다. 게임이 유희의 영역에 국한되지 않고 질병 치료의 영역으로까지 확대된 것이다.

물론 이 예는 신체적 질병을 치료하는 방식으로 게임이 활용되는 초기의 예이기는 하지만, 게임 영역의 이와 같은 확대는 또 다른 가능성을 제공하는 듯 보인다. 이러한 가능성이 제기될 수 있는 까닭은 크게 두 가지 정도로 볼 수 있을 것이다. 우선 콘텐츠의 측면에서, 게

[그림 7] 신체 재활 치료 요법의 예
이라크 전쟁 상이용사가 소니 사의 'Eyetoy 게임'을 통해 상체 재활 치료를 하고 있는 장면[53]과 파킨슨병 환자의 신체 활동 증진 훈련[54]

[그림 8] HopeLab의 암 치료 게임 ReMISSION

힐스튜디오의 'PDWii'가 직접적인 신체 재활 게임이라면 ReMISSION은 정신적 재활을
통해 실제 암을 치료하는 게임이다.

임을 통한 가상 치료가 신체만이 아니라 인간의 정신에까지도 적용
될 수 있을 있을 것이기 때문이다. 다른 하나는 게임의 기원적 측면
에서, 게임은 신화와의 관계 속에서 인간의 정신적 치유의 기능을 본
래부터 내재적으로 은닉하고 있는 것이기 때문이다. 이런 점에서 본
다면, 게임과 신화의 결합은 매우 큰 시너지를 기대할 수 있는 것으
로 보인다. 왜냐하면 게임은 그 자체로 치유의 기능을 갖고 있을 뿐
만 아니라 치료의 매체로도 활용 될 수 있고, 신화가 현대인의 정신
병리적 현상과 정신 질환을 치유할 수 있는 기능이 있다면, 신화와
게임의 결합은 매우 효과적인 두 치료 방식의 결합이 될 것이기 때문
이다.

　그렇지만 게임과 신화의 결합이 인간의 정신 병리적 현상에 대

[그림 9] NCSOFT의 국제 원조 게임 FOOD FORCE

신체적 질환에 대한 직·간접적 치료에 적용되는 기능성 게임들과는 달리 이 게임은 국제적
인 도움의 필요성을 자연스럽게 각인시킴으로써 공동체성을 함양하는 기능성 게임이다.

한 효과적인 치료 방식이 될 수 있다는 전망에 있어 고려해야 할 것
은 이 결합이 디지털 컨버전스의 과정 속에서 어떠한 양상으로 진행
되는가에 따라 달라질 수 있다는 것이다. 여기서 특히 주목해야 하는
것은 게임의 영역이라기보다는 신화의 영역이다. 신화의 영역에 주
목해야 하는 까닭은 단지 게임이 이미 디지털화된 놀이로서 기능하
고 있기 때문은 아니다. 오히려 게임도 본질적으로 디지털화될 수 있
는 것인지는 여전히 문제로 남아 있다. 하지만 이와는 무관하게 현재
게임은 치유의 차원에서 그 활용 가능성이 모색되고 있다는 점에서
논의를 분산시키지 않고 신화에 집중하려는 것일 뿐이다. 그렇다면
이제 '게임 내의 디지털 컨버전스 속에서 신화는 어떻게 디지털화되
고 있는가?'와 '신화는 어떻게 접근되고 어떻게 다루어지고 있는가?'

라는 물음을 넘어서 '어떻게 디지털화되어야 하는가?'와 '어떻게 접근해야 하는가?'라는 물음으로 나아가야 한다.

우리는 이를 고찰하기 위해 신화와 관련된 문헌들을 분류하는 이반 스트렌스키의 방식을 잠시 참조해 볼 필요가 있다. 이반 스트렌스키에 따르면 "… 신화 문헌은 … 신화에 대한 '비판적' 이론과 신화를 '응용한' 글쓰기로 나뉜다. … 신화에 대한 비판적 이론은 … '신화'의 의미는 무엇이며, 따라서 그것은 어떻게 연구되어야 하는가를 탐색한다. … '신화' 개념을 응용한 글쓰기에서는 … 신화의 의미에 대한 개념적 탐색은 접어두고, 신화가 주는 아이디어들을 이용하는 데 만족한다."[55] 이러한 분류에 따른다면, 현재 게임 내의 신화와 기술의 디지털 컨버전스 속에서 진행되는 신화의 디지털화는 후자의 방식에서 이해될 수 있다. 현재의 디지털 스토리텔링의 주된 방식들에 있어 신화는 아이디어의 제공자이며, 따라서 신화는 단지 요소로 분리되고 차용되어 콘텐츠화됨으로써 게임과 결합되고 있기 때문이다.

그렇지만 이러한 방식으로 게임과 신화가 제 아무리 자연스럽게 결합한다고 할지라도 신화와 결합된 게임이 치유의 방식으로 활용될 수는 없을 것으로 보인다. 그림의 예에서 볼 수 있듯, 소위 신화와 결합된 게임에 있어 신화는 몽환적이고 환상적인 배경 속에 레벨-업을 통해 더 많은 목숨을 빼앗는 영웅들을 제공하고 있다. 이것은 신화가 디지털 컨버전스의 흐름 속에서 맥락과 무관하게 분해되고 재결합됨으로써 발생하는 신화 고유 의미와 내용의 왜곡으로 보인다. 캠벨이 말하듯, 신화 속에서 영웅은 타인의 목숨을 빼앗는 것이 아니라 자신의 생명을 내던지면서도 구하는 존재이다. 한 생명은 늘 다른 생명의 희생 속에서 살아가게 되는 것이고, 따라서 다른 생의 흐름이란 생명을 일방적으로 빼앗는 것이 아니라 빚짐으로써 그리고 이 빚을 되갚음으로써 유지되는 것이다. 모두를 이른바 각개 전투의 상황으로 내모는 것은 신화의 의미와 사고와는 그리고 그것이 갖고 있는 인간학적 가치와는 근본적으로 다른 것이다. 앞서 언급했듯, 신화가 정신 병리적 현상을 치유하는 역할을 할 수 있는 것은 그것이 단지 현대와 이질적인 옛 이야기이기 때문이 아니라 신화가 갖는 사회적·문화적 기능, 즉 신화 고유의 인간학적 가치에서 기인하기 때문이다. 신화 고유의 인간학적 가치를 구현하는 것이 아니라 이를 왜곡함으로써 인간의 자기 상실을 극복하려는 인간의 욕망과 갈증을 더 증폭시키지 않으려면, 신화는—이반 스트렌스키의 분류에 따른다면—오히려 '비판적 접근' 속에서 이해되어야 할 것으로 보인다. 또한 이러한 '비판적 접근'은, 신화를 디지털화한다고 할 때, 디지털화가 나아가야 할 방향을 제공해 줄 수 있는 것으로 보인다. 왜냐하면 신화에 대한 '비판적 접근'은 신화의 본질적 의미를 묻는 것이며, 이 본질적 의미는 신화의 사회적·문화적 기능을, 그것 고유의 인간학적 가치를 가리키는 것이기 때문이다.

그러나 여기서 하나의 근본적인 문제가 대두된다. 과연 이러한 방식으로 신화의 본질적 의미가 디지털화될 수 있는가?

새로운 언어를 인위적으로 만들어 낸다고 해서 그 인공 언어가 본래적 언어가 드러내 보여주는 존재 층위와 의미를 담아낼 수는 없을 것이다. 언어가 담아내고 있는 존재의 의미와 역사성이 간단히 만들어 내질 수 없는 것이기 때문이다. 이러한 점을 인정한다면, 같은

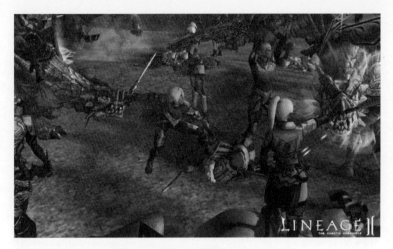

[그림 10] 엔씨소프트 사의 롤플레잉 게임 '리니지'
게임과 신화가 결합된 한 예

의미에서 새롭게 창조되는 기술적 신화도 신화 본래의 의미와 기능을 담아낼 수는 없을 것으로 보인다. 언어는 인간 존재가 그 자신이 이루려는 어떤 목적을 위해 인위적으로 만들어 낸 수단이 아니다. 언어 속에서 인간의 생과 삶이 펼쳐지고 드러나며, 이러한 의미에서 인간이 언어를 규정하는 것이 아니라 언어가 인간을 규정한다.

　신화 또한 언어와 마찬가지로 인간의 문화 세계 속에서 같은 역할을 해왔다. 언어도 신화도 인간 존재와 그 의미가 드러나는 양태들인 것이다. 신화를 완전히 디지털화할 수 있다는 것은 이러한 문화의 양태들이 인간 존재와 맺어 왔던 관계를 역전시키려는 것이다. 신화를 완전히 디지털화할 수 있다는 것은 신화의 고유 의미까지도 디지털화할 수 있다는 것을 포함해야만 한다. 이것은 신화 고유의 의미가 갖고 있는 어떠한 비밀도 인정하지 않는 것이다. 신화는 인간에 의해 장악되고, 이러한 의미에서 인간에 의해 규정된다. 그러나 신화가 드러내는 존재들의 관계는 보편성과 근본적 동일성의 관계이지 인과관계가 아니며, 따라서 신화적 사고를 0과 1의 구조로 완전히 환원시킬 수는 없다. 이치 논리는 신화적 사고와는 서로 매우 낯선 영역이다. 이러한 점에서 보자면, 신화를 완전히 디지털화한다는 것은 불가능해 보인다. 그러나 신화의 고유 의미가 갖고 있는 비밀의 영역을 인정한다는 것이 꼭 부정적인 것만으로 보이지는 않는다. 오히려 이러한 비밀의 영역을 인정함으로써 신화의 본질적 의미와 보다 자유로운 관계를 맺을 수 있을 것이다.

비밀의 영역을 인정한다는 것은 신화에 대한 이해를 포기해야 한다는 것을 의미하지 않는다. 오히려 신화를 이해하고 이를 조작하기 위해 비밀의 영역에 대해 눈감거나 이 영역을 왜곡하는 것 대신 이 비밀의 영역을 인정함으로써 우리의 접근이 점근선(漸近線)적일 수밖에 없다는 한계를 인식하게 된다.[56] 이러한 접근 방식은 신화의 본질적 의미에 대한 이해를 바탕으로 하는 것이기에, 이 접근 속에서 신화와 게임의 치유적 기능은 최대화될 수 있을 것이다. 만일 이러한 영역을 인정하지 않는다면, 다시 말해 신화의 영역이 여전히 우리가 정복해야 하고 현실화시킴으로써 영역을 확장해야만 하는 대상으로 간주된다면, 인간 존재는 자기 인식이라는 근본적이고 실존적인 욕망을 토대로부터 상실하게 될 것이다. 왜냐하면 현대인들이 겪고 있는 사회 병리적 현상은 전체로부터 개인들이 배제되어 발생하는 것이 아니라 전체성의 상실로부터 필연적으로 귀결된 현상이며, 바로 통일적 전체성에서 바로 이러한 분리(κρίσις)를 극복하는 신화는 자기 인식의 최후 보루이기 때문이다.

인간의 근본적이고 실존적인 욕망이 인간 존재의 현실 영역의 확장을 통해 종국적으로 자신의 존재 근거를 붕괴시키는 자기 파괴적인 것은 아닐 것이며 그래서도 안 될 것이다. 오히려 비밀의 영역을 인정함으로써, 다시 말해 욕망의 한계를 인식함으로써 인간의 근본적이고 실존적인 욕망의 충족 가능성은 높아질 것이다. 왜냐하면 이 한계의 인식으로부터 인간의 의식과 행동은 새로운 차원에서 모색되고 이해될 것이기 때문이다.

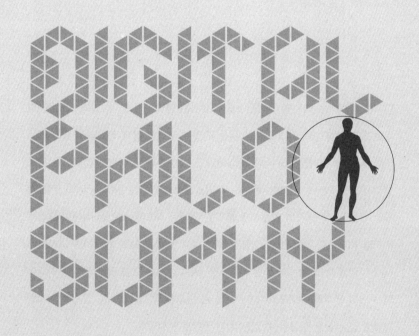

디지털 미디어는 디지털 컨버전스를 대표하는 영역이라 할 수 있다. 디지털 미디어가 그 대표성을 갖게 되는 이유는 그것이 우리의 삶과 직결되어 있기 때문이다. 디지털 컨버전스의 시대를 살아가고 있는 우리는 디지털 미디어를 통해 생각하고 행동한다. 이러한 예들을 우리는 쉽게 발견하게 된다. 단어의 뜻을 떠올릴 때에도, 내 생각이 맞는지를 생각할 때에도, 어디를 찾아갈 때에도 우리는 디지털 미디어를 사용한다. 이렇게 보면, 우리가 생각하고 행동하는 방식들에 대해 디지털 미디어는 매우 큰 영향력을 갖는다. 그도 그럴 것이 디지털 미디어의 보급이 본격화된 이후, 우리의 삶은 큰 변화를 맞이하였으며, 심지어 디지털 미디어 없는 삶을 상상할 수 없는 지경에 이르게 되었다.

디지털 미디어의 도입 이후 우리의 삶에 큰 변화가 생긴 것은 맞다. 그런데 그 변화라는 것이 그저 유용한 미디어 장치의 도입에만 기인하는 것인가? 만일 그러하다면, 그러한 유용성과 편리함으로부터 어떻게 삶의 변화가 야기되는가?

잠시 우리의 눈을 자동차로 돌려보자. 자동차 역시 우리 삶을 변화시킨 대표적인 예에 속한다. 자동차는 유용하며 그 편리함은 두말할 필요가 없다. 그런데 자동차는 우리의 삶을 어떻게 바꾸었는가? 물론 우리가 자동차 차체의 성능이나 편의 시설 등은 매우 중요하다. 그렇지만 2000cc의 자동차와 3000cc의 자동차가 우리 삶에 미치는 영향은 크게 다르지 않을 것이다. 이러한 부수적인 기능들만으로 자동차가 우리의 삶에 미치는 영향을 충족적으로 이해할 수는 없다. 우리는 하이네가 기차의 도입으로 생긴 여행의 의미 변화에 대한 입장을 자동차에도 적용해 볼 수 있을 것이다. 하이네는 기차 때문에 여행지가 집 앞에 있는 것 같다는 불평을 내놓은 바 있다. 이것이 불평인 이유는 기차가 집과 여행자 사이의 거리를 없앴지만, 이 거리가 사실상 여행의 가장 핵심이었기 때문이다. 자동차도 비슷하다. 첫 차를 구매할 때를 생각해 보자. 물론 첫 차의 느낌은 이루 말할 수 없다. 많은 이들이 경험하듯, 차를 사면 어딘가 떠나고 싶고, 속도에 조금만 익숙해져도 고속도로에서 그 속도감을 만끽하고 싶다. 그러나 그러한 것은 얼마 가지 않는다. 그러한 것들에 대한 호기심과 새로움이 지속되지 않기 때문이다. 그러한 익숙함 속에 우리는 거리감의 변화를 발견하게 된다. 우리는 과거와는 다른 '멂'과 '가까움'을 느낀다. 다시 말해 자동차는 공간에 대한 새로운 느낌과 인식을 우리에게 부여한다. 달리 말해, 자동차는 우리의 현실을 변화시킨 것이다.

어떠한 삶도 고정되어 있지 않다. 따라서 아주 작은 것이라도 삶에 영향을 주기마련이다. 상상하기는 싫지만, 손톱 밑에 박힌 가시도 내 삶에 영향을 미칠 수 있다. 그렇지만 우리가 영향이라고 할 때, 그 영향은 가시가 미치는 영향과는 다른 것이다. 자동차처럼 우리의 현실을 변화시킬 수 있는가 하는 것이다. 디지털 미디어의 영향에 있어서도 마찬가지이다. 디지털 미디어가 갖는 쓰임새와 편리성도 중요하지만, 그것이 우리의 현실과 어떠한 관계를 맺고 있는지를 파악해야만 우리 삶과의 관계를 충족적으로 해명할 수 있다. 사실 디지털 미디어와 현실의 관계를 이해하려는 노력은 철학보다 예술에서 먼저 이루어졌다. 예를 들어, 빌 티 존스(Bill T. jones)의 〈고스트캐칭(Ghostcatching)〉(2000)과 르미유·필론의 〈노만: 노만 맥라렌을 위한 헌정(Norman- A Tribute to Norman McLaren)〉(2007)과 같은 작품들은 디지털 미디어를 통해 드러나는 우리의 현실이 어떻게 바뀌었으며, 그 의미는 어떤 것인지를 시각적으로 보여준다.[1] 하지만 예술작품은 그 자체로 그러한 이유를 우리에게 소상히 밝혀주지는 않는다. 이 장에서 디지털 융합 기술을 논의하고자 하는 이유는 바로 이 때문이다. 디지털 융합 기술은 디지털 미디어와 현실이 관계를 맺는 주요한 계기이자 방식이며, 그 핵심을 차지하고 있는 것은 혼합현실(mixed reality) 기술이다.

제1장

혼합현실이란
무엇인가

제1절 · 혼합현실의 현재와 그 역사적 전개 과정

지금까지도 최고의 공격 헬기의 자리를 유지하고 있는 'AH64D Longbow Apache'의 헬멧에는 검은색 외눈 안경이 장착돼 있다. 그 외눈 안경은 야간 전투 비행을 돕기 위한 적외선 시현기로, 조종사는 한 눈으로 가시광선을 보며, 다른 눈으로 적외선을 본다. 그가 바라보는 현실은 가시광선으로 이루어진 현실과 적외선으로 이루어진 현실 간의 혼합이다. 이처럼 사용자가 단순히 눈앞의 현실만을 경험하는 것도 아니고, 또한 현실과는 전혀 다른 가상현실만을 경험하는 것도 아닌, 양자 간의 자연스러운 혼합을 통해서 새로운 현실을 경험하게 하려는 시도는 오래 전부터 있었다. 대부분의 기술이 그러하듯이 군에서부터 시작한 HUD(heads-up display)와 HMD(head-mounted display)

의 개발은 사용자가 눈앞의 현실에서 눈을 돌리지 않고도, 필수적인 각종 정보들을 확인할 수 있게 만들어 주었고, 이는 곧 각종 군용 항공기 전반에 걸쳐서 널리 이용되었다. 이런 기술들이 보여주는 현실은 우리가 보통 경험하는 현실과 크게 다르지는 않다. 그러나 거기에는 일반적인 현실에 덧대어 컴퓨터가 만들어 내는 각종 정보들과 그래픽들이 함께 제공된다. 따라서 조종사에게는 유사하지만 다른 현실이 보이게 된다.

이렇게 특수한 상황에서만 사용되던 이 새로운 기술은 컴퓨터용 카메라의 등장으로 인해 민간 영역에서도 사용되었는데, 이 기술의 명칭이 바로 '증강현실(augmented reality)'이다. 이 기술이 대중적으로 사용되는 영역은 광고인데, 사용자가 일종의 바코드 역할을 하는 마커(marker)를 컴퓨터용 카메라에 비추면, 모니터에 비쳐진 종이 위에 3D로 이루어진 광고물이 덧씌워진다. 이러한 기술이 접목된 광고를 최초로 도입한 것은 BMW 사였다. 이 광고를 보면, 먼저 일반적인 컴퓨터용 카메라처럼 BMW 자동차가 찍히는 화면이 모니터에 그대로 나타난다. 그러나 종이 위의 마커를 컴퓨터가 인식하는 순간, 그 위에 그 차가 3D 애니메이션으로 떠오른다. 사용자가 그 종이를 움직이면, 화면 안의 자동차도 따라서 움직이고, 이를 이용해서 기존의 광고로는 볼 수 없었던, 다양한 각도에서 바라본 차의 모습을 볼 수 있다. 이는 마치 자신의 손바닥 위에 차를 올려놓고 보는 것 같은 느낌을 제공함으로써, 현실과 모니터 화면, 양쪽에서는 볼 수 없었던 전혀 새로운 경험을 가능하게 해주었다. 그러나 이런 방식은 마커를 종이에 출력해야 하고, 컴퓨터용 카메라를 구비하고 있어야 하며, 별도의 소프트웨어를 설치해야 하는 등의 문제점으로 인해서 그 접근이 쉽지 않았고, 결국 실용화된 지 2년이 넘었지만, 아직도 대중화되지는 않았다.

그러나 스마트폰의 등장과 함께, 증강현실은 화려한 조명을 받으며 대중 앞에 나서게 되었다. 증강현실이 가지고 있던 가장 큰 장점이자 단점은 바로 이동성이었다. 즉, 제자리에 앉아서 체험하는 가상현실과는 달리, 증강현실은 현실과의 직접적인 소통을 가능케 하기 때문에, 사용자가 몸을 움직이면서 사용할 수 있게 해주었다. 그러나 여전히 가상현실에 필요한 기기들, 특히 컴퓨터와 시현기와 카메라 같은 추적기 등을 전부 요구했고, 이런 장비들, 특히 휴대하고 다닐 수 있을 정도로 소형화된 장비들을 개인이 전부 갖추기는 쉽지 않았기에, 이것이 증강현실 기술의 대중화를 막는 걸림돌이었다. 이런 문제점은 스마트폰의 등장으로 전부 해소되었다. 스마트폰은 증강현실 기술이 요구하는 세 가지의 장비를 전부 하나의 기기에 통합시켰고, 그러므로 사용자들은 별다른 준비 없이, 스마트폰과 증강현실을 이용한 증강현실 어플리케이션만 있으면, 언제 어디서나 증강현실을 체험할 수 있게 되었다. 이제 현실도 아니고 가상현실도 아닌, 증강현실이라 부르는 새로운 현실은 제한된 영역에서만 국한된 것이 아니라, 우리의 일상적인 삶 속에 깊숙이 침투하게 되었고, 급격하게 사람들의 현실을 증강현실로 바꾸고 있다.

제2절 · 혼합현실에 대한 기술적 정의들

증강현실은 이제 더 이상 어떻게 구현하는가의 기술적인technological 문제가 아니라, 일상적인 삶과 어떤 관계를 맺는가의 문제로 이해된다. 왜냐하면 증강현실은 이미 일정 수준으로 구현되었고, 더불어 대중화까지 되었기 때문이다. 이제 남은 것은 그렇게 실용화되고 대중화된 기술을 어떻게 사용할 것인가라는 콘텐츠의 문제와, 그것이 우리에게 어떤 영향을 미치고, 어떤 결과를 맺을 것인가라는 문화적인 문제이다. 이런 문제를 해결하기 위해서는 무엇보다도 가장 먼저 그 기술의 의미와 그것의 역사적인 전개 과정에 대한 탐구가 필요하다. 우리는 이를 통해 증강현실의 겉모습이 아니라, 그 안에 내재되어 있는 심층적인 의미와 그것이 종래에 우리의 삶에 미치게 될 영향력을 예상할 수 있을 것이다. 이러한 의도에서 우리는 다음과 같은 질문을 던져야 한다. 혼합현실이란 무엇인가?[2]

혼합현실은 기술적으로 컴퓨터로 산출한 가상 물체들이나 환경을 실제 환경과 혼합하는 체계 및 그 기술을 지시한다. 이러한 혼합현실에 대해 가장 널리 사용되고 있는 정의로는 아주마(R. Azuma)의 정의와 밀그램(P. Milgram)과 키시노(A. F. Kishino)의 정의를 꼽을 수 있다.[3] 아주마에 의하면 증강현실은 가상현실의 한 변주로서, 가상현실처럼 사용자를 가상의 환경에 완전히 몰입시켜서, 주변의 현실을 볼 수 없게 만든 것이 아니라, 오히려 사용자가 현실 세계를 보면서, 동시에 가상의 물체들이 현실에 덧붙여진 것을 뜻한다. 그러므로 증강현실은 가상현실처럼 현실을 완전히 대체하는 것이 아니라 현실을

가상으로 보충한다. 그는 증강현실을 다음과 같은 세 가지 특성을 지닌 체계로 제시한다.[4]

　　㉠ 현실과 가상의 결합
　　㉡ 실시간으로 상호 작용
　　㉢ 3차원으로 기록

　이 정의에 의하면, 영화 〈아바타〉는 가상의 컴퓨터 그래픽과 현실이 3차원으로 매끄럽게 결합되어 있으며, 심지어 3D로 시현됨에도 불구하고, 실시간으로 상호 작용하지 않기에 증강현실이라고 볼 수 없다.[5] 그러므로 증강현실은 마치 현실 세계가 그러하듯이 3차원으로 이루어져야 하고, 실시간으로 사용자와 상호 작용하면서, 동시에 가상의 요소를 갖춰야 한다.
　이러한 아주마의 정의에 앞서서, 밀그램과 키시노는 '밀그램의 가상현실 연속체(Reality-Virtuality Continuum)'라는 개념을 사용하여 '혼합현실'을 현실과 가상 간의 스펙트럼으로 정의하였다.[6]

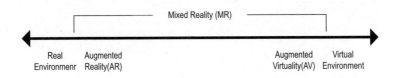

[그림 11] "가상현실 연속체"의 간단한 표현

다시 말해서, 혼합현실은 "완전한 현실 환경과 완전한 가상 환경 사이를 잇는 가상성 연속체 위의 어딘가에서 현실 세계와 가상 세계가 결합하는 곳"이며, 좀 더 기술적으로 표현하자면, "현실 세계와 가상 세계의 물체들이 가상 연속체의 양 극단 사이의 어딘가에서 하나의 시현기 내에서 함께 표시되는 환경"을 뜻한다.[7]

그림 11에서 볼 수 있듯이 밀그램과 키시노의 정의에 따르면 혼합현실은 그 바탕이 되는 환경에 따라 크게 증강현실과 증강가상으로 분류될 수 있다. 증강현실은 현실 환경을 바탕에 두고 현실에 가상 물체를 덧붙인 것이며, 증강가상은 가상 환경을 바탕에 두고 가상현실에 현실의 물체를 덧붙인 것이다. 예를 들어, 스마트폰의 각종 증강현실 어플리케이션들은 현실 위에 컴퓨터를 통해서 산출한 정보를 덧붙인다는 점에서 증강현실인 반면, 'PlayStation 3'의 'Eye of Judgment'는 실제 카드가 컴퓨터 게임에 영향을 미친다는 점에서 증강가상이다. 그러나 밀그램과 키시노가 지적했듯이, 기술이 발달함에

[그림 12] SK 텔레콤의
증강현실 어플리케이션인 '오브제'

[그림 13] 소니 사의 'Eye of Judgement'

따라서 바탕이 되는 세계를 확실하게 구분하기 힘들어질 것이며, 그렇기에 궁극적으로 양자 간의 구분은 점차 축소되고, 혼합현실이라는 더욱 일반적인 구분만이 유효하게 될 것이다.[8]

제3절 · 혼합현실의 현상과 그 기술

증강현실 어플리케이션으로 대변되는 혼합현실은 그밖의 여러 분야에서 현실적 적용의 단계에 있다. 아주마에 따르면, 혼합현실은 의료, 정비, 운항, 로봇 조종, 엔터테인먼트와 같은 다섯 가지의 분야에 응용할 수 있으며, 또한 이미 응용되고 있다.[9] 혼합현실이 제공할 수 있는 가장 큰 장점은 인간의 기본적인 지각력을 손상시키지 않으면서, 동시에 맨눈으로 볼 수 없는 정보를 제공해주는 것이다.

즉, HMD(Head-Mounted-Display)를 통해서 맨눈으로 볼 수 없는 X 선이나 신체의 온도 등을 가시광선에 덧붙여서 제공할 수 있고, 이를 통해서 의사는 X선 사진이나 온도기로 눈을 돌리지 않고도 환자에 대한 X선 시야나 몸 전체의 온도를 실시간으로 확인할 수 있다. 혹은 BMW가 현재 시도하고 있는 혼합현실을 응용한 차량 정비를 살펴보면, 정비공은 HMD를 통해서 차의 엔진 부분을 보고, 그 안에 덧붙여진 컴퓨터 그래픽을 따라서 정비를 수행한다. 이런 기술을 통해서 개인은 쉽게 차량의 문제점과 그 해결책을 알고, 그것을 수행할 수 있다. 이 밖에도 HUD를 통해, 네비게이션의 정보를 차의 앞 유리에 띄움으로써, 별도로 눈을 움직이지 않으며 도로를 바라보면서 그와 동시에 제공되는 정보를 인지할 수 있다.

이와 같은 혼합현실 기술의 실현을 위해서는 시현기(display), 추적기(tracker), 카메라 혹은 광학 렌즈, 그리고 컴퓨터의 네 가지 장치들이 필요한데, 이것들이 혼합현실 기술의 가장 기본적인 처리 방식이다. 먼저 외부 환경은 카메라나 광학 렌즈를 통해 입력된다. 그리고 사용자의 위치와 그 방향 파악은 추적기를 통해 이루어진다. 마지막으로 이러한 정보들의 수집과 처리 그리고 가상정보의 결합은 컴퓨터를 통해 이루어지며, 이 결과는 시현기로 표시된다. 우리가 흔히 '스마트폰'이라 부르는 스마트 미디어는 그 기기 구성에 있어 이와 같은 네 가지 유형을 모두 포함하고 있다. 이미 TV 광고 등을 통해 시연되었듯이, 개인 기기인 스마트 미디어를 통해서도 혼합현실 기술을 작동시킬 수 있다. 스마트 미디어를 구성하는 카메라를 통해서 현실을 촬영하고, 그 안의 GPS나 혹은 실시간으로 촬영하는 화면을 통해서 사용자의 위치와 그 방향을 파악하고, 내장되어 있는 컴퓨터가 증강현실 어플리케이션을 통해서 이런 정보들을 처리하고, 그 결과를 화면에 시현할 수 있기 때문이다. 그러나 미디어의 형태가 단일하지는 않기 때문에, 그 시현의 방식이 한 가지로 일원화되지는 않는다. 밀그램과 키시노는 이를 여섯 가지로 나누어 구분하였는데, 그 내용은 다음과 같다.[10]

(1) 컴퓨터로 산출한 이미지를 덧씌운 모니터 기반의 비디오를 (비-몰입적으로) 시현. 가장 간단한 방식 중 하나이며, 카메라를 통해서 촬영한 현실에 컴퓨터 그래픽을 입혀서, 모니터 같은 화면에 시현하는 방식을

뜻한다. 현재 가장 일반적으로 사용하고 있는 스마트폰의 증강현실 어플리케이션이 이런 시현 방식의 가장 대표적인 예이며, 더 나아가 입체감을 제공하는 3D 기술을 이용해서 더욱 현실감이 있는 시현 방식이 개발되고 있다.

(2) 1번과 같지만 모니터가 아닌 몰입적인 HMD를 이용해서 비디오를 시현. 1번과 유사하지만, 마치 안경처럼 두 개의 작은 화면을 눈앞에서 시현함으로써, 사용자가 화면을 바라보는 것이 아니라, 화면이 눈앞에서 펼쳐지는 것 같은 느낌을 제공한다. 경우에 따라서는 안경 모니터라고도 부른다.

[그림 14] 안경 모니터라고 부르는 고원 기술의 MVS-200

[그림 15] F-35 Joint Strike에 사용할 HMD

(3) 직접 실제 세계를 보면서 동시에 컴퓨터로 산출한 이미지를 덧씌울 수 있는 광학 HMD. 가장 많이 쓰이는 기술 중 하나로 대부분의 군용 HMD는 이 방식을 택하고 있다. 투명한 시현기를 통해서 사용자는 무엇보다 바깥 현실을 마치 안경처럼 거의 그대로 볼 수 있으면서, 동시에 컴퓨터 그래픽을 사용해서 각종 정보를 덧씌울 수 있다.

(4) (3)과 같으나 외부 세계를 보는 데 광학 대신 비디오를 사용함. (3)번 기술이 투명한 시현기를 사용해서 별다른 카메라 없이도 현실을 그대로 볼 수 있는 반면에, 이 비디오 HMD는 외부에 부착한 카메라를 이용해서 현실을 촬영하고, 그 화면에 컴퓨터 그래픽을 덧붙인 후, (2)번의 방식으로 사용자의 눈앞에 시현한다. (2)번의 HMD에 외부를 촬영할 수 있는 카메라의 부착함으로써 쉽게 만들 수 있으며, 또한 현실 정보가 디

[그림 16] (2)번 유형의 HMD인 iWear의 VR920에 카메라를 붙여서
(4)번 형식의 비디오 HMD를 구성

지털로 촬영되기 때문에, 컴퓨터 그래픽과의 결합이 매우 자연스럽다.

(5) 몰입적이건 혹은 부분적으로 몰입적이건 완전히 그래픽으로 시현되는 환경. 공간을 컴퓨터로 산출한 그래픽으로 둘러싸는 방식으로 재현하는 방식이며, 사용자는 그 혼합현실의 공간에 완전히 둘러싸일 수도, 혹은 부분적으로 둘러싸일 수도 있다. 예를 들어, 일반적인 방임에도 불구하고, 벽에 프로젝터나 모니터를 이용해서 컴퓨터 그래픽을 시현함으로써, 새로운 공간을 만들어 내는 방식이다.

(6) 실제 물리적 물체가 역할을 차지하는 부분적으로 몰입적인 완전한 그래픽 환경. 컴퓨터로 산출한 그래픽으로 만들어진 환경 속에서, 사용자는 물리적인 물체를 만지거나 붙잡는 등의 상호 작용을 할 수 있거나,

[그림 17] Gustav Metzger의 Liquid Crystal Environment

혹은 그밖의 방법으로 물리적인 물체가 역할을 차지하는 방식을 뜻한다. (5)번의 방식이 새로운 공간을 창출하는 것이라면, 이 방식은 새로운 공간뿐만이 아니라, 새로운 사물 또한 만들어낸다. 이런 사물은 그대로 등장할 수도 있고, 혹은 프로젝터를 통해서 새로운 모습을 취할 수도 있다.

이런 시현 기술 이외에도 오디오와 데이터 글러브, 동작 감지기, GPS 등 다양한 종류의 기술들이 혼합현실에 적용되고 있으나, 대부분은 위의 시현 방식에 따라서 그 활용도가 달라지며, 그러므로 사실상 시현 기술이 혼합현실에서 가장 중심이라고 할 수 있다.

[그림 18] Ramesh Raskar, Greg Welch, Wei-Chao Chen의 1999년 작품.
후자의 사물들에 빔을 쏘아서 전자의 사물들로 변형시켰다.

제4절 · 혼합현실의 토대로서의 가상현실

시현 기술의 측면에서 볼 때, 우리에게 익숙한 낱말은 증강현실이나 혼합현실이 아니라 '가상현실'일 것이다. 그렇지만 기술의 발전 과정을 살펴보면, 혼합현실과 가상현실은 꽤나 밀접하게 연관되어 있다. 증강현실 혹은 혼합현실에 앞서 시도된 기술이 바로 가상현실 기술이기 때문이다. 이러한 탓에 밀그램과 키시노는 혼합현실을 가상현실의 부분 집합[11]으로 이해하며, 아주마는 혼합현실을 가상현실의 변주로 간주한다.[12] 서로 다른 규정인 듯 보이기는 하지만, 이 두 규정은 공통적으로 혼합현실이 그것의 이론적인 부분과 기술적인 부분 모두를 가상현실 개념에 빚지고 있다는 것을 보여준다.

혼합현실과 가상현실의 연관성은 그것들의 관념이 등장한 시기에 있어서도 확인된다. 이 두 용어는 동시대에 생겨났는데, 가상현실이 본격적으로 미디어에서 사용되기 시작한 1988년 이후 4년 만에 톰 코델(Tom Caudell)이 증강현실이라는 용어를 사용했으며, 증강현실에 대한 연구는 가상현실에 대한 연구와 동시대에 이루어졌다. 이는 밀그램과 키시노의 『*Taxonomy of Mixed Reality Visual Display*』가 1994년에 출판된 것으로 보다 쉽게 짐작할 수 있다. 가상현실 개념이 등장이 약간 앞서기는 하지만, 이 둘의 도입 시기와 이념 및 연구의 연속성을 고려한다면, 가상현실은 사실상 혼합현실의 개념을 태동부터 내포하고 있었다고 보아야 할 것이다. 그렇기에 가상현실에 대한 이해는 혼합현실에 대한 이해에 있어 우선적이며 필수적이다.[13]

가상현실이란 무엇인가? '현실보다 더 현실 같은'이라는 모토 아래서, 말 그대로 현실보다 더 현실 같은 가상현실을 만들어 내는 것이다. 즉, 인간이 현실 환경 속에서 받아들이는 지각과 표상을 가상으로 만들어서 제공하고, 그것을 실제 현실보다 더 현실처럼 느끼게 만드는 것이다. 이런 가상현실의 태도는 앞서 제시되었던 혼합현실의 정의들과 차이를 보인다. 혼합현실을 정의한 아주마와 밀그램 그리고 키시노는 가상현실이 현실을 대체하거나 혹은 적어도 현실을 느끼지 못하도록 사용자를 몰입시킨다고 정의했다. 이런 가상현실의 시도는 인공지능(Artificial Intelligence, AI)과 더불어서 모든 것의 디지털화가 지향하는 궁극적인 목표 중 하나였다. 인공지능이 인간의 지능을 디지털 기술을 통해서 재구성하고, 그것과 동일한 인공적인 지능을 만들어서, 인간 없이도 작업을 수행할 수 있는 프로그램을 만드는 것이 목표였다면, 가상현실은 마치 영화 〈매트릭스〉처럼 인간이 경험하는 현실을 디지털 기술로 완전히 재구성해서 만든 환경 속에서도 마치 실제 현실 속에 있는 것처럼, 인간이 느끼고 생각하게 만드는 것이 목표였다. 인공지능이 인간의 지능을 디지털로 융합하는 것이라면, 가상현실은 현실을 디지털로 융합하는 것이다.

디지털화된 현실이 본래의 현실과 구분되지 않아 디지털적 현실 내에서도 현실에서와 마찬가지의 느낌을 갖게 하기 위해서 가상현실은 모의(simulation), 상호 작용(interaction), 인공성(artificiality), 몰입(immersion), 원격 현존감(telepresence), 온몸 몰입(full-body immersion), 네트워크 의사소통(networked communication)과 같은 요소들을 갖추어야 한다.[14] 왜냐하면 인공적으로 현실을 모의하고, 그 안에서 인간과 인간 혹은 인간과 컴퓨터 간의 상호 작용을 가능케 하며, 네트워크를 통해서 멀리 떨어져 있는 사람들과의 의사소통을 가능케 하고, 결국 사용자가 그 안에서 몰입되어서, 그 안에 살고 있다는 느낌을 주게 만들어야만 가상현실을 현실로 인식하고, 이를 통해 현실을 대체할 수 있기 때문이다.

제5절 · 가상현실에서 혼합현실로의 이행

혼합현실도 그렇지만, 기술의 전개 과정에서 그 토대가 되었던 가상현실 역시도 그것에 대한 의미론적 접근은 이루어지지 않았다. 사실 '가상현실'이라는 말은 어폐가 심한 낱말이다. 현실은 현실인데 가짜이며, 그 가짜를 다시 현실이라 부르는 것이기 때문이다. 하지만 이러한 의미론적 접근은 기술적으로 추진된 가상현실과 혼합현실 연구에 있어 철저히 배제되었다. 이로 인하여 혼합현실뿐만 아니라 가상현실 역시 그간 기술적으로만 접근되고 정의되었으며, 그 정의들도 대부분 기술적 활용의 가능성을 중심으로 내려졌다.

가상현실은 머리에 착용하는 보안경과 유선 옷을 거쳐서 경험되는 환경의 전기적인 모사이며, 이는 사용자가 현실 같은 3차원적 상황 속에서 상호 작용할 수 있게 해준다.[15]

가상현실은 인간의 움직임에 반응하며 컴퓨터로 산출한 이미지들로 가득 찬 대안적인 세계이다. 이 모사된 환경은 주로 입체 음향의 비디오 보안경과 광섬유 데이터 장갑으로 이루어진 비싼 데이터 장비의 도움으로 체험된다.[16]

이러한 경향들에 비판적이었던 스토이어(J. Steuer)[17]는 기존의 가상현실 정의들이 모두 기술 중심적이어서 사실상 가상현실의 본질을 제공하지 못한다고 지적하였다. 만약 가상현실을 가능케 하는 것이 몇몇 기술적인 기기들에 불과하다면, 가상현실은 그저 기기의 변화에 따라 그 정체가 달라질 것이다. 왜냐하면 기술의 발달이 새로운 기기의 등장과 기존 기기의 쇠퇴를 야기하기 때문이다. 스토이어는 그 대신에 현존감(presence) 개념에 주목한다. 그는 깁슨(J. J. Gibson)이 내린 "현존감은 한 환경 내에 있는 느낌이다"[18]라는 정의를 활용하여 원격 현존감(telepresence)이라는 새로운 현존감 개념을 제시하고자 한다. 그에 따르면, "원격 현존감은 통신 매체에 의해 한 환경 내에서 현존감을 경험하는 것이다." 스토이어는 이렇게 내린 원격 현존감의 개념을 가상현실의 정의에도 적용하였다. 이제 "가상현실은 지각자가 원격 현존을 경험하는 실제 혹은 모사된 환경이다."[19] 그러므로 가상현실은 현존감을 경험하게 해주는 모사된 환경을 뜻하며, 인간이 가상현실을 현실처럼 느끼는 이유는 바로 그가 가상현실 속에서 현존감을 느끼기 때문이다.

현존감은 "거기에 있는 것 같은 느낌"을 뜻한다. 다시 말해서, 가상현실에서 사용하는 여러 매체들을 통해서 정보를 제공받음에도 불구하고, 자신이 직접 현실을 바라보고 있다고 느끼는 것 같은 지각적 환영을 느끼는 것이다. 이렇게 현존감을 느끼는 사용자는 현실에 대한 지각을 잊고 오직 가상현실 속에 몰입되어 있다. 따라서 가상현실이 현실을 대체하고자 한다면, 가상현실이 현실보다 더 높은 현존감을 제공하여 그 사용자를 현실보다 가상현실에 더욱 몰입하게 만들면 되는 것이다.

그러나 인공지능에 대한 연구가 궁극적으로 성공을 거두지 못한 것처럼, 가상현실 또한 사용자에게 충분한 현존감을 주지 못했다. 왜냐하면 현실보다 더 현실 같은 가상현실을 제시한 것이 아니라, 여전히 환상으로 지각되는, 말 그대로 가상현실만을 제시했기 때문이다. 이런 가상현실의 한계는 여러 가지가 있다. 무엇보다 가상현실은 현실과는 달리 매우 제한적이다. 그 제한에는 공간적인 문제, 즉 현실의 공간은 한계가 없으나 가상현실은 한계가 있다는 점과, 감각적인 문제, 즉 촉감 등이 있다. 촉감은 만지고 있는 대상이 실제로 존재한다는 느낌을 제공하고, 자신이 그것과 상호 작용하고 있다는 감각을 제공한다. 더 나아가, 촉감은 유일하게 입력 기관과 출력 기관이 동일한 감각이다. 즉, 촉감을 느끼는 인간의 신체는 그 자체가 운동을 행한다. 그러므로 촉감은 단순히 수동적으로 자극을 받아들이는 것이 아니라, 오히려 능동적으로 운동을 통해서 자극을 받아들인다. 즉, 촉감은 느껴지는 것이 아니라, 오히려 적극적으로 느끼는 것이다. 이런 촉감의 특성은 가상현실이 촉감을 통한 현존감을 제공하지 못하도록 가로막았다. 가장 완벽한 가상현실로 간주할 수 있는 〈매트릭스〉에서조차 인간의 운동은 오직 머릿속의 상상으로만 가능하다. 본질적으로 가상현실은 인간의 운동에 대한 감각을 제공할 수 없고, 그러므로 적절한 촉감을 제공하지도 못한다.

이런 한계점에 대한 고려 없이 가상현실은 얼마나 사실적인 시각적 자극을 제공할 수 있는 것인가에, 다시 말해 더 현실 같은 그래픽을 제공하는 것에 그 초점을 맞추었다. 그리고 이런 노력의 결과가 바로 오늘날 영화나 게임에서 볼 수 있는 매우 화려한 컴퓨터 그래픽이다. 몰입의 계기가 바로 시각적 자극이라는 생각이 반복되었던 것이다. 그러나 선박 시뮬레이션 훈련에서 확인되듯이 시각적 자극이 반드시 우위에 있는 것은 아니다. 이 훈련은 선원을 위해 이루어진 것이었는데, 선원들에게는 두 가지 다른 시뮬레이션이 주어졌다. 하나는 함교의 사실적인 그래픽에 중점을 두었고, 다른 하나는 시각적인 현실성이 아닌 해당 상황에 포함된 다수의 맥락적 정보들에 중점을 두었다.[20] 시각적 자극의 우위성 주장에 따르면, 이 훈련에서 전자의 시뮬레이션이 더 효과적이어야 했다. 그러나 그 결과는 그렇지 못하였다. 두 가지 시뮬레이션 모두 효과적이었던 것이다. 이 결과가 보여주는 것은 시각적 자극이 중요한 것이기는 하지만, 그것만이 유일한 것이거나 우위성을 갖는 것은 아니라는 점이다. 다시 말해 가장 현실과 유사한 사실적인 그래픽만큼이나, 처한 환경에 대한 맥락적인 정보들 또한 현존감을 증진시키는 데 큰 영향을 미칠 수 있다는 것이다.

　가상현실에 대한 이런 비판들과 더불어서 기술의 발전 또한 혼합현실의 개발을 가능하게 했다. 기존의 무겁던 HMD와 컴퓨터가 점차 휴대하기 편할 정도로 축소되고, 더불어 형상 인식 기술의 발달로 외부의 사물을 인식할 수 있게 되었다. 더 나아가 그 구조상 HMD는 컴퓨터가 만들어낸 그래픽뿐만 아니라, 외부의 광학 정보 혹은 카메라로 촬영한 정보를 실시간으로 제공해 줄 수 있으며, 여기에 3D 엔진의 발달로 양자를 하나로 합친 시각 정보를 제공할 수 있게 되었다. 마지막으로 GPS의 발달은 거의 전지구적인 위치 추적을 가능하게 해주고, 이로써 혼합현실은 한정된 연구실이 아닌, 일상생활을 무대로 옮겨올 수 있게 되었다. 이런 이동은 무엇보다 앞서의 두 가지 비판을 해결할 수 있게 해주었는데, 우선 현실 환경을 이용한다는 점과, 이를 통해 혼합현실은 가상현실과는 달리 매우 자연스럽게 촉감과 운동 자극, 그리고 맥락적 요소들을 제공할 수 있게 된 것이다. 사용자는 이미 현실 속에 있기 때문에, 혼합현실은 사용자의 촉감과 운동 감각, 그리고 맥락적 요소를 전부 제공할 필요가 없이, 오로지 시각 정보만으로도 이런 요소들을 충족시킬 수 있기 때문이다. 사용자는 이제 더 이상 가만히 앉아서 수동적으로 시현되는 정보를 받아들이는 존재가 아니라, 능동적으로 혼합현실 세계를 탐험하면서 활동하는 존재가 되었다.

제2장

혼합현실에 대한 철학적 반성

하나의 기술이 적용되고 활용될 때, 그 기술의 기능을 기술적으로 정의하는 것은 매우 합당한 것이다. 이러한 의미에서 본다면, 혼합현실에 대한 기술적 정의가 그 기술을 사용하는 방식과 범위를 정하기 위한 필수적인 절차라는 점을 우리는 부인할 수 없다. 그렇지만 하나의 기술이 갖는 영향력은 그저 그것이 적용되고 사용되는 순간에 한정되거나 그치지는 않는다. 앞서 자동차와 기차의 예에서 살펴보았듯이 기술의 적용은 인간 삶의 변화를 초래하며, 바로 이 때문에 단지 기술적으로만 이루어지는 기술에 대한 이해는 그저 불충분한 것일 따름이다.

기술은 인간의 문화적 성장 과정과 늘 함께해 왔으며, 따라서 인간의 미래를 논할 때, 인간과 기술의 관계는 그 무엇보다도 우선적으로 고찰해 보아야 할 테제이다. 이러한 의미에서 '혼합현실'은 매우 중요한 인문학의 대상일 수밖에 없다. '혼합현실'은 그 용어 그대로 '현실'을 다룬다. 이것은 '가상현실' 역시 마찬가지이다. '현실'은 인간 삶의 토대이며, 따라서 이 토대를 다루는 기술은 인간의 삶도 다룰 수밖에 없다. 또한 만일 그 기술이 현실을 변경하는 것이라면, 인간의 삶 자체도 변경될 수밖에 없다. 기술에 대한, 특히 가상현실과 혼합현실에 대한 인문학적 고찰이 요구되는 것은 바로 이러한 까닭에서이다.

이러한 논의의 배경에 동의되었다면, 이제 현실에 대한 기술로서의 가상현실 및 혼합현실과 인간의 삶에 대한 철학적 성찰을 시작해 보도록 하자. 우리는 여기서 가상현실과 혼합현실이 추진되었던 인문학적 배경과 더불어 그 기술이 갖는 본질적인 의미를 추적해 보고자 한다.

제1절 · 가상현실과 현실

가상현실에 대한 기술적 정의에서 이미 언급되었듯이, '현존감(presence)'은 가상현실의 핵심적 요소이다. 그러나 촉감의 실현이 요원하듯, 충족적 현존감을 제공하는 것에 있어 가상현실 기술은 그 한계에 봉착하게 된다.

물론 여전히 기술적으로 현존감을 강화시킬 방안을 기대해 볼 수 있을지도 모른다. 그렇지만 현존감을 기술적으로 제아무리 강화시킨다고 해서 문제가 근본적으로 해결될 수는 없다. 그러한 까닭은 가상현실이 가상이라는 공간에서 배태될 수밖에 없기 때문이다. 가상과 현실의 대립적 구도 내에서는 현실보다 더 현실 같은, 혹은 실재보다 더 실재 같은 가상을 제공하더라도 그것은 결국 현실을 가장한 가짜일 뿐이다. 설혹 현실과 똑같은 것을 느끼게 한다고 하더라도 그것은 모상에 지나지 않을 뿐만 아니라, 만일 그것을 현실이라고 규정한다면, 우리는 우리가 지금껏 현실이라고 부른 공간을 부정할 수밖에 없다.

가상현실은 결코 현실이 될 수 없다. 그리하여 가상현실은 현실보다 더 현실 같음을 지향함으로써 가상과 현실의 괴리를 오히려 심화시킨다. 따라서 우리는 가상현실에 대하여 보다 근본적인 물음을 던져 보아야 한다. 왜 우리는 현실보다 더 현실 같은, 혹은 실재보다 더 실재 같은 가상현실을 구축하려했던 것인가? 도대체 그 목적은 무엇인가? 마거릿 버트하임에 따르면 이러한 이유와 목적은 서구의 문화적 전통, 특히 기독교적 전통 속에서 이해된다.

사이버스페이스의 일부 대변자들은 '물질성의 토대' 혹은 어떤 평자가 말하는 소위 육체의 '몸뚱어리'로부터 완전히 벗어나는 꿈을 꾼다. '사이버스페이스'란 말을 처음으로 소개한 최근의 공상과학소설 『뉴로맨서』에서 작가 윌리엄 깁슨은 "육체를 초월한 사이버스페이스의 고귀함"에 환호를 보낸다. 가상현실 연구의 선구자인 재론 래니어도 "이 과학기술은 육체의 초월을 보장한다"고 강조한다. 모라베크 역시 인간의 정신이 "물질적인 육체의 굴레로부터 자유로워질" 수 있는 미래를 고대한다. 육체로서 존재한다는 것의 '난잡함'과 '비천함'에서 벗어나려는 바람은 사실 새로울 게 전혀 없다. 이러한 바람은 적어도 플라톤 시대 이래로 서구 문화에서 늘 지속되어 왔으며 기독교의 그노시스 전통에 이르러 꽃을 피 웠다.[21]

기독교적 전통에 국한하지 않는다고 하더라도, 주류의 사상사적 전통 속에서 정신의 우위성을 확인하기는 어렵지 않은 일이다. 특히 데카르트를 비롯한 근대의 사상가들에 있어 진리의 완전성은 정신 의 영역에서 마련된다. 그러나 이러한 전통 속에서 가상현실의 구축 이유와 목적을 온전히 이해하기는 어렵다. 예를 들어, 알랜 듀닝(Alan Dunning)과 폴 우드로우(Paul Woodrow)가 진행하고 있는 'Einstein's Brain Project'와 같은 현대의 퍼포먼스의 영역에서는 오히려 이와는 반대의 경향을 보이기 때문이다.

'Einstein's Brain Project'는 유동적이고 혼란스러운 내비게이션과 왜곡 된 감각을 불러일으키는 가상현실이며, 증강현실을 제공한다. 그들의 프 로젝트 중 하나인 'La Dérive'에서 … 무작위적으로 순서가 정해지지 않 은 시각적 공간은 참여자들의 지각체계의 혼란을 유도한다. 이러한 경험 은 탈물질적 공간으로의 몰입을 유도하지도, 탈육체적 경험을 제공하지 도 않는다. 그들은 가상의 촉각적 육체 경험의 공존을 통해 전통적 VR 의 탈육체적 경험을 부정하며 인지의 주체로서의 신체의 위상을 실험한 다.[22]

'Einstein's Brain Project' 속에서의 가상현실은 결코 육체의 초월 에 대한 환호로 비추어지지 않는다. 오히려 그와는 반대로 육체의 초월을 끊임없이 방해하며, 이를 통해 몸의 중심성을 드러낸다. 이러한 점에서 이 프로젝트에 있어서의 가상현실은 버트하임의 해석과는 상반된 경향성을 보여준다.

그렇다면 가상공간 혹은 가상현실이 구축된 이유와 목적에 접근할 수 있는 또 다른 해석의 방식은 없는가? 가상과 현실의 구도가 정신(혼)과 몸의 구도와 관통되는 것이라면, 우리는 이 구도가 시원적으로 드러나고 있는 신화적 사고로 되돌아갈 필요가 있다. 카시러가 언급했듯, 신화는 인류 최초의 죽음에 대한 교사의 역할을 수행한 인간 문화의 형식이며,[23] 죽음은 혼(정신)과 몸의 구도를 가장 첨예하게 드러내기 때문이다.

플라톤에 의해 철학적으로 해석되기도 했던 레테(lethe) 강 신화는 죽음과 삶을 통한 혼의 여정을 보여준다. 잘 알려진 것처럼, 고대 그리스인들은 윤회설을 신봉하였으며, 이들에게 있어 죽음은 종말을 뜻하는 것이 아니었다. 그러나 죽음을 거쳐 다시 삶으로 복귀하기 위해서 혼은 다섯 개의 강을 건너야 한다. 이 신화 속에서도 삶에서 죽음으로, 그리고 죽음에서 삶으로의 여정을 모두 체험하는 것은 몸이 아니라 혼이다. 따라서 신화 속에서도 혼은 몸과 구분되며, 이 구분에 있어 몸은 혼의 제한 조건이 된다.

그렇지만 이러한 신화적 구도는 근대의 이원론적 구도와는 다르다. 신화적 사유 속에서 몸은 혼의 제한조건이되 부수적일 따름이기 때문이다. '혼'의 여정은 전적으로 '나'의 여정이다. 따라서 굳이 플라톤을 떠올리지 않더라도 고대인에게 있어 '나'를 규정하는 것은 '혼'이다. '혼'은 '나'이며, '나의 거주'는 곧 현실이다. '나'인 '혼'은 이승에서도 저승에서도 모두 거주할 수 있다. 다만 이승에서는 몸(sōma)이라는 제약 조건을 잠시 가질 뿐이다. 이러한 의미에서 신화적 사유에 있어 혼과 몸의 구분은 있을지라도 가상과 현실의 구분은 없다. 오히려 '혼'에 있어서는 모두 현실이다. 플라톤의 『파이돈』에서 소크라테스가 제자 케베스에게 지혜로운 자는 죽음에 대하여 성낼 필요가 없다고 타이르는 것도 이러한 신화적 사유 속에서 연원된다.

혼과 몸의 구분은 근대의 사유에 있어서도 유지된다. 그렇지만 그 구분은 전혀 다른 방식의 구도를 갖게 된다. 혼과 몸이 단지 구분되는 것이 아니라 대립적 구도로 정립되기 때문이다. 데카르트가 보여주었듯, 방법적 회의를 통해서도 결코 의심할 수 없는 진리는 '내가 생각한다는 것(pense)'과 '내가 존재한다는 것(sui)'이며, 이제 혼(정신)도 몸도 '나'를 규정할 수 있다. 그렇지만 이 둘은 이질적인 서로 다른 실체이므로, '나'는 이 둘 각각에 의해 달리 규정된다. 잘 알려져 있듯, 데카르트는 '나'의 실재성을 정신의 영역 속에서 확보하고자 한다. 따라서 '나'는 정신적 존재이며, 내가 처해 있는 진정한 현실은 정신의 영역 속에서 확보된다. 그렇지만 서양의 근대가 데카르트의 입장으로만 통일된 것은 아니었다. 오히려 근대의 과학은 그 반대의 경향으로 나아간다. 근대 과학의 세계관에서 '나'의 실재성은 연장의 영역 속에서 확보되며, 현실 역시 연장성을 축으로 이해된다.

그렇지만 이러한 근대의 구도 속에서 '나'의 실재성에 대한 부담은 정신의 영역이 더 크다. 왜냐하면 최소한 우리의 감각은 물질의 실재성을 직접적으로 입증하기 때문이다. 따라서 정신적 존재로서의 '나'가 물질적 존재로서의 '나'와 견줄 수 있으려면, 그것은 최소한 물질적 존재로서의 '나'가 갖는 만큼의 실재성을 입증할 수 있어야 한다.

정신적 존재로서의 '나'의 실재성이 충족적으로 입증되지 않을 때, 정신 공간과 물질 공간의 대립 구도는 가상과 현실의 대립 구도로 이어진다. 가상과 현실의 대립 구도에 있어서도 가상이 현실과 대립적 구도를 갖추기 위해서는 현실만큼의 실재성을 가상 역시 확보해야 하는 과제가 부여된다. 이 과제의 가장 손쉬운 방법은 가상을 현실처럼 만드는 것이다. 이로부터 '현실보다 더 현실 같은' 혹은 '실재보다 더 실재 같은'이란 정리가 가상현실의 신조로 자리 잡게 된다. 물질적 존재로서의 '나'의 입장에서도 이러한 경향성은 매우 긍정적으로 이해된다. 가상이 현실만큼의 실재성을 획득하려는 시도, 즉 가상의 현실화는 역으로 '현실의 확장'으로 이어질 수 있으며, 현실을 토대로 한 설명의 가능성도 한층 높아질 수 있기 때문이다. 결국 실재성의 확보라는 과제와 현실의 확장이라는 과제는 가상을 현실처럼 만드는 가상현실의 길에서 합치된다. 그렇지만 이미 언급했듯, 현실보다 더 현실 같은 가상 역시 가상과 현실의 대립에 있어서는 결국 가상일 수밖에 없다. 혼합현실은 이러한 가상현실의 한계에서 시작된다. 이것이 바로 기술적으로 현존감을 충족적으로 제공할 수 없는 근본적 이유이다.

제2절 · 혼합현실과 살아 있는 현실

기술적 접근에서 이미 언급되었듯, 가상현실과 혼합현실은 그 용어의 사용뿐만 아니라 기술의 출현 과정 역시 동시대적이며, 이러한 의미에서 가상현실과 혼합현실은 기술적으로 연결되어 있다. 하지만 이러한 기술적 연결성에도 불구하고, 가상현실과 혼합현실은 기술적으로 그 목적을 달리한다. 가상현실은 현실을 대체하는 것, 다시 말해 현실을 모사한 가상을 목적으로 삼지만, 혼합현실은 그것을 목적으로 삼고 있지 않기 때문이다. 이것은 그것이 구현하는 현실을 가짜로 만들지 않기 위함이다. 따라서 바로 이러한 차이점이 혼합현실의 본질적 의미를 추적하는 실마리가 된다. 이 추적을 위해 우리는 밀그램과 키시노의 정의로 잠시 되돌아갈 필요가 있다.

이미 언급되었지만, 밀그램과 키시노는 혼합현실을 "완전한 현실의 환경과 완전한 가상의 환경 사이를 잇는 가상성의 연속체 위 어딘가에서 현실 세계와 가상 세계가 결합하는 곳"[24]으로 규정하였다. 이러한 규정의 토대는 사실 밀그램의 "가상-현실 연속체(Reality-Virtuality Continuum)"라는 개념이다. 그렇지만 밀그램과 키시노의 혼합현실에 대한 정의와 규정에 있어 한 가지 의문이 제기될 수 있다. '어떻게 현실 세계와 가상 세계가 결합되는 것인가? 혹은 결합될 수 있는가?' 물론 기술적으로 혹은 일상적 사용에서 보이듯이, 현실에 가상의 정보를 덧씌움으로써 혼합현실 기술은 가상 세계와 현실 세계를 결합한다. 하지만 이것만으로는 이 두 세계의 결합을 충족적으로 설명할 수는 없다. 왜냐하면 이 두 세계의 결합은 거대한 이념적 변화를 수

반하고 있기 때문이다.

우리가 앞서 살펴보았듯이 현실 세계와 가상 세계는 대립된 세계들로서, 특히 근대의 이원론의 토대 위에서는 실체적으로 이질적인 세계들로 이해된다. 이러한 의미에서 근대의 이원론적 토대 위에서는 질적으로 구분되어 대립된 두 세계는 연속적인 관계로서 이해되지 않는다. 따라서 이 두 세계를 최소한 연속적인 관계로 이해하자면, 이 두 세계가 질적으로 구분되어 대립되어 있다는 이념의 전환이 요구된다. 우리는 이러한 이념적 전환의 토대를 디지털 컨버전스의 흐름 속에서 이해해 볼 수 있다. 디지털 컨버전스의 흐름은 대립이 아닌 수렴의 방향에서 진행되기 때문이다.

디지털 컨버전스의 흐름이 나아가는 수렴의 지향성 속에서 대립은 지양되며, 대립의 지양은 결국 '연속체(continuum)'라는 구상을 가능케 한다. 이로써 가상과 현실은 그 이질적 대립을 넘어 연속체로서 수렴되는 것이다. 따라서 디지털 컨버전스의 관점에서 보면, 혼합현실은 가상과 현실이 수렴되는 컨버전스의 한 예, 다시 말해 가상과 현실의 디지털 컨버전스의 결과가 바로 혼합현실인 것이다.

이러한 이념의 전환은 기술적 차원에서만 모색되고 이해되는 것은 아니다. 피에르 레비는 '가상'의 본래적 의미를 분석함으로써 전통적인 가상과 현실의 대립을 부정한다.

'virtuel'이라는 단어는 중세 라틴어 'virtualis'에서 유래하였다. 이 단어는 힘, 능력이라는 뜻의 'virtus'에서 유래한 것이다. 스콜라철학에서는 실행 상태가 아니라 잠재된 힘의 상태로 존재하는 것이 가상적(virtuel)

인 것이었다. 가상적인 것은 현실적인 것으로 구현되려는 경향이 있지만, 실제적으로 혹은 형태적으로 구체화되지는 않는다. 가령 나무는 씨앗 안에 가상적으로 존재한다. 철학적 엄밀성에 입각한다면, 가상과 대립되는 개념은 실재(réel)가 아니라 현실(actuel)이다. 다시 말해서 가상성과 현실성은 존재의 두 가지 다른 방식일 뿐이다.[25]

피에르 레비는 실재성이 'virtuality(가상)'와 'reality(현실)'[26] 모두에 부여되어 있다고 봄으로써 이 둘 사이에 설정되었던 근대적 전통의 대립적 구도를 거부한다. 인용된 구절에서 확인할 수 있듯이 이러한 전통적 대립 구도가 거부될 수 있는 근거는 'virtus'에서 연원된 가상은 언제든 실제적으로 구현될 수 있는 것이기 때문에, 가상과 현실을 실재성이라는 기준으로 구분할 수 없다는 것이다. 따라서 이 가상과 현실 간에는 단지 논리적인 차이만 있을 뿐이다.[27]

피에르 레비의 주장처럼 가상과 현실 모두 실재성을 갖는 이상, 가상이 현실을 닮아야 할 더 이상의 필요는 없다. 다시 말해 가상현실처럼 가상을 '현실보다 더 현실 같은' 혹은 '실재보다 더 실재 같은' 것으로 만들 이유가 사라지는 것이다. 가상이 가능성을 응축하는 잠재태로서 그 실제적 구현 속에서 현실과 연속된다는 점에서 피에르 레비의 구도는 최소한 표면적으로는 밀그램과 키시노의 가상-현실 연속체 구도와 부합한다.

물론 이 둘을 같은 것으로 볼 수는 없겠지만, 이 구도들이 최소한 표면적으로 부합한다는 점에서 유사한 문제점을 내포한다. 우선 피에르 레비에 있어 가상의 실재성은 현실에 의해 의존적으로 인정된다. 가상이 실제로 구현되지 않을 수도 있지만, 그렇다고 해서 구현의 가능성과 결코 무관할 수는 없기 때문이다. 다시 말해 가상은 실제로 구현될 수 있다는 가능성에 기초하여 그 실재성을 획득하게 되는 것이다. 그는 이를 비유적으로 말하기도 하는데, 가상 혹은 가상화는 "현실의 창조를 전달하는 하나의 주요한 수단이다."[28] 혼합현실 기술에 있어서는 이러한 가상을 수단으로 간주하는 경향이 보다 분명하게 드러난다. 기술적으로 혼합현실은 가상의 정보가 현실에 부차적으로 덧붙여짐으로써 구현된다. 따라서 가상의 실재성은 이러한 덧붙여짐에 의해, 다시 말해 현실에 가상화된 정보를 제공한다는 부차적 조건이 됨으로써 그 실재성을 인정받게 되는 것이다. 그렇지만 가상이 현실만큼의 실재성을 갖는다는 것과 가상과 현실이 연속체라는 의미에서 실제로 있음과 없음 혹은 가상과 현실을 더 이상 존재론적으로 구분할 필요가 없을뿐더러, 가상의 실재성이 의존적으로 인정되는 것이라면, 가상은 여전히 인간의 본질적 존재 영역으로 간주될 수 없다.

우리는 여기서 가상과 현실의 관계성에 대한 물음이 '나', 즉 인간의 존재 문제와 결부되었다는 점을 상기해 볼 필요가 있다. 그럴 수밖에 없는 이유는 인간 존재는 그의 삶에서 드러나고, 인간의 현실이란 그의 존재가 드러나는 삶 그 자체이기 때문이다. 우리가 이미 가상현실에 대한 논의에서 살펴보았듯이, 전통적인 관점에서 가상의 실재성을 확보하려는 시도는 가상에 있어 '나'의 존재 터가 마련될 수 있는가의 문제였다. 만일 '나'의 존재 터가 가상에서 마련될 수 있다면, 그것은 이미 가상이 아닌 현실이다. 더 나아가 만일 '나'의 존재

터가 가상에서만 마련된다면, 오히려 그것이 현실이며, 우리가 상식적으로 이해해 온 현실은 역으로 가상으로 간주된다. 반대로 이러한 현실에, 다시 말해 상식적 혹은 연장적 혹은 물질적 현실에 기초한다면, —근대의 과학적 전통이 보여주는 바와 같이— '나'는 물리적 존재, 즉 육체로서의 '몸'으로 규정되며, 가상은 '나'의 존재 터에서 제외된다. 따라서 '나'와 '몸'이 별개의 것이 아니라면, 가상과 현실의 관계성에 대한 문제는 결국 '나'와 '몸'의 의미에 대한 새로운 이해를 요구하게 된다. 이것은 또한 가상-현실 연속체로서의 혼합현실이 이념적으로 요구하는 바이기도 하다. '나'와 '몸'이 구분되지 않지만, '나'가 가상과 현실 모두의 특성을 공유하는 혹은 가상과 현실 모두에 존재할 수 있다면, '몸' 역시 물리적 실체로서의 육체로만 규정될 수는 없기 때문이다.

그러나 혼합현실에 대한 기술적 이해나 일반적 이해는 가상과 현실, '나'와 '몸'을 구분하는 전통에서 자유롭지 못하다. 이러한 까닭에 혼합현실에서 새롭게 드러나는 가상과 현실, '나'와 '몸'의 관계를 또다시 근대적인 이원론으로 귀착시키곤 한다. 낯섦을 익숙한 해석 방식에 다시 짜 맞추려는 것은 일반적인 경향이기도 하다.

남성 범주와 여성 범주 어느 쪽에도 들어맞지 않는 몸과 조우하는 순간, 이러한 범주 자체가 점하고 있던 현실이라는 위치는 위기를 맞게 된다. 이제 젠더는 더 이상 자연스러운 현실이 아니라 변화 가능한 것임이 폭로되는 것이다. 그런데 대부분의 사람들이 이러한 몸과 마주했을 때 보이는 반응은, 자신의 눈앞에 있는 몸을 '현실이 아닌 것'으로 치부해 버리는 것이다. 그 몸을 신기한 것 또는 '예외'로 취급하며, 어떻게든 그 몸을 남/여 이원론에 다시금 끼워 맞추려 애쓴다.[29]

가상과 현실의 디지털 컨버전스는 가상-현실 연속체로서의 혼합현실을 추동시킴으로써 가상과 현실을 통일시킨다. 이 통일은 가상이 현실과 괴리된 것이 아니라 그 또한 현실이라는 점을 제시한다. 이 둘이 이질적인 이상 가상과 현실은 연속이 아닌 병립일 따름이기 때문이다. 또한 근대 이원론적 전통과는 달리 가상과 현실이 이질적이지 않다면, 우리는 이 둘을 인식론적으로도 존재론적으로도 굳이 구분해야 할 필요성을 갖지 않는다. 따라서 가상과 현실의 통일 속에서 현실을 가상으로 환원하거나 가상을 배제하는 것이 아니라, 그 모두 '나'의 존재 터로서 '살아 있는 현실(lived reality)'[30]일 따름인 것이다. 신화는 우리 본래의 삶이 참여와 몰입을 통해 상상과 현실을 넘나들어왔다는 것을 은유적으로 보여준다. 그리고 사실 이것은 현재 우리의 삶의 모습이기도 하다.[31] 이것이 바로 기술로서의 혼합현실이 갖는 근본적인 의미인 것이다.

따라서 혼합현실을 단지 기술로서만이 아니라 인간의 본질적 삶의 조건으로서도 활용하기 위해서는 그것을 문화적 맥락 속에서 이해해야만 한다. 왜냐하면 기술뿐만 아니라 인간의 삶을 모두 포괄하는 것이 바로 문화이기 때문이다.

제3장

디지털 문화 산업의 기초로서의
디지털 텍스트

증강현실을 포함하는 혼합현실 기술의 발전은 이른바 디지털 문화산업의 새로운 기폭제가 되고 있다. 혼합현실 기술은 일종의 혼종 현상이다. 그것은 인간의 자연적 감각을 통해 구성되고 체험되는 현실에 디지털 기술에 의해 재현된 현실이 뒤섞이는 것이다. 여기에는 모종의 이질성이 작용하고 있지만, 그럼에도 그것 자체는 의미론적 통일성을 가진 또 하나의 '현실'로 체험된다.

이 새로운 현상이 그러나 오롯이 새롭기만 한 것은 아니다. 인간에게 상상력은 현실을 체험하는 필수적인 구성 요소이며, 그 상상력이 디지털 기술에 의해 재현되었을 뿐이기 때문이다. 그런데 이렇게 이질적으로 보이는 두 가지 '재현양식'이 하나의 '현실'로 통합될 수 있는 가능성은 어디에 있는가? 유력한 대답은 우리가 '현실'이라고 일컫는 체험의 장이 디지털 텍스트로 채워질 수 있는 공간이라는 점에서 착안할 수 있다.

예컨대, 스마트폰을 이용해 자신에게 마주해 있는 여러 건물들의 정보들을 읽어낼 때, 그가 화면을 통해 읽어내는 정보는 디지털화한 통로를 통해 제공되는 것들이다. 따라서 그 정보 역시 디지털화 되지 않는 한 우리가 체험하는 현실의 장(場)안으로 들어올 수 없다. 즉 그 정보들은 0과 1의 단순한 반복적 순서의 변화에 따라 재구성된 것들이다. 따라서 증강현실을 포함한 혼합현실 기술의 토대는 우리의 감각 정보를 포함하는 모든 정보를 디지털화한다는 것에, 다시 말해 모든 것을 디지털 텍스트로 변화시킨다는 것에 기초해 있다.[32]

이를 좀 더 자세히 살펴보자. 혼합현실은 인간의 상상력과 욕망이 기술적으로 구현된 가상세계가 단순히 '허구적'이라는 한계를 극복하지 못하였기 때문에 제안된 기술적 대안이었다. 그 한계의 핵심은 '현존감(presence)'이다. 비록 기술적으로 우리의 감각적 요구를 만족시킨다고 하더라도, '행위를 통한 참여'를 체험하지 못한다면, 결국 말 그대로 '가상' 혹은 '허구'의 세계에 머물러 있다는 느낌을 벗어나지 못하기 때문이다. 혼합현실은 가상과 현실이 혼재됨에 따라, 혹은 현실 세계와 디지털화된 세계가 서로 뒤엉킴에 따라 그런 현존감을 제고하려는 기술이다.

이때, 우리가 주목해야 할 것은 그런 혼합현실이 어떻게 가능한지를 묻는 일이다. TV 광고에 나오듯, 스마트폰을 이용해서 자신의 시야에 들어온 현실 공간에 실재하고 있는 건물의 정보를 읽어내는 일, 나아가 홀로그램을 이용해 허공에 대상을 투사하고, 그 대상을 손으로 조작하는 느낌 등은 우리의 자연적 현실과 디지털 기술을 통해 재현되는 감각적 현실이 혼종됨을 의미한다. 이러한 혼종은 우리의 현실이 디지털화되어 있거나, 원리적으로 될 수 있음을 전제로 한다.

이처럼 혼합기술 현실의 밑바탕에는 우리가 체험하는 다양한 현실들을 디지털 텍스트로 변환할 수 있다는 믿음이 깔려 있다. 모든 것을 디지털 텍스트로 변환할 수 있다는 믿음, 곧 '판텍스트화(Pantextualization)'이다. 이러한 믿음을 잘 보여주는 상징적인 예가 바로 마이크로소프트 사의 '마이라이프비츠 프로젝트(My Life Bits Project)'이다. 이는 인간 삶의 모든 것을 텍스트로 저장하려는 기획이다.

당신이 선택만 한다면 당신이 보는 모든 것들은 카메라에 자동으로 찍혀 당신의 전자 기억 내의 개인 이미지함에 저장될 것이다. 당신이 듣는 모든 것들도 디지털 오디오 파일로 저장될 것이다. 음성 파일뿐만 아니라 영상도 정확하게 스캔되어 당신의 모든 생활은 검색 가능한 텍스트 파일로 저장될 것이다.[33]

인간의 기억은 근본적으로 불완전하다. 모든 것을 다 기억할 수는 없기 때문이다. 그것은 우리의 인지적 정보처리 능력의 한계이기도 하고, 인간의 '뇌'라는 저장 장치의 물리적 한계이기도 하다. 디지털 기술은 그런 한계를 극복할 수 있는 유력한 대안으로 여겨지고 있다.

누구나 마음만 먹는다면 살아가는 동안 디지털 일기나 전자 기억을 계속해서 만들어 갈 수 있다. 애써 노력할 필요도 없다. 당신이 평소 착용하는 셔츠의 단추, 펜던트, 넥타이 클립, 라펠핀, 브로치, 시곗줄, 팔찌의 비즈, 모자 창, 안경 프레임, 귀걸이에 매우 작은 카메라와 마이크, 위치 추적기 같은 기기를 설치해서 일상을 저장하기만 하면 된다. 정교한 감지기를 몸 안에 이식해서 건강 상태를 체크할 수도 있다. 당신 주변에 있는 도구와 전자기기들에 내장된 다양한 감지기들은 개인 감지기 네트워크로 연결된다. 이것으로 당신과 당신 주변에서 일어나는 모든 일들을 빠짐없이 저장할 수 있다.[34]

디지털 시대의 텍스트는 단지 글만이 아니다. 텍스트의 가장 기본적인 기능은 재현(representation)에 있다. 소리, 영상 등 과거에는 기억 속의 텍스트로만 남아 있을 수밖에 없던 것이 적어도 원리적으로는 디지털 기술에 의해 저장되고 현재화될 수 있다. 인간의 감각적 경험 전체가 보존 가능하고, 따라서 재현될 수 있는 텍스트가 될 수 있다. 다만 그때도 여전히 그렇게 보존된 것들을 어떻게 활용할 것인가의 문제는 남는다. 이 문제는 재현의 차원과는 다른 차원에서 새로운 문제를 던진다. 그것은 합리성의 문제이다.

그저 모든 것을 저장한다는 것은 의미가 없다. 마치 역사가가 과거의 다양한 사료들 중에서 과거를 재현하듯, 우리가 우리의 삶을 재구성하기 위해 접근하는 과거는 (단, 디지털 기술에 의한 기억은 자연적인 기억보다는 훨씬 정확하겠지만) 여전히 선택적이며, 이러한 선택의 과정에는 무엇이 중요하고, 무엇이 덜 중요한지를 결정해야 하기 때문이다. 이러한 사정은 비단 '마이라이프비츠 프로젝트'와 같은 기억의 문제만이 아니라, 우리 주변을 배회하고 있는 정보와 그 정보 처리 과정 일반에 적용된다. 그런 점에서 디지털 시대의 합리성은 과거의 합리성 개념과는 좀 더 다른 관점에서 접근할 필요가 있다.

이러한 사정을 압축적으로 상징하는 것은 우선 텍스트 개념의 변화이다. 합리성 개념은 우리가 체험하는 현실과 불가분 관계를 맺는다. 이때 텍스트 개념을 조금만 확장해 보자. 그래서 혼합현실을 포함하는 다중현실 자체를 우리가 '체험하는 현실'이라고 가정해 보자. 그리고 어떤 텍스트든, 그것을 해독하기 위해서는 모종의 합리성이 전제된다는 사실을 기억해 보자. 그러면 디지털 텍스트 기반 사회에 요구되는 합리성은 전통적인 합리성과는 다른 관점에서 접근해야 한다는 요구가 생긴다. 왜냐하면 텍스트 개념이 근본적으로 변했기 때문이다.

제1절 · 디지털 텍스트를 통한 현실의 재구성

1. 디지털 기술의 발전과 텍스트 범주의 변화 : 문자 중심의 텍스트로부터 판텍스트(Pantext)로

디지털 기술의 발전에 따라 확장된 텍스트 개념은 존재하는 모든 것을 텍스트화한다. 텍스트는 이중적이다. 정보를 저장하기도 하고, 정보를 매개하기도 한다. 맥루언이 모든 것을 미디어로 본 것과 유사하게 디지털 기술은 모든 것을 텍스트화 한다. 이러한 판텍스트화(Pantextualization)야말로 디지털 기술을 통해 우리가 지각하는 현실을 재구성하는 것을 가능케 하는 토대이다.

특히 유비쿼티 상황에서 혼합현실의 기술적 구현은 이러한 현상을 가속화시킨다. 존재하는 모든 것이 정보를 저장·매개·전달할 수 있는 통로가 될 수 있기 때문이다. 건물, 자동차, 유리창 등 모든 것이 인간과 정보 교류를 할 수 있다. 그리고 그런 한에서 텍스트라고 말할 수 있다.

이러한 사정은 한편으로 인간의 의미론적 가능성을 극적으로 구현해 낸 것이기도 하지만 다른 한편으로는 존재하는 모든 자연물에 '인간적인 의미'를 부여하는 고대 신화적 세계관의 기술적 실현일 수 있다. 예컨대 맥루언은 이러한 점을 TV 문화로 상징되는 전자시대의 등장과 더불어 지적한 바 있다.[35] 즉 전자 매체들은 활자 매체와 달리 청각적·촉각적 문화를 자극하고, 이는 고대 신화적 문화의 부활을 의미할 수 있다. 존재하는 모든 대상들이 우리에게 말을 걸어오기 때문이다. 마치 물활론적 세계관과 같이, 그저 멈추어 서 있는 사물로서가 아니라 서로 소통하며 정보를 교류하는 것이다. 유비쿼티 상황에서는 그 어떤 것도 그저 '사물'이기만 것이 아니다.

이러한 판텍스트화는 무엇보다 신화를 이 세계 바깥으로 밀어낸 근대와 대비된다. 근대의 문화는 문자를 중심으로 하는 시각 중심의 문화였다. 따라서 텍스트를 해독하는 중요한 감각 역시 시각이다. 반면 디지털 텍스트들은 원리적으로 모든 감각들을 활용할 수 있거나 변환될 수 있다. 그런 점에서 디지털 기술의 발전은 구텐베르크적 문화에 근본적인 변동을 초래하고 있다.

가령, 구텐베르크적 문화에서 텍스트는 무엇보다 활자들의 체계였다. 그러나 만약 우리가 텍스트를 정보의 집적체라고 간주한다면,

활자만이 아니라 그림이나 사물 등 모든 것이 정보를 담지하고 있다고 간주할 수 있다. 근대 이전의 문화, 예컨대 종교적인 그림들이나 조각상들 역시 훌륭한 텍스트라고 할 수 있다. 중세 시대 성당 곳곳에 설치된 제단화와 조각상들은 성경이 전하는 역사를 생생하게 그려 보인다.

그러나 그림이나 조각상 혹은 사람들 사이에서 전달되는 구술 텍스트 등은 정보 집적량도 적고, 전달도 용이하지 않다. 그에 반해 활자 텍스트의 용이한 복제 가능성을 생각한다면, 구텐베르크적 혁신이 얼마나 큰 변화였는지를 짐작하기는 어렵지 않다. 적어도 정보처리의 관점에서 보면 그것은 일종의 혁명과도 같다고 말할 수 있을 것이다.[36] 따라서 근대의 활자 문화는 텍스트의 개념을 단일화시킬 수 있는, 혹은 텍스트 개념의 대표 표상으로 활자를 내세울 수 있는 충분한 동기를 갖고 있었다.

그러나 디지털 기술은 원리적으로 모든 것을 텍스트화 함으로써 활자가 텍스트의 전형이라는 도식을 붕괴시킨다. 이는 무엇보다 활자조차도 0과 1이라는 이진수로 번역될 수 있다는 상황으로부터 비롯한다. 문자는 더 이상 가장 기초적인 상징이 아니다. 오히려 모든 문자들을 번역해 내는 이진수가 더 기초적이다. 물론 이때의 '기초적' 성격은 현실적 체험이나 그런 체험의 의미를 재현해 내는 수단으로서의 의미다. 달리 말해 어떤 재현 수단이든, 그것이 문자든, 그림이든, 소리든 디지털 기호(즉, 0과 1이라는 이진수)로 번역 가능하다. 이러한 디지털 기호의 가소성은 재현 가능성을 극대화하며, 결국 모든 것을 텍스트화하는 일도 가능케 한다. 원리적으로 보자면, 의미를 저장하고 재현하는 모든 수단을 디지털 기호로 환원하는 것이다.

혼합현실을 포함하는 다중현실 기술은 이러한 디지털 기술의 인식론적 환원주의에 기초해 있다. 예컨대, 혼합현실이 기술적으로 구현되는 양상은 다양하다.

① 물리적 실재에 정보들 덧씌울 수도 있고,

② 모니터를 기반으로 감각 정보를 재편할 수도 있고,

③ 빈 공간에 감각 정보를 투사함으로써 물리적 환영(phantom)을 만들어 낼 수도 있으며,

④ 전달하고자 하는 정보와 존재 성격이 다른 대상물을 미디어로 활용하여 재현해 낼 수도 있는 등 다양하다.

바로 이러한 기술적 다양성이 존재하는 모든 것을 텍스트로 변환시킨다. 재현 기술의 발전은 곧바로 인간이 체험하는 현실의 개념적 의미를 변화시킨다. 다른 무엇보다 가장 기초적이라 여기는 감각 체험을 조작할 수 있기 때문이다.

2. 지각 및 감각의 디지털화 : 버추얼 리얼리티의 한계와 그 대안

모든 것이 텍스트가 될 수 있다는 사실은 자연적 인간의 (정보의 생산 및 수용 기관으로서) 지각과 감각이 디지털 기술을 매개로 확장되었다는 것을 의미한다. 맥루언의 지적대로 이는 전자 시대, 나아가 디지털 시대의 전형적 특징이다. 그러한 확장 가능성은 물론 재현의 구성 요소로서 디지털 기호의 단순성과 뛰어난 가소성에 기초한 것이

기도 하다.

그런데 지각과 감각이 디지털 기호로 번역 가능하다는 것은 우리가 직접적으로 체험하고 있는 현실이 디지털 기호로 번역 가능하며, 나아가 조작 가능하다는 것을 의미한다. 이로써 현실의 한계도 확장된다. 지각과 감각은 우리가 현실을 체험하는 가장 기초적인 인식론적 토대이기 때문이다. 결국 디지털 기술을 통해 지각과 감각이 번역될 수 있다는 것은 우리가 체험하는 현실과 그 현실을 넘어선 가상 사이의 경계가 모호해졌다는 것을 함축한다.

대중들을 사로잡았던 영화 〈매트릭스〉는 이렇게 현실과 가상 사이의 경계가 모호해졌음을 드라마화했다. 이는 이중의 징후이다. 즉 전통적인 가상/현실 이분법을 포기해야 하는 시대의 도래를 알리는 동시에, 감각이나 지각이 더 이상 우리가 현실을 판단하는 지표가 아닐 수 있음을 기술적으로 드러낸 것이다.

이는 또한 우리가 체험하는 모든 존재자의 본질적 범주가 유동하고 있다는 것을 의미한다. 어떤 것이든, 인간이 자연적인 감각을 통해 지각하는 대로의 그것만은 아니다. 또한 그 역으로 우리가 상상하는 것들이 실체 없이도 '현실적으로' 재현될 수 있다는 것을 의미한다. 때문에 우리의 현실이 '풍요로워'질 수 있는 가능성 또한 드러난다. 더욱이 우리의 상상이 대개의 경우 우리의 욕망으로부터 비롯되기 때문에, 상상 자체가 하나의 상품으로 간주될 수 있다.

가상현실(Virtual Reality)의 이념은 우리가 체험하는 현실 개념을 극도로 확장함으로써, 존재하는 모든 것은 물론 생각할 수 있는 모든 것들 재현해 내려는 이념으로 전화한다. 그러나 현재 그러한 이념은 좌절된 것처럼 보인다. 이는 무엇보다 감각적 재현만으로는 우리의 자연적 현실이 제대로 모사되지 않았기 때문이다.

감각적 체험은 분명 우리의 현실을 구성하는 가장 기초적인 요소들 중 하나이다. 따라서 가상현실 기술이 시각과 청각을 중심으로 한 감각적 체험을 재현해 냄으로써 체험자로 하여금 재현된 공간 안에 실재하는 '느낌'을 줄 수 있으리라 기대하는 것은 자연스럽다. 그럼에도 불구하고 많은 경우 그런 체험이 단지 시지각의 환상으로만 여겨진 까닭은 마치 우리가 신기루를 잡기 위해 손을 휘젓는 것처럼 좀 더 기초적인 감각, 즉 촉각을 제대로 구현내지 못했기 때문이다. 비록 3D 콘텐츠들이 우리의 감각장을 마치 있는 그대로 재현해 낸다고 하더라도 그 감각장 안의 것들과 서로 '접촉'할 수 없다면, 몰입감을 느끼기 어려운 것이다. 다시 살펴보겠지만 이는 근대를 주도했던 감각, 즉 시각 중심으로 세계를 재편하려 했던 형이상학이 벽에 부딪쳤음을 상징한다.

앞선 논의에서 살폈던 것처럼 몰입감 혹은 '현존감(presence)'은 시각과 청각만으로는 충족되지 않는다. 터치폰과 같이 촉각을 강조한 상품이 각광을 받은 것도 이런 맥락에서 이해할 수 있다. 최근의 스마트폰 디자인들이 촉각을 재현하는 데 몰두하는 이유 역시 마찬가지다. 촉각은 저항감을 통해 '타자'와의 직접적 접촉을 느끼게 해주는 감각이다. 여기에 우리가 주목해야 하는 또 다른 지향점이 숨겨져 있다. 가령 최근의 디지털 기술이 설령 촉각을 재현해 낸다 하더라도 그것이 단순히 감각적 충족만을 목표로 할 경우, 여전히 한계에 부딪칠 것이라는 점이다. 촉각이 의미하는 인간 현실은 타자와의 접촉적 관계, 즉 참여와 소통이기 때문이다. 이러한 한계를 극복하고자 시도된 기술적 시도가 바로 혼합현실이다.

3. 혼합현실 : 디지털 텍스트를 통한 현실의 재구성

혼합현실은 사실상 디지털화한 존재와 텍스트들을 통해 재구성된 현실이다. 좀 더 정확히 말하자면 물리적 실재와 디지털 '실재'들이 혼종된 상태이다. 더욱이 물리적 실재와 디지털 실재가 디지털 정보를 통해 서로 교류하고 있는 상태이다. 그런 점에서 그동안 '현실'이 '가상'에 대해 갖고 있던 인식론적·존재론적 우선성은 소거된다. 물리적 실재들마저 그것이 우리의 체험 공간 안에서는 디지털 텍스트로 변화될 수 있기 때문이다. 예컨대 우리의 지각장 안에 펼쳐진 현실의 물리적 실재 역시 빛과 전기적 신호로 다시 번역될 수 있는 디지털 텍스트들일 뿐이다. 다시 말해 인간이 경험하는 현실은 디지털 텍스트로 번역할 수 있으며, 거꾸로 디지털 텍스트로 작성될 수 있는 것들은 기술적으로 구현 가능한 현실이 될 수 있다.

그 경우 드러나는 것은 무엇이 인간 삶의 현실에 인과적 영향력을 행사하는가에 대한 자명해 보이는 판단의 불확실성이다. 만약 인공적으로 구현된 현실이 일상 속에서 자연적인 인과적 영향력을 행사할 수 있다면, 사실상 현실과 가상이라는 구분은 무너지게 된다. 근대적 관점에서는 이를 일종의 착란증적 증상으로 간주해 왔다. 그러나 이제는 이를 새로운 관점에서 고찰해야 할 것이다.

무엇보다 근대를 지배하던 합리성 개념에 근본적인 수정이 가해질 수 있다. 왜냐하면 현실과 가상의 이분법의 토대가 바로 근대적 합리성이었기 때문이다. 근대, 특히 계몽주의 시대가 신화를 박물관이나 인류의 원시성 속에 밀어 넣을 수 있었던 것은 그것이 한낱 허구에 불과한 것이었다는 믿음이 있었기 때문이었다. 그러나 디지털 기술의 재현 미학은 현실과 가상의 경계를 소거함으로써, 그런 믿음이 기술적으로 제거될 수 있음을 보여주고 있기 때문이다. 따라서 더 근원적인 물음은 우리가 체험하는 현실이 어떻게 구성되는지를 묻는 일이다. 말하자면, 본래 인간의 삶은 허구와 실재가, 가상과 현실이 혼재되어 있는 세계인지도 모르기 때문이다. 최소한 감각적 혹은 지각적 체험을 가지고 현실과 가상을 구분하는 근대적 형이상학은 붕괴하는 것처럼 보인다. 자연적인 감각이나 지각도 결국은 '있는 그대로'가 아니라 '재현'의 양상들 중 하나이기 때문이다.

제2절 · 디지털 텍스트화와 감각적 통합의 문제

1. 디지털 미디어 기술의 발전과 구텐베르크 갤럭시의 종언

디지털 미디어 기술의 발전은 활자 중심의 시각 문화 사회로부터 통합적인 공감각적 사회로 이동을 가속화한다. 더욱이 디지털 기술에 의해 확장된 텍스트 개념은 의사소통 양식을 근본적으로 바꾸어 놓음으로써 그러한 문화변동을 가시화시키고 있다. 이를 통해 근대의 선형적 문화는 근본적인 변동을 겪을 수밖에 없다. 무엇보다 활자 텍스트의 선형성에 기초한 근대적 문화는 선형적 세계관을 유도하지만, 비선형적 디지털 텍스트들에 기초한 문화는 마찬가지로 비선형

적·다층적·네트워크적 세계관을 요구하기 때문이다.[37]

우선 언어(language)는, 그것이 말이든 글이든 간에 우리의 감각을 확장한 미디어이다. 맥루언이 화이트(L. White)를 인용하여 요약한 바에 따르면, "인간이 경험과 지식을 용이하게 운반하고 우리가 최대한 사용할 수 있는 형식으로 축적하는 것을 가능케 하는 도구"[38]이다. 언어를 이와 같은 기능적 관점에서 본다면, 디지털 언어야말로 그 기능을 극대화한 것이라고 말할 수 있다. 일종의 문명적 전환이라고 간주할 만하다. 가령,

> 인간의 발전에서 다음으로 중요한 터닝 포인트는 '문자 개발'이었다. 문자는 기억의 한계 때문에 더 이상 발전할 수 없었던 농경사회를 한 단계 더 발전할 수 있도록 도와줬다. 문자 덕분에 인간의 지식은 몇 천 년 만에 눈덩이 불어나듯 많아졌고, 최근에는 정보화 시대로 접어들 수 있었다. 20세기 중반에 들어서면서 디지털 컴퓨터는 기억을 돕는 창고 역할을 하며, 우리가 어떻게 지식을 관리해야 하는지에 대해 급속도로 새로운 변화를 유발했다.[39]

기술적으로 우리는 상상할 수 없을 정도로 많은 양의 정보를 아주 작은 물리적 공간에 저장할 수 있으며, 그런 지식들을 효과적으로 분류하고, 사용할 수 있는 시스템들을 갖출 수 있기 때문이다. 비록 그런 지식들 가운데 어떤 것이 어떻게 이용될 것인지와 관련한 합리성의 문제는 남아 있지만, 적어도 과거와 비교할 수 없을 정도로 커다란 변화가 일어났다는 것은 분명해 보인다.

이러한 변화가 가능한 것은 물론 그 정보들을 모두 디지털화할 수 있었기 때문이다. 그런데 만약 앞서 말한 것처럼 정보의 저장과 처리, 그리고 그에 따른 재현 양식의 변화가 시대적 문화를 구분하는 중요한 분기점이라면 분명 맥루언이 지적한 것처럼 구텐베르크 식의 우주는 종말을 맞았다고 말해야 할 것이다. 쿤(T. Kuhn) 식의 표현을 빌면 패러다임이 바뀌는 혁명이라고 해야 할 것이다.[40]

구텐베르크의 은하계가 종언을 고한다면, 그 은하계의 구성원리가 근본적으로 변화한다는 것을 의미한다. 예를 들어 미디어라는 개념 속에 함축된 '매개' 개념의 이행을 보자. "르네상스 이래 우리 문화는 시각 미디어에 대해 두 가지 뚜렷하게 대립되는 기대를 보여 왔다. 한 가지 측면에서 재현의 목적은 투명하게 보여주는 것이다."[41] 즉 근대적 세계에서 언어, 혹은 책이라는 미디어는 그것이 전달하고자 하는 정보를 가능한 한 투명(있는 그대로)하게 만들어 줄 때 의미가 있다. 근대가 허구를 그저 허구로만 바라본 까닭은 그것이 원본을 갖지 않는 것이었기 때문이다. 반면 또 다른 요구는 그렇다고 해서 매체 자체가 사라지길 바란 것은 아니라는 점이다. 볼터(J. D. Bolter)에 따르면 오히려 사람들은 매체에 둘러싸이길 원했다. 그들은 매체를 다시 매개하는 하이퍼 매개를 갈구한다. 다시 말해 매체를 단순한 매개의 수단으로서만이 아니라 매체 자체를 즐기기 시작한 것이다.[42]

이러한 이중적 욕망은 오늘날의 디지털 환경에서 어렵지 않게 찾을 수 있다. 다중현실은 디지털 매체를 통해 3D화면의 시각·청각·촉각 등 다양한 감각들을 활용하여 가능한 한 투명하게 매개하고자 한다. 반면 각종 스마트 기기들의 발전은 투명한 매개라는 본래의 목적

외에도 매체 자체를 즐기고 향유하려는 고유한 욕망을 반영한 것이기도 하다.

그런 점에서 디지털 기술의 발전이 유도한 변화는 이중적이다. 그 하나는 미디어 개념의 변화가 인간의 삶이 체험하는 시공간의 성격을 변화시키고 있다는 것, 즉 체험하는 세계의 구성원리가 변하고 있다는 것이고, 다른 하나는 그러한 변화에 연동해서 무엇이 참된 것인가, 혹은 무엇이 우리의 삶을 더 잘 설명해 주는가의 문제와 관련된 합리성 개념이 변하고 있다는 것이다. 물론 이러한 변화에도 불구하고 변하지 않는 것이 있다. 예컨대, 하이퍼 매개를 즐기려는 욕망과 마찬가지로, 인간 욕망의 구조 자체는 변하지 않고 있다. 디지털 기술의 혁신적 변화는 오히려 우리의 근원적인 욕망을 더욱 극단화시키고, 좀 더 조밀하게 충족시키려고 한다. 그런데 이는 하나의 역설이다. 왜냐하면 디지털 혁명이 모든 것을 다 바꾸는 듯이, 심지어 세계의 구성 원리조차 바꾸는 듯이 보이지만 실제로 그 변화는 변하지 않는 뭔가를 위한, 일종의 수단적 변화에 머물기 때문이다.

여기에 묘한 역설이 성립한다. 가령, 디지털 기술의 발전은 분명 근대라는 시각 문화로부터 공감각적 문화로의 이행을 가능케 한다. 맥루언의 말처럼 근대라는 시대가 오히려 시각만을 강조한 왜곡된 문화였는지도 모른다. 그렇다면 디지털 기술의 발전이 오히려 우리를 시간적으로 역행하게, 다시 말해 근대 이전의 신화적 세계로 복귀시키는 것인가? 그 답은 기술의 발전이 무엇을 위한 것인가라는 물음에 어떻게 이해하느냐에 달려 있다.

만약 우리가 쿤의 '혁명' 개념을 받아들인다면, 욕망의 체계 역시 변화해야 할 것이다. 그러나 욕망의 충족은 끊임없이 지연되는 것처럼 보인다. 과거와는 비교할 수 없을 정도로 자연스럽고 몰입감이 느껴지는 감각적 재현 기술의 발전에도 불구하고, 우리는 계속해서 '좀 더'를 요구하기 때문이다.

2. 디지털 텍스트의 문명사적 의미 : 시각적 문화로부터 공감각적 문화로의 이행적 역설

근대 사회가 여러 가지 방면에서 혁명적일 수 있었던 이유는 인쇄술의 발전을 통해 본격적인 활자 중심의 사회가 되었기 때문이다. 활자는 그 이전 사회와는 비교할 수 없을 정도의 지식 및 정보의 편재성을 가능케 했다. 따라서 이러한 사정에 의지해서 유추한다면 디지털 텍스트에 기반한 문화는 중세로부터 근대로의 이행처럼, 새로운 문화변동을 '불가피하게' 초래할 것이다. 그리고 오늘날 우리가 디지털 기술을 매개로 체험하는 것들은 그런 변화를 분명하게 보여주는 듯하다.

예를 들어, 다음의 두 사례를 보자.[43]

그림 19는 메시지를 재현하기 위해 이미지를 사용함으로써, 독자로 하여금 재현된 상황을 훨씬 실감나게 체험할 수 있게 해주고 있다. 이때 주목할 것은 '쾅'이라는 글자의 모양이다. 비록 정적인 이미지이기는 하지만 커다란 건물이 갑작스럽게 등장한 상황을 압축적으로 상징하기 때문이다. 이것이 근대적 상상력의 한 양상이다. 반면, 원태연의 〈가을비〉는 화면 안의 글자가 시간의 추이에 따라 실제로 빗물에 녹아내리듯 흐트러지고 있다. 그림 19의 만화가 근대적 활자

[그림 19] 정적인 이미지를 통한 메시지의 공간적 재현

이미지의 재현 가능성을 보여준다면, 원태연의 시는 디지털 기술이 만들어내는 공감각적 이미지를 활용한 재현 가능성을 단적으로 보여준다.

따라서 디지털 텍스트를 기반으로 하는 재현 기술은 분명 활자 중심의 시각 편향적 문화로부터 공감각적인, 보다 현실에 가까운 재현을 가능케 한다. 그런데 이러한 공감각적 문화는 적어도 맥루언의 설명을 따른다면 사실상 근대 이전으로 회귀한 것이나 마찬가지다. 다만 재현 양식이 우리의 요구나 욕망에 훨씬 더 잘 부응한다는 점에

 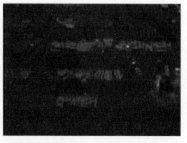

[그림 20] 원태연의 동영상 시, 〈가을비〉

서 다를 뿐이다.

근대가 시각 중심의 문화로 편향될 수 있었던 것은 활자가 갖고 있는 정확성과 정보의 집적성과 전달의 용이성 때문이었다. 그러나 그런 편향은 불가피하게 우리에게 내재해 있는 어떤 근원적인 욕망, 예를 들면 상상을 있는 그대로 재현하고픈 욕망들을 왜곡시킬 수밖에 없다. 가령, 어젯밤 꿈을 설명한다고 해보자. 꿈은 스토리를 가진 이미지들이다. 근대적 재현 양식은 그 꿈을 문자로 재현해 낼 수밖에 없다. 그러나 오늘날의 재현 기술, 특히 다중현실적 기술은 내가 꾸었던 꿈을 단순히 평면으로 표현하는 것이 아니라 입체적으로 표현할 수 있게 해 줄 것이다.

따라서 발전된 기술이 오히려 과거로 되돌아 간 듯한 역설처럼 보이는 구조, 즉 시각 중심의 근대 문화로부터 디지털 기술에 의지한 공감각적 문화로의 '회귀'라는 역설은 일종의 착시 효과이다. 우리의 본성에는 언제나 그런 재현의 욕망이 있기 때문이다. 따라서 디지털 기술은 유예되었던 욕망으로의 회귀나 부활이 아니라, 기술이 인간 욕망을 충족시키는 데 있어 더 근원적인 성취로 볼 수 있다.

그러나 그러한 표면적 역설 이면에는 또 다른 대립이 있다. 디지털 텍스트에 기반한 문화가 표면적으로는 공감각적이지만 실제로는 근대 활자 문화를 지배했던 선형적 합리성의 극단에 있는 이진법적 문화라는 점이다. 달리 말해 맥루언이 말한 전자 시대의 공감각적 문화가 사실은 고대 신화적 세계의 문화가 부활한 것이 아니라, 그런 문화가 기술적으로 다시 한 번 재현된, 하이퍼 매개의 상황에 있을 뿐이라는 것이다. 그렇다면, 여전히 우리의 욕망은 유예되고 있다고 해야 할 것이다. 이는 디지털 문화 시대의 삶의 양식을 설명하는 데 중요한 사실을 함축하고 있다. 즉, 디지털 기술에서 재현의 기술을 극대화하면서 우리는 주어진 현실을 넘어서는 더욱 강력하고 풍성한 현실 개념을 내놓지만, 그 현실은 여전히 우리에게 갈증을 불러일으킬 뿐이다. 재현 기술이 더 강력해질수록 그 갈증은 더욱 심화될지도 모른다.[44]

다만 어떤 경우든 분명한 사실은 우리가 체험하고 있는 현실이 바뀌고 있다는 것, 그것이 우리의 근원적인 욕망을 상징하는 신화적 공감각의 세계이든, 신화적 세계로 위장된 디지털 세계이든 우리가 체험하고 있는 현실이 변하고 있다는 사실이다. 이는 근대 세계가 강조한 무엇이 참된 세계인가에 대한 판단을, 그리고 그런 판단을 지배하는 합리성 개념을 흔들어 놓는다.

제3절 · 공감각적 텍스트화와 합리성의 문제

1. 활자 매체 시대의 합리성

근대 문화를 떠받친 활자 중심의 텍스트는 선형적이다. 예컨대 의미를 담아내는 수단으로서의 문장은 음절로, 다시 그 음절은 음소로 환원된다. 따라서 활자로 이루어진 거대한 텍스트는 음소들의 나열로 번역될 수 있다. 텍스트의 이러한 구조는 시대적 합리성 표준도 규정한다. 즉 활자 텍스트를 이해하는 기준과 방식이 곧 합리성의 기준이 된다. 가령 활자 텍스트를 이해하기 위해서는 시작과 끝이 분명한 일종의 논리적 구성을 이해하고 따라야 한다. 이렇게 텍스트를 이해하는 과정은 곧 사유하는 양식에도 영향을 미친다.[45] 근대적 사유의 특징이 논리적이고 선형적인 것은 바로 이런 탓이다. 따라서 만약 디지털 텍스트가 활자 텍스트와 근본적으로 다른 구조를 가진 것이라면, 그리고 새로운 문화가 디지털 텍스트에 의존한다면, 그 문화의 합리성 표준도 달라질 것이다.

맥루언이 보고한 사례는 이러한 사정을 단적으로 설명해 준다.[46]

아프리카 원주민촌에서 윌슨 교수는 원주민들의 위생 상태를 개선하기 위해 간단한 영상물을 만들어 상영했다. 그 영상물의 내용은 고인 물을 처리하는 방법, 비위생적인 주변을 정리하는 일 등을 담고 있었다. 그러나 실제로 원주민들이 주목했던 내용은 그런 메시지들이 아니라 화면에 우연히 지나간 닭이었다.

맥루언은 비문자적 사회인 아프리카 원주민들은 그 영상물이 전하고 있는 내용을 일관성 있게 읽어나갈 수 있는 훈련이 되어 있지 않다고 간주했다. 맥루언에 따르면 "문자 해독 능력은 사람들에게 이미지를 볼 때 초점을 갖고, 그것을 중심으로 보는 능력을 부여하고, 그리하여 우리는 전체적인 이미지나 그림을 한 번에 보고 그리도록 한다. 비문자적 인간은 이런 습관을 갖고 있지 않으며, 그래서 사물을 볼 때 우리처럼 보지 않는다."[47]

문자 혹은 활자적 세계와 그렇지 않은 세계의 거주민들이 세계를 보는 방식이 다르다는 맥루언의 통찰은 감각적 경험과 수학이 그려

낸 세계를 구분하는 근대 과학 혁명을 연상시킨다. 갈릴레이로부터 뉴턴에 이르기까지 근대 과학 혁명의 성과 중 하나는 우리의 감각적 체험이 실제 세계와는 다를 수 있다는 사실을 들추어 낸 것이다. 우리의 눈에는 분명 지구가 멈추어 서 있고, 태양이 도는 것처럼 보이지만 실제 세계는 빠르게 자전하며, 동시에 태양 주위를 무서운 속도로 회전하고 있는 지구 위에 펼쳐져 있다.

따라서 우리가 체험하는 현실 너머에 참된 세계가 존재하며, 진리는 바로 그곳에 있다는 믿음은 현실과 가상 사이의 선명한 이분법을 낳는다. 그리고 가상의 세계는 당연히 현실 세계에 인과적 영향력을 행사할 수 없다. 왜냐하면 그 두 세계는 완전히 이질적인, 하나는 진짜이고, 다른 하나는 그저 이미지의 재현에 불과한 세계이기 때문이다.

그러나 앞서 살펴본 것처럼 오늘날의 혼합현실 기술은 가상과 현실 세계 사이의 상호 작용을 통해 '허구'의 세계와 '실제' 세계를 혼종시키고 있다. 따라서 '허구'의 세계가 '실제' 세계에 인과적 영향력을 행사하는 것이 전혀 낯설지 않다. 이런 의미에서 근대적 합리성, 무엇이 참된 것인가를 결정하는 시스템은 더 이상 작동하지 않는 것처럼 보인다.

맥루언에 따르면, 신화적 세계로부터 근대 세계로의 이행에는 활자 기반 문화의 등장과 관련이 있다. 가령, 활자화된 텍스트를 보자. 하나의 활자 텍스트가 완결된 구조를 가지려면, 시작과 끝이 있어야 한다. 본론 뒤에 서론이 나오고, 서론 뒤에 다시 결론이 나올 수는 없다. 또 물리적인 관점에서 책은 일종의 폐쇄된 공간, 즉 첫 페이지로부터 마지막 페이지까지 완결된 의미체일 것을 요구한다. 이러한 텍스트를 읽고 해독하는 능력, 즉 처음부터 마지막까지 하나의 의미 완결체를 만드는 훈련이 바로 우리의 근대적 합리성이다.

이러한 의미에서 근대의 합리성은 철저하게 선형적이다. 원인과 결과의 연쇄 역시 원칙적으로 단선적이다. 더욱이 활자 중심 문화는 우리가 현실을 재구성하는 다른 감각들, 가령 청각이나 촉각들을 의도적으로 외면하게 만든다. 정보와 지식은 시각을 통해서 검증받아야 하기 때문이다. 책은 바로 그런 시각 문화의 상징이다. 청각이나 촉각적 정보가 보존되고 전달되려면, 시각이라는 수단의 매개를 거쳐야 한다. 문자 혹은 활자로 기록되어야 하기 때문이다.

반면 디지털 텍스트는 이런 사정들을 바꾸어 버린다. 예를 들어 디지털 미디어의 텍스트인 하이퍼텍스트를 생각해 보자. 색인(index) 기술을 확장한 하이퍼텍스트는 저자가 글을 쓴 방식과는 다른 독서 방법을 가능케 한다. 그것은 '원본'의 표준적 길을 무시할 수 있게 해 준다. 달리 말하자면 원래의 저자가 마련한 읽기 방식으로부터 벗어나 전혀 새로운 주제와 새로운 분석을 만들어 낼 수 있다.[48] 과거 근대의 활자 텍스트가 가졌던 닫힌 선형적 체계는 열린 소산적 구조로, 혹은 원리적으로 무한한 노드를 가진 네트워크 구조를 가진 텍스트가 된다. 말하자면, 하이퍼텍스트는 "단일한 단락, 페이지 순서 대신 여러 가지 경로를 제공함으로써 색인은 책을 트리 구조에서 네트워크로 탈바꿈시킨다.[...] 어떤 단일 주제가 다른 주제들을 지배하지도 않는다. 엄격하게 종속되는 대신 우리는 텍스트 공간을 누비듯이 지나가는 경로를 갖게 된다."[49]

물론 이러한 하이퍼텍스트의 특성은 디지털 기술이 만들어낸 결과이다. 그리고 근대의 텍스트 해독의 선형성을 붕괴시킨다. 맥루언의 말처럼, 근대 문화의 선형적 합리성이 근대를 지배한 텍스트 읽기에서 비롯된 것이라면, 그와 마찬가지로 디지털 네트워크 속의 하이퍼텍스트 읽기는 근대와는 다른 종류의 합리성을 낳을 것이다. 그리고 그런 예측은 틀려 보이지 않는다.

2. 공감각적 텍스트로서 디지털 텍스트의 합리성 : 입체적 합리성

근대의 활자 텍스트가 단선적 읽기를 강요한 데 반해, 디지털 텍스트로서의 하이퍼텍스트가 네트워크적 읽기를 가능하게 한다면, 그에 유비해서 근대의 선형적 합리성 역시 입체적 합리성으로 변모할 것으로 예상할 수 있다. 가령, 수요와 공급 곡선이 교차하는 가격 결정 균형점을 생각해 보자. 근대 경제학의 핵심을 이루는 이 가정은 기본적으로 선형적이다. 실제로 시장 내에서 존재하는 수많은 소비자들을 조사해서 점으로 표현하면 여기저기 흩어져 있는 소산적 구조로 표현될 것이다. 그 이유는 개개인의 상황 판단력, 경제적 조건, 그때그때의 감정적 상황 등 온갖 변수들이 작동해서 수요가 결정되기 때문이다. 그럼에도 우리는 그런 점들을 통계적인 균질화와 평균화를 통해 단선화한다.

이런 종류의 근대적 모델링에서 개체는 단지 집단을 이루는 균질한 구성요소일 뿐이다. 그런 점에서 개체의 요구는 획일화되고, 단지 선형적 연산의 소재일 뿐이다. 근대 사회는 바로 그런 연산에 의해 지배되어 왔다. 만약 우리가 원리적으로 각각의 소산적 점들을 일일이 고려할 수 있는 시스템을 갖게 된다면 어떻게 될까?

디지털 기술을 기반으로 하는 의사소통 시스템은 좌표 평면 위에 소산된 점들을 모두 연결시킴으로써 과거의 단순 곡선을 지워버리고 복잡한 망(net)구조로 만들어 버린다. 개개의 점들은 그 고유성을 지닌 각각의 노드들로, 따라서 새로운 경로를 만들어 낼 수 있는 교차로로 기능한다. 이러한 시스템은 근대의 선형적 체계와 달리 고도의 복잡성과 창발성을 산출해 낸다. 그 경우 창발성은 달리 말해 선형적 체계로는 설명되지 않는 새로운 현상들을 의미한다. 이는 각각의 노드로 작용하는 개체들이 새로운 경로들을 만들어 내는 하이퍼텍스트 구조에 기인한다. 더욱이 각각의 노드가 고유의 권한을 가지므로 그 노드들이 어떤 매개변수에 민감성을 갖느냐에 따라 시스템이 보여줄 수 있는 다양한 연결이 결정되기 때문이다.

이러한 의미에서 디지털 사회, 혹은 디지털 하이퍼텍스트가 대변하는 문화는 입체적 합리성을 요구한다고 말할 수 있다. 입체적이라는 표현은 경로의 무한성을 의미한다. 우리가 오직 두 개의 직선만 가지고 있을 때 만들어 낼 수 있는 공간은 2차원적, 즉 평면이다. 반면 여러 직선들이 서로 상이한 경로를 갖는 공간은 입체적이다. 이를 텍스트 개념과 연관시키면 다음과 같다. "인쇄 텍스트가 정적이라면, 하이퍼텍스트는 독자들의 접촉에 반응한다. 독자들은 다양한 독서 경로를 따라서 하이퍼텍스트 속을 움직일 수 있다."[50]

오늘날 디지털 공간에 구현되는 하이퍼텍스트는 단순히 문자만이 아니다. 그것은 영상일 수도 있고, 소리일 수도 있으며, 혼합현실에서 등장하는 건물이나 자동차일 수도 있다. 이런 점에서 과거 선형적으로 단순화하던 시대와는 다른 고도의 복잡성을 반영하는 것이 오늘날 디지털 문화에서 요구되는 합리성이라고 말할 수 있을 것이다. 이러한 합리성 개념의 변화는 문화적 행동 양식의 변화를 수반한다. 이는 한편으로 당연한 귀결이기도 하다. 왜냐하면 합리성은 어떻게 행동하는 것이 '더 좋은 것'인지를 결정하는 선택의 효율성을 의미하기도 하기 때문이다. 물론 볼터의 함축적인 표현, "다중 선형성과 상호 작용성이 정말로 하이퍼텍스트를 인쇄보다 더 나은 것으로 만드느냐 하는 문제는 문화적인 논쟁거리"[51]일 수 있기 때문이다. 그러나 그러한 가치 평가와는 별도로 우리 시대의 문화가 변화하고 있다는 사실은 부인할 수 없다.

고도로 복잡해진 디지털 네트워크 사회는 자연적 생태계에 유비할 수 있다. 근대의 선형적 합리성이 생태계를 단선적으로 환원함으로써 많은 문제들을 양산했듯이, 실제로 복잡한 우리의 현실을 관찰의 편의성을 위해 단순하게 환원하는 것은 오히려 문제가 되는 대상의 본질적 성격을 외면하게 만드는 것인지도 모른다. 자연적 생태계가 상호 작용의 망으로서, 특정 분야에서의 미시적인 변화가 그 체계 전체에 영향의 미칠 수 있듯이, 디지털 네트워크 사회 역시 시스템 구성요소들인 개인들의 미시적인 변화가 사회적 트렌드를 결정해 버릴 수도 있다. 다만 자연적 생태계와 디지털 생태계 사이의 차이는 (사실은 이것이 매우 중요한 차이인 것처럼 보이는데) 자연적 생태계가 오랜 시간을 필요로 하는 데 반해, 디지털 생태계는 매우 즉각적이라는 데 있다. 디지털 기술이 시간과 공간을 압축해 버렸기 때문이다. 따라서 디지털 생태계는 시스템의 하부를 이루는 개별 에이전트(agent), 즉 개인과 그런 개인들이 무리를 이루는 집단으로서 메타 에이전트들의 변화 양상을 거의 실시간적으로 반영할 가능성이 높다. 즉, 각각의 에이전트들이 시스템의 노드로서 고유의 경로를 가지는 한, 그들의 행위 경향을 결정짓는 다양한 매개변수들에 따라 시스템 자체의 유동성도 높아지고, 시스템의 균형을 맞추기 위한 피드백 역시 신속하고 민감해질 것이다. 결과적으로 디지털 컨버전스 사회는 개인과 집단, 혹은 더 큰 시스템 사이의 관계가 마치 자연적인 생태계가 그렇듯이 공진화할 가능성이 높다.

이러한 변화를 도식으로 정리하면 다음과 같다.

구분 특성	선형적 합리성	입체적 합리성
시기	근대적(pre-digital)	탈근대적(digital)
체계	요소-기계론적 체계	모듈 방식에 기초한 전체로의 체계
모델 특성 (매개변수와 복잡성의 증가 양상)	일차함수적·선형적	상관차원적·비선형적, 복잡계적
반응 양식	단일 목적에 대한 기능간 정합적 효율성·선형적 균형성 강조	다중 목적에 따른 다중적 효율성, 파동적·간섭적·되먹임적 구조, 공명성 등을 강조
형이상학적 특성	가상과 현실의 선명한 구분·단일 현실	가상과 현실의 구분 희박·다중 현실
개별 에이전트의 특성	현실지향적·선형적 가치체계에 따른 행동양식(집단적 가치체계)	체험지향적·다중적 가치체계에 따른 행동양식(에이전트의 개별적 가치체계)

메타 에이전트 특성	대중(mass), 경직된 피드백	다중적으로 분화된 무리(herd), 매개변수에 민감한 피드백
체계 특성	선형적 도식에 따른 예측 가능성	창발성 증가·공진화
체계변동 속도	1차 함수적	지수적

〈표 1〉 선형적 합리성과 입체적 합리성

제4절 · 디지털 텍스트 산업에 대한 전망

1. 디지털 텍스트 문화와 신부족화

인쇄 활자 문화에 기초한 근대 문화는 민족과 국가의 문화였다. 반면 디지털 텍스트 문화는 근대 이전의 부족 문화를 부활시킬 가능성이 높다. 현장성을 중시하는 구어적 문화는 의사소통 조건의 동질성을 확보한 사람들끼리 새로운 부족 문화가 트렌드화할 가능성이 높다. 예를 들어 애플사의 제품을 선호하는 그룹들 혹은 트위터, 페이스 북 등 새로운 SNS 서비스를 공유하는 집단들이 그렇다. 그들은 모종의 가치 체계를 공유하는 동질적 집단들이다.

　이러한 메타 에이전트들의 등장은 주로 의사소통 양식의 다양성을 적극적으로 활용하고, 그것을 집단의 정체성을 확립하는 기준으로 활용함으로써, 고유의 부족 문화를 만들어 낼 가능성이 높다. 만약 이러한 문화가 하나의 트렌드처럼 작동한다면, 그 의사소통 양식의 다양성은 곧 삶의 양식의 차별성으로 드러날 것이고, 그들의 의사소통 양식에 적합한 텍스트에서 드러나는 합리성이 그들의 행위를 결정짓는 표준적 가치체계가 될 수도 있다.

예컨대 하이퍼텍스트와 같은 네트워크적 디지털 텍스트, 그리고 트위터의 텍스트 같은 모바일 텍스트들은 대체로 길이가 짧다. 이는 속도가 생명인 디지털 사회의 특성이기도 하지만 그런 사회 속에서 성장한 에이전트들이 함께 공진화한 결과이기도 하다. 반면, 이러한 문화와는 다른 메타 에이전트들은 그와 같은 속도에 현기증을 내고 정반대의 올드(old) 텍스트들을 선호할 수도 있다. 이렇게 다양한 부족화는 디지털 기반 콘텐츠 산업이 겨냥해야 할 소비자층이 고도로 분화한다는 것을 의미한다. 문제의 핵심은 이러한 분화에 어떻게 대응하느냐일 것이다. 이미 애플의 어플리케이션 마켓이 보여준 것처럼, 생태계적 아이디어를 차용할 수 있을 것이다. 즉 개인을 균질화시켜 획일성을 강요할 것이 아니라, 각 개인의 개성이 살아 있으며, 그 개성들이 만날 수 있는 공간을 만들어 내야 한다. 바꿔 말하자면, 시장을 지배하는 것이 아니라, 시장을 소유하기만 하는 것이다.

디지털 텍스트 기반 문화가 새로운 종류의 부족 문화를 형성한다면, 그에 적합한 시장접근 전략이 존재할 것이다. 근대적 상품 문화의 상징인 슈퍼마켓은 공급자 중심의 시장이다. 소비자는 공급자들이 펼쳐 놓은 가판대 위에서 자신의 선택을 강요받는다. 디지털 콘텐츠 산업의 소비자는 훨씬 더 유연하다. 나아가 그들은 프로슈머이기도 하다. 그들에게 필요한 것은 기성품이 아니라, 자신들이 향유할 수 있는 콘텐츠가 함께 경진될 수 있는 시장이다. 마치 수공품들을 자유롭게 가져와서 판매할 수 있는 낡은 장터가 필요하다.

2. 공감각적 지식문화의 상품화

전자책 등 새로운 미디어들은 그 의사소통 양식의 변화에 따라 콘텐츠들의 변형을 압박하고 있다. 예컨대 문화산업의 중요한 한 축을 담당하고 있는 스토리텔링 산업도 공감각적 콘텐츠로 전환될 수 있는 텍스트들을 중시하거나, 최소한 그런 방식으로 변환시키려고 노력하고 있다. 이때 주목해야 할 현상은 단순히 감각의 재현만으로는 우리의 욕구를 만족시키기 어렵다는 것이다. 예컨대, 촉각의 요구라면 단지 촉각적 감각만을 재현하는 것이 아니라 촉각이 인간에게 어떤 의미인지를 이해한 콘텐츠의 생산이 필요하다. 앞서 살핀 것처럼 우리가 재현의 욕망을 갖는 것은 그것이 단순히 시각이나 촉각에 의존하는 감각적 재현만을 원하는 것은 아니다. 오히려 그런 재현 이면에 담긴 보다 근원적인 욕망을 감각이라는 외화된 기관을 통해 표출하는 것이라고 말할 수 있다. 따라서 오늘날처럼 디지털 재현 기술을 이용해 다중현실을 상품화하는 시대에 필요한 것은 감각적 재현이 지향하고 있는 인간 삶의 심층적 의미를 이해할 수 있어야만 한다. 이어지는 4장에서 좀 더 자세히 다룰 것이지만, '기억' 재현의 욕망을 잘 보여주는 라이프로깅(lifelogging) 서비스는 이에 대한 대표적인 예이다.

결국 디지털 컨버전스 기술에 기반한 다중현실 사회에서는 인간의 원초적인 욕망들과 함께 인간이 향유하고자 하는 다양한 종류의 지식문화들이 끊임없이 상품화할 가능성이 높다. 다만 그런 상품들이 생각해야 할 조건들은 인간 삶의 현실을 얼마나 잘 반영하고 있느냐다. 왜냐하면 개인이나 사회에 부정적인 영향을 미칠 수 있는 상품들은 시장 내에서 시장의 자기정화 시스템에 의해 걸러질 것이기 때문이다. 미디어가 스마트해지면, 소비자도 스마트해질 가능성이 높다. 그리고 그들은 훨씬 더 높은 수준의 윤리성을 요구할 수도 있다.

제4장

미디어 내에서의
디지털 컨버전스

제1절 · 디지털 미디어와 인간 문화의 상관성 : 스마트폰과 소셜 네트워크

부모님들은 좀처럼 모바일 기기가 젊은 사람들의 삶에서 얼마나 중요한 지를 알지 못하세요. 그분들은 통화 기능(the communicative function)에 대해서만 생각하실 뿐, 사회적 의미(the social meaning)는 생각하지 않으 시죠(어느 16세 소녀의 인터뷰).[52]

인용한 미국의 어느 16세 소녀의 인터뷰 내용은 모바일 기기가 겪고 있는 의미 변화를 단적으로 보여주고 있다. 우리는 그간 유선전 화의 시대를 거쳐 휴대전화의 시대를 경험해 왔다. 휴대전화의 등장 은 엄청난 변화를 수반한 것이었다. 그것은 휴대전화가 시간과 공간 그리고 경험의 고정성을 벗어나 이동성에 의해 정의됨으로써 미디어 차원의 변화, 즉 올드 미디어에서 뉴미디어로의 진입을 보여준 것이었기 때문이다.[53] 그리고 휴대전화는 다시 스마트폰의 시대로 전환되고 있다. 우리는 이러한 변화와 전환 속에서 하나의 공통적 표현을 발견하게 된다. 유선전화, 휴대전화 그리고 스마트폰들은 모두 전화(phone)라는 공통의 개념을 그 자신의 표현 속에 포함하고 있다.

이와 같은 공통적 표현이 보여주는 것은 유선전화, 휴대전화 그리고 최근의 스마트폰까지 모두 전화의 범주에 포함된다는 것이다. 또한 이러한 범주적 관점은 유선전화에서 현재의 스마트폰에 이르는 과정이 단선적 발전 과정이라는 점 또한 함의하고 있다. 다시 말해 스마트폰은 전화의 기능에 몇 가지 기능들을 덧붙인 전화의 발전된 형태인 것이다. 이전 시대에 전화의 사용을 규정한 대표적인 구호는 '통화는 짧게'라는 것이었다. 스마트폰 역시 전화인 이상 이전 시대의 구호는 여전히 유효하다. 이 구호는 그 이면에 '전화'가 '할 말' 즉 '정보'를 간략히 전달하는 기계라는 의미를 은닉하고 있다. 스마트폰이 전화의 범주에 머물러 있는 한, 스마트폰의 핵심 기능은 여전히 통화 기능이다.

물론 현재의 스마트폰이 휴대전화의 형태로 등장한 것은 사실이다. 그렇지만 휴대전화의 형태로 등장한 디지털 미디어로서의 스마트폰이 현대 사회의 새로운 네트워크 형태를 추동하고 있다는 점을 고려한다면, 이 기기를 단순히 통화 기능만을 주목적으로 고안된 것으로 보기는 힘들다. 최근 스마트폰 대신에 스마트 미디어와 같은 용어가 대두된 것은 이러한 경향을 대변한다. 이러한 경향은 스마트폰이 더 이상 전화의 발전된 형태가 아니라는 것을 보여준다.

스마트 미디어는 웬만한 컴퓨터의 기능을 수행한다. 그러나 그렇다고 해서 스마트 미디어를 이동식 컴퓨터만으로 규정할 수는 없다. 스마트 미디어의 핵심은 네트워크를 사회적으로 그리고 실시간으로 구현하는 데 있기 때문이다. 인간을 사회적 동물로 규정할 때, 이 말이 의미하는 것은 인간이 사회와 떨어질 수 없다는 것이다. 다시 말해 사회와 항상 연결되어야 하는 존재가 바로 인간이다. 현재 이러한 연결을 가능케 하는 것이 바로 스마트 미디어이다. 현대 사회를 '연결망 사회'라 규정할 때, 스마트 미디어야 말로 진정한 유비쿼티를 구현하는 매체로 볼 수 있다. 그렇지만 연결망은 우리 눈에 보이지 않는다. 마치 40인의 도둑들이 숨어 있던 동굴과 같다. 가로막혀 있는 동굴 벽을 열어 그 동굴 속으로 들어갈 수 있었던 마법어를 이제 스마트 미디어가 대신한다. 스마트 미디어는 우리가 연결망으로 진입하기 위한 마법어, '열려라 참깨'이다. 그리고 〈스타트렉〉에서 'beam me up'을 외치면 공간을 가로질러 이동하는 것과 같이, 스마트 미디어를 통해 우리는 사이버 세계로 전송된다.

물론 인터넷 접속은 기존의 단말기로도 가능할 수 있다. 그리고 우리가 소셜네트워크라 부르는 트위터 등에도 접속할 수도 있다. 그러나 이것만으로 기존의 단말기가 소셜네트워크의 기능을 수행한다고 할 수는 없다. 그 이유를 누군가는 이러한 사용에 뒤따르는 매우 많은 요금이라 말할 수도 있을 것이다. 물론 요금에 대한 문제를 도외시할 수는 없다. 요금이 접속의 걸림돌이 될 수 있기 때문이다. 그렇지만 기존의 단말기가 소셜네트워크 매체로 볼 수 없는 까닭을 요금에 의거해 설명하기는 매우 어렵다. 요금을 조정하여 누구나 사용할 수 있게 만든다고 할지라도, 기존의 단말기를 네트워크 매체로 규정할 수 있는 근거를 충분히 마련하기는 어렵기 때문이다. 더욱이 몇 글자 전송하고 확인하는 것을 두고 네트워크 접속이라 부르는 것은 무척이나 조야한 시각이다.

물론 휴대전화를 통해 지속적 접속(perpetual contact)이라는 관념이 가능해지기는 했지만, 여전히 휴대전화는 통화기능을 중심으로 구성되어 있다. 이러한 의미에서 휴대전화는 통화기능에 최적화된 기기로 간주될 수 있다. 휴대전화가 갖고 있는 기능들, 즉 사진을 찍거나 검색 엔진에 연결해 간단한 정보를 탐색하는 것 등은 통화기능에 덧붙여진 부가적 기능들일 뿐이다. 그러나, 기존 휴대전화의 이러한 구성적 관점은 스마트 미디어에서는 그대로 통용되지 않는다. 오히려 구성적 관점이 전복되었다고 보는 편이 더 정확할 듯싶다. 스마트 미디어에 있어 통화 기능은 더 이상 주기능이 아니라 부가적 기능들 중 하나이기 때문이다.

통화의 일반적 기능에 비추어보면, 통화는 주로 개인적 차원의 기능으로 이해된다. 물론 휴대전화가 갖고 있는 사회적 함의를 전혀 부정할 수는 없다. 휴대전화는 항시 접속의 가능성을 증대시켜 왔으며, 늘 타인을 지향함으로써 타인들과의 일종의 커뮤니티를 형성할 가능성 또한 내포하고 있는 것은 충분히 인정될 만한 사실이기 때문이다. 그렇지만 이것만으로 통상적 의미의 네트워크화된 커뮤니티를 구성한다는 것은 가능할 것으로 보이지 않는다. 어쩌면 네트워크화된 커뮤니티가 기존의 휴대전화 차원에서 구현될 수 있는 것이었다면, 스마트 미디어의 출현은 매우 지연되었거나 가능하지 않았을지도 모른다. 스마트 미디어의 핵심 기능이 이미 휴대전화 차원에서 구현되고 있는 것이기 때문이다. 스마트 미디어의 출현은 바로 이 지점에서 연유되는 것이다. 다시 말해 통화 기능을 중심으로 한 기존의 휴대전화의 한계가 스마트 미디어의 출현을 추동해 낸 것이다. 스마트 미디어에 있어 그것이 갖는 사회적 함의가 중요시 되는 것 또한 바로 이러한 이유에서이다.

네트워크와 네트워크화된 커뮤니티의 형성과 참여는 파편화된 자아로서의 현대인들이 끊임없이 욕구해온 것이다. 왜냐하면 파편화된 자아들이 갖는 사회적 제약성의 탈피가 네트워크로의 참여를 통해 비로소 가능해지기 때문이다. 휴대전화는 바로 이 지점에서 그 한계를 드러내었다. 스마트 미디어의 등장에 대한 폭발적 관심이 일어나게 된 것도 바로 이 지점에서이다. 스마트 미디어가 갖는 네트워크 기능은 점차 현실의 새로운 기반으로 자리 잡아 나가고 있다. 그리고 이를 통해 인간 문화 또한 변동하고 있다. 이 둘이 연동되는 까닭은 인간의 현실이 곧 문화적 현실이기 때문이다. 그러나 이러한 문화 변동 자체는 단순히 새로운 기계의 등장으로 인한 문화 변동이라는 일의적 방식으로만 이해될 수 있는 것이 아니다. 마티아스 호르크스가 말하듯이 새로운 테크놀로지의 산물이 일방적으로 수용되는 것은 아니며,[54] 따라서 새로운 기계가 등장한다고 해서 항상 현실과 문화의 변동이 발생하는 것도 아니다. 더욱이 앞서 언급했듯 사람들이 스마트폰을 중심으로 펼쳐지는 네트워크에 참여하는 것은 단순히 신기하고 새로운 기계를 수용하는 차원에서 발생하는 부수적 현상도 아니다. 오히려 사회적 연결망은 파편화된 현대 사회가 겪고 있는 문화적 위기의 대안이기 때문이다. 그러나 스마트폰과 이를 통한 사회적 연결망이 사람들의 요구 조건을 그대로 수용한 결과물 또한 아니다.

디지털 미디어와 인간 문화의 관계가 이렇게 일방적인 과정으로 이해될 수 없는 것은 사실 이 둘의 관계가 기술과 문화의 디지털 컨버전스의 한 형태이기 때문이다. 만일 컨버전스가 전혀 다른 이종 간의 결합이라면, 이 결합은 단순한 병립이거나 아니면 어느 하나가 다른 하나에 일방적으로 종속됨으로써 그 둘 중 하나의 파괴로 귀결될 것이다. 그렇지만 신화와 게임의 디지털 컨버전스에서 볼 수 있듯이,[55] 디지털 컨버전스는 이종 간의 혼종으로 규정될 수 없다. 따라서 디지털 컨버전스의 관점에서 디지털 미디어와 인간 문화의 관계는 이 둘의 유사성 속에서 출발할 필요가 있다. 현재 디지털 미디어와 인간 문화는 매우 자연스러운 관계를 맺고 있으며, 이것들 간의 자연스러운 관계가 가능한 것은 디지털 미디어와 인간 문화가 서로 낯설지 않기 때문이다. 이 양자 간의 낯설지 않음은 그것들의 구조적 유사성에서 기인된다.

제2절 · 디지털 컨버전스와 디지털 미디어

1. 융합 미디어의 문화철학적 기초

디지털 미디어는 특정한 기능을 수행하는 어느 한 매체에 한정되지 않는다. 오히려 디지털 미디어는 특정한 기능을 수행하는 여러 매체를 겨냥하고 있으며, 따라서 디지털 미디어는 융합 미디어의 특성을 갖는다. 물론 테이프 플레이어와 리코더 기능을 갖춘 라디오처럼 아날로그적 방식으로도 매체들의 결합은 가능하다. 그렇지만 이러한 결합의 방식으로 디지털 미디어의 융합 미디어적 특성을 설명하거나 이해할 수는 없다. 왜냐하면 디지털 미디어의 융합 미디어적 특성이 디지털 컨버전스를 토대로 하고 있기 때문이다.

디지털 컨버전스는 존재하는 모든 것이 디지털로 환원될 수 있다는 형이상학에 기초하고 있다. 디지털 컨버전스가 가능하기 위해서는 컨버전스의 대상은 그것이 어떠한 것이건 모두 디지털화되어야 한다. 따라서 존재하는 모든 것의 디지털화가 전제된다면, 디지털화의 대상은 무차별적이다. 온라인 게임에 있어 게임과 신화가 결합될 수 있었던 것도 신화가 콘텐츠로서 디지털화되었기 때문에 가능했던 것이다. 디지털 미디어의 경우도 마찬가지이다. 디지털 미디어가 디지털 컨버전스를 토대로 하고 있다고 말할 때, 그것은 컨버전스의 대상이 되는 미디어들의 디지털화가 전제된다. 미디어들의 디지털화 속에서 비로소 디지털 미디어는 다매체성을 함축할 수 있게 된다. 바로 이러한 까닭에서 디지털 미디어는 다매체성을 함축하는 융합 미디어로서의 특성을 갖게 되는 것이다.

미디어들이 디지털화된다고 하더라도, 그것이 단순히 색다른 방식으로 기기를 재현하는 것이라면 융합의 단계로 들어서기는 어렵다. 만일 미디어의 디지털화가 그러한 것이라면, 디지털 미디어는 아날로그 형태의 미디어들의 단순한 결합과 근본적으로 다를 바 없는 것이다. 물론 아날로그와 디지털의 차이가 개념적으로 단순하게 설명될 수도 있지만, 디지털화의 과정은 순전히 제작 방식의 차이를 통해 단순하게 이해될 수는 없다. 디지털화는 존재하는 모든 것이 디지털로 환원된다는 형이상학에 기초한 디지털 컨버전스라는 전체의 흐름 속에서 진행되는 것이기 때문이다. 존재하는 모든 것이 디지털로 환원될 때, 존재하는 모든 것의 존재론적 지반은 동일하게 유지될 수 없다.

디지털화는 기기 자체를 재현하는 것이 아니라, 기기가 수행하는 그 본질적 기능을 디지털적으로 구현하는 것이다. 이러한 변화는 미디어의 존재론적 기반을 변경시킨다. 다시 말해 미디어들의 존재성이 실체적 형식에서 기능적 형식으로 전환되는 것이다. 그리고 바로 이 존재성의 전환 속에서 미디어들은 상호 융합되는 것이다. 따라서 디지털 컨버전스 하에서 미디어들이 기능적으로 규정된다는 관점에서 본다면, 마찬가지로 융합 미디어 역시 미디어들의 기능 간 융합으로 규정될 수 있다. 또한 이러한 의미에서 융합 미디어로서의 디지털 미디어는 새로운 개념이라기보다는 디지털 컨버전스의 흐름이 미디어의 차원에서 현실화된 현상으로 이해된다.

융합 미디어로서의 디지털 미디어가 추동하는 이러한 미디어의 변화는 인간 문화에 있어 중요한 변인으로 작용한다. 물론 미디어의 변화와 인간 문화 간의 상관성은 디지털 시대에 국한된 것은 아니다. 구텐베르크의 활자 기술이 매체 환경의 변화를 초래함으로써 서구의 문화 역시 변동시켰던 것은 미디어의 변화와 인간 문화의 상관성에 대한 명확한 예증일 것이다. 맥루언이 말하듯 "사회적 변화와 문화적 변화에 대한 어떠한 이해도 미디어가 환경으로 작동하는 방식에 대한 이해 없이는 불가능하다."[56] 그리고 베임(Nancy K. Baym)은 이 상관성을 다음과 같이 설명하기도 한다.

> 우리가 디지털 미디어를, 우리의 삶에서 그것들의 위치를, 그리고 우리
> 의 개인적 특질과 더불어 다른 이들과의 관계들에 대한 그것들의 결과들
> 을 이해하려 할 때면, 디지털 미디어는 다양한 이슈들을 불러일으킨다.
> 그것들이 새로운 것일 때, 기술은 우리가 세계를, 우리의 커뮤니티들을,
> 우리의 관계성들을 그리고 우리 자신들을 보는 방식에 영향을 끼친다.
> 그것들은 사회적 그리고 문화적 재조직화와 반영에 이르게 된다.[57]

문화가 자연과 반대 개념인 것은 문화가 본질적으로 매개적이기
때문이다. 인간은 그 자신을 포함한 자연과 직접적인 관계를 맺는 것
이 아니라 정신적 혹은 물리적 매체를 통해 자연과 관계를 맺음으로
써 문화를 배태하게 된다. 따라서 문화는 미디어와 불가분의 관계 혹
은 근본적으로 미디어적이라 이해될 수 있다. 그렇지만 디지털 미디
어가 디지털화를 수행하는 디지털 기술의 산물이라는 점을 인정한다
면, 문화와 디지털 미디어의 관계는, 베임이 지적하듯, 기술이라는 또
다른 항을 개입시켜야 이해될 수 있을 것이다. 물론 과거의 그 어떤
미디어도 기술과 무관하지 않았다는 것은 분명한 사실이다. 그렇지
만 디지털 미디어를 구축하는 디지털 기술은 디지털 컨버전스와 그
형이상학에 기초한 것인 한 과거의 기술과는 전적으로 다르다.

디지털 기술의 새로운 패러다임은 그 속에서 구축되는 디지털 미
디어에 그것만의 고유한 독특성을 부여한다. 그렇지만 디지털 미디
어가 갖는 독특성만으로 미디어와 문화 변동의 상관성을 충분히 설

명할 수는 없다. 현재의 문화 산업은 과거의 대량생산과 대량소비의 함수 관계로 이해되지 않는다. 더불어 호르크스가 지적하였듯, 어떠한 기술이나 그 결과물이 일방적으로 사회나 문화에 수용되는 것도 아니다. 미디어가 인간의 사회와 문화의 변화를 추동할 수 있기 위해서도 미디어는 우선 인간의 사회와 문화에 수용될 수 있어야만 한다. 그리고 문화가 어떠한 기술과 그 기술적 산물에 대한 충분한 방어기제를 갖고 있는 것이라면, 디지털 미디어가 문화라는 수용의 필터링을 통과할 수 있었던 조건을 따져보아야 한다.

기술적 관점에서 디지털 미디어는 첨단의 디지털 기술들이 집약되어 있으며, 매우 정교하고 성능 또한 우수하다는 것은 부정할 수 없는 사실이다. 그러나 이러한 특성들을 갖추었다고 하더라도 그것이 인간의 조건으로서의 문화와 이질적이라면 인간의 사회와 문화에 도입되거나 유입될 것이라 기대하기는 사실상 매우 어려울 것이다. 따라서 단순한 유용성이나 성능과 같은 피상적 특징들만으로 디지털 미디어와 인간 문화의 상관성을 설명하기는 충분하지 않다. 오히려 이 둘의 상관성은 근본적 차원에서 다루어져야 할 것이다.

디지털 컨버전스의 형이상학이라는 관점에서 볼 때, 디지털 미디어는 기능적으로 구현된 장치이다. 이미 언급한 바이지만, 디지털 컨버전스 하에서 기존의 미디어들은 그 실체적 존재 방식을 탈피하게 된다. 이러한 의미에서 미디어들은 근본적으로 기능적으로 존재한다고 말할 수 있다. 이러한 디지털 미디어의 존재 방식은 인간 문화의 존재 방식과 매우 닮아 있다. 인간 문화도 실체적으로 규정되지 않기 때문이다. 물론 문화가 실체적 형태로 구현되기도 하지만, 그것은 구현될 뿐 문화 자체를 규정하지는 못한다.[58] 예를 들어 언어가 단어나 철자를 규정하는 것이지, 단어나 철자가 언어를 규정하는 것은 아니기 때문이다. 따라서 문화 자체는 기능적으로 규정되며, 이 기능들은 문화적 형식들로 실현된다.

하지만 디지털 미디어와 문화가 기능적으로 규정된다고 하더라도, 여전히 해결해야 할 문제가 남아 있다. 그것은 바로 부분과 전체의 문제이다. 문화는 다양한 형식들의 단순한 집합이 아니다. 마찬가지로 디지털 미디어 역시 다양한 매체들의 단순한 집약이 아니다. 문화는 다양한 문화적 형식들의 통일적 체계로 이해되며, 디지털 미디어도 그것이 융합 미디어로서 이해되는 한 다양한 매체들의 융합 체계로 이해되어야 한다. 그렇지만 기능적 규정만으로는 디지털 미디어들과 문화 형식들의 융합이나 통일이 직접적으로 이해되지는 않는다. 융합 미디어로서의 디지털 미디어와 통일적 체계로서의 문화를 이해하기 위해서는 이러한 융합과 통합의 메커니즘을 고찰해 볼 필요가 있다.

2. 미디어들의 기능적 통일의 메커니즘: 모듈성과 'pars pro toto'

디지털 미디어가 융합 미디어로서 성립되고 구축되기 위한 조건은 크게 두 가지로 나누어 볼 수 있다. 하나는 미디어의 디지털적 전환이며, 다른 하나는 디지털화된 미디어들의 융합이다. 미디어의 디지털적 전환은 미디어들 각각에 고유한 기능들이 디지털적으로 구현되는 것으로, 이 과정 속에서 미디어는 존재론적 전위가 이루어지게 됨으로써 기능적으로 규정된다. 그리고 이것이 미디어들 간 융합의 출발점이다. 문제는 이것이 어떠한 원리에 의해 융합되는가 하는 것이다. 마노비치에 따르면 디지털화된 미디어들 간의 융합은 모듈성(modularity)의 원리에 의해 이루어진다.

디지털 미디어의 가능 조건을 원리적으로 규명하려는 마노비치에게 있어서 융합 미디어로서의 디지털 미디어는 크게 두 가지 원리에 의해 성립될 수 있는 것으로 설명된다. 그 원리 중 하나는 수적 재현(numerical representation)이며, 다른 하나는 앞서 언급한 모듈성이다.[59] 먼저 수적 재현이란 미디어들의 디지털화를 의미한다. 디지털화가 수적 재현으로 표현되는 까닭은 미디어의 디지털화 과정이 0과 1이라는 수로 미디어가 환원되는 과정이기 때문이다. 0과 1의 배열로 전환되는 미디어들은 어떤 특정한 모습을 갖추는 것이 아니라 특정한 기능을 수행하는 상태로 전환된다. 모듈성은 이렇게 수적으로 재현된, 다시 말해 디지털화된 미디어들의 관계성을 보여주는 원리이다. 미디어들 간의 융합이 설명되는 것은 바로 이 모듈성의 원리이다.

미디어들 간의 융합이 모듈성의 원리로 설명되는 것은 미디어들의 융합이 모듈 구조로 이루어지기 때문이다. 마노비치는 디지털 미디어의 모듈 구조를 프랙탈 구조와 대비하여 설명한다. 그에 따르면, "프랙탈이 크기는 다르지만 같은 구조를 지니는 것처럼 뉴미디어 객체도 같은 모듈 구조를 지닌다."[60] 디지털 미디어들 각각이 모듈 구조를 갖는 것은 미디어들이 수적으로 재현된, 다시 말해 디지털화되었기 때문이다. 따라서 디지털화된 미디어들 각각도 그 자체로 하나의 모듈들이다. 그 하나하나가 모듈인 디지털 미디어의 객체, 즉 디지털화된 미디어들 각각은 동일한 모듈 구조를 갖고 있기 때문에, 결국 디지털 미디어들은 동일한 원리에 따라 하나의 체계로 융합될 수 있다. 모듈성이 디지털 미디어들의 융합 원리인 것은 바로 이 때문이다.

그렇지만 융합되는 미디어들이 동일한 모듈 구조를 갖고 있다고 하더라도, 동일한 기능을 수행하는 것은 아니다. 프랙탈 구조 내에서 프랙탈의 크기가 다르듯, 융합 미디어로서의 디지털 미디어에 있어 각각의 모듈들은 서로 다른 기능을 수행한다. 이는 미디어의 수적 재현 혹은 디지털화가 동일한 모듈 구조로 미디어의 고유 기능을 디지털화하는 것이기 때문에 가능한 것이다. 따라서 모듈성의 원리 하에서 디지털화되는 미디어들은 그 과정 속에서 각각의 고유한 특성을 상실하는 것이 아니라 그 고유의 기능을 유지하면서 전체로 융합되는 것이다. 이는 융합 미디어로서의 디지털 미디어가 보여주는 전체와 부분의 관계이다.

디지털 미디어에 있어 확인되는 이러한 전체와 부분의 관계는 인간 문화가 보여주는 전체와 부분의 관계와 매우 흡사하다. 인간의 문화도 다양한 문화적 형식들을 포함하고 있다. 신화와 종교, 예술, 언어, 과학 등등은 인간의 문화 세계를 구성하는 부분들이다. 대표적인 문화철학자 카시러는 이러한 문화적 형식들을 모두 상징 형식들이라 부른다. 그러한 까닭은 각각의 문화 형식들 모두 인간의 상징적 능력에 기초하여 구축되는 것이기 때문이다. 그에 따르면 이 상징 형식들은 "동일한 정신적 근본 기능의 서로 다른 외화(外化)들"이다.[61] 그러나 우리의 문화 세계에서 목도할 수 있듯이, 이러한 서로 다른 외화들이 낱낱으로 나누어져 있지는 않다. 다시 말해 문화와 신화가 별개의 것이 아니며, 예술과 문화도, 과학과 문화도 별개의 것이 아니다.

이것들은 모두 문화라는 전체로 통일되어 존립한다. 이러한 통일이 가능한 것은 상징 형식들이 서로 다른 외화들이지만, 근본적으로 동일한 정신적 기능에서 기인되는 것이기 때문이다. 이러한 의미에서 카시러는 인간의 활동과 모든 문화의 형식들 속에서 "다양 속의 통일 (unity in the manifold)"을 발견하게 된다고 설명한다.[62] 인간의 문화 세계 내에서 발견하게 되는 이러한 전체와 부분의 관계를 특히 카시러는 'pars pro toto'라는 원리로 설명한다. 이 원리 하에서 "부분은 곧 전체이며, 전체로서 작동하고 기능한다."[63] 다시 말해 부분은 전체의 원리를 내재하고 있기 때문에, 개개의 문화 형식들은 그 자체의 고유성과 상이성을 유지하면서도 전체로서의 문화로 통일된다.[64]

전체로서의 문화뿐만 아니라 디지털 미디어에 있어서도 그것의 부분들이 실체적인 것이 아니라 기능적인 것으로 규정되며, 이 기능들이 일정한 원리에 따라 통일되고 융합된다는 점에서 인간 문화와 디지털 미디어 간의 구조적 유사성을 확인할 수 있다. 이러한 구조적 유사성에 비추어 우리가 확인해 수 있는 것은 크게 두 가지이다. 우선 이미 언급한 것처럼 이러한 구조적 유사성에 의해 디지털 미디어는 인간 문화와 매우 자연스러운 관계를 맺으며 유입될 수 있다는 것이다. 두 번째는 이러한 구조적 유사성 속에서 드러나는 전체와 부분의 관계가 단순한 합(合)의 관계가 아니라는 점이다. 전체가 부분의 합이 아니라는 점은 디지털 미디어에 있어 시사하고 있는 바가 매우 크다. 디지털 미디어의 부분들이 각자 그 고유한 기능을 유지하면서도 전체로서 융합된다는 것은 전체로서의 디지털 미디어가 융합되는 미디어들 중 어느 하나의 특정한 미디어에 의해 규정될 수 없다는 것을 함축한다. 우리는 흔히 'smart phone'이라는 말을 쓰며, '아이폰'과 같은 상품명에도 매우 익숙하다. 그러나 이러한 편리성과 익숙함에도 불구하고 이러한 말들은 디지털 미디어의 구조와는 낯선 것이다. 디지털 미디어에 있어 통화 기능 모듈은 중요한 것이기는 하지만, 이 모듈로만 디지털 미디어를 규정할 수는 없기 때문이다.

3. 대체 가능성과 질적 차이

현대사회의 생산과 소비는 더 이상 특정 생산물의 대량 생산과 이로부터 촉진되는 소비의 대량화라는 상관성으로 실현되지 않는다. 따라서 어떠한 산업적 혹은 테크놀로지의 결과물도 일방적으로 문화의 변화를 초래하거나 촉진할 수는 없다. M. 호르크스는 테크놀로지의 진화가 생명 없는 테크놀로지의 수직적 발전이 아니라는 점을 지적한 바 있다. 그에 따르면 테크놀로지의 진화는 경제, 총체적 욕구, 정신적 물리적 자원 그리고 문화 체계라는 "메타 콘텍스트"와의 관계 속에서 이루어진다.[65] 호르크스의 '메타 콘텍스트'는 카시러에는 '문화'로 읽힌다. 이렇게 본다면, 테크놀로지의 진화도 그리고 그 결과물의 수용도 문화와의 이질성 하에서는 가능하지 않다. 앞서 살펴본 바와 같이 디지털 테크놀로지의 결과물인 디지털 미디어 역시 그 수용의 배면에 문화와의 구조적 유사성을 갖고 있다.

그렇지만 디지털 미디어와 인간 문화 간에 전체와 부분이 맺는 관계의 구조적 유사성에도 불구하고, 이 두 관계 구조 간의 차이점 또한 명백히 존재한다. 인간 문화와 디지털 미디어에 있어 전체와 부분의 관계를 규정하는 원리이자 개념은 각각 'pars pro toto'와 모듈성이다. 따라서 인간 문화와 디지털 미디어의 구조적 차이는 이 두 개념 간의 차이 속에서 모색될 수 있다. 먼저 인간 문화 내의 문화적 형식, 즉 상징 형식들의 관계를 'pars pro toto'라는 원리를 통해 통일적으로 규명하려한 카시러는 부분과 전체의 관계를 다음과 같이 설명한다.

> 우리는 각각의 모든 부분들 속에서 형식, 즉 전체의 구조를 재발견하게 된다. 이 형식은 따라서 공간에 대한 수학적 분석에서처럼, 동질적으로 형태 없는 요소들로 분해되는 것이 아니다. 그 분리됨에 상관없이 그것과 무관하게 그 자신 자체를 지속한다.[66]

'pars pro toto'의 원리 하에서의 공간은 수학적 공간과 전적으로 다르다. 수학적 공간은 부분들의 합으로서의 전체로 이루어진다. 적분 계산이 보여주듯 공간은 잘게 나누어진 부분들의 넓이의 합으로 계산된다. 이 부분들의 크기는 물론 다를 수 있지만 그렇다고 하더라도 이 부분들이 서로 질적으로 차이를 갖지는 않는다. 그러나 'pars pro toto'의 원리 하에서 공간은 그것이 비록 분할될 수 있다고 하더라도, 전체의 구조를 내포하고 있기 때문에, 부분들은 그 자신의 독자성을 유지할 수 있다. 이것은 'pars pro toto'하에서의 공간이 철저히 질적(質的)으로 이해된다는 것을 보여준다.

인간 문화의 구조 역시 'pars pro toto'의 원리 하에서 이해된다. 인간 문화는 다양한 상징 형식들로 분할해 볼 수 있다. 신화에서 과학에 이르는 다양한 상징 형식들은 인간 문화를 구성하는 요소들이다. 그러나 이렇게 분할한다고 할지라도, 그 각각의 상징 형식들이 동질적으로 형태 없는 요소들은 아니다. 모든 상징 형식들이 문화의 구조, 즉 상징적 형식들을 갖추고 있으며, 따라서 '문화'라는 개념을 통해 통일적으로 조망될 수 있지만, 그럼에도 불구하고 이 각각은 자신 자체의 동일성을 유지하며, 이를 통해 독자성을 유지한다. 그렇지만 이 상징 형식들은 인간 문화라는 통일체를 구성하게 됨으로써 서로 별개의 것으로 분리되어 있는 것이 아니라 유기적으로 연관된다. 이 연관 속에서 각자의 독자성을 유지하기 위해 각각의 상징 형식들은 서로 간의 긴장 관계 또한 맺게 된다. 인간의 문화는 이러한 상징 형식들 간의 긴장성 관계를 통해 유지되며, 이러한 한 상징 형식들 중 어떠한 것도 다른 것으로 대체될 수 없다.[67]

바로 이러한 대체 가능성에 있어 디지털 미디어는 인간 문화와의 구조적 유사성 외에 상이성을 갖는다. 디지털 미디어는 기본적으로 미디어들의 디지털화를 통해 이루어진다. 미디어들의 디지털화는 미디어의 실체적 구현이 아니라 기능적 구현으로서 미디어들을 모듈 구조로 생성한다. 따라서 디지털화된 미디어들은 동일한 모듈 구조를 갖추고 있으며, 바로 이러한 점에서 모듈성은 디지털화된 미디어들의 융합 원리가 되며, 이 원리 하에서 디지털 미디어는 융합 미디어로서 규정될 수 있다. 그렇지만 융합 미디어로서의 디지털 미디어의 모듈성 원리는, 인간 문화의 경우와는 달리, 대체 가능성과 매우 밀접한 관계를 맺고 있다. 마노비치의 설명에 따르면, 융합 미디어로서의 디지털 미디어의 모듈 구조는 부분의 삭제와 대체가 매우 용이하다.

뉴미디어의 모듈 구조는 부분의 삭제와 대체를 아주 쉽게 만든다. 예를 들어 HTML 문서는 일련의 HTML 코드에 의해 재현된 많은 개별적인 객체들로 이루어져 있기 때문에, 새로운 객체들을 삭제하거나 대체하거나 덧붙이는 것이 매우 쉽다. 유사하게 포토샵에서 디지털 이미지의 부분들은 보통 개별적인 레이어에 위치하기 때문에 이러한 부분들은 버튼 클릭 한 번으로 삭제되거나 대체될 수 있다.[68]

인간 문화에 있어 전체는 부분들의 합이 아니다. 오히려 부분들의 합은 전체 이상이다. 이러할 수 있는 까닭은 부분들이 유기적 통일성을 갖추기 때문이다. 또한 이 유기적 통일성에 기초해 있다는 점에서 부분들의 삭제나 대체는 거의 불가능하다. 그렇지만 디지털 미디어가 융합 미디어로서 규정될 수 있는 근본적인 토대인 모듈성의 원리에 있어서는 삭제나 대체가 매우 용이하다. 이것은 모듈성의 원리 하에서 디지털 미디어가 융합 미디어의 성격을 갖지만, 그럼에도 불구하고 유기적 통일성에 기초하는 것은 아님을 보여준다. 신 큐비트(Sean Cubitt)가 지적하듯, 마노비치의 모듈성의 원리에 있어 "부분들은 그것들이 모아질 수도 있을, 보다 큰 어떠한 전체와도 구별되어 있다."[69]

디지털 미디어와 인간 문화의 구조적 분석 속에서 드러나는 이러한 차이는 디지털 미디어의 문화적 수용이라는 관점 속에서 하나의 문제성을 내포한 것으로 볼 수 있다. 이는 현재 디지털 미디어를 중심으로 펼쳐지고 있는 사회적 연결망이 현대 사회가 갖고 있는 파편성을 극복할 수 있는 대안으로 간주된다는 점과 관련된다. 사회적 정신 병리적 현상으로 이해되는 소외 현상은 현대 사회가 직면하고 있는 파편성의 대표적인 결과이다. "최첨단의 기술과 문명의 성취를 보여주는 디지털 시대에 인간은 사물화되고 기능화되어 가는 과정에서 인간으로서의 고유한 존재의 자리와 인간성을 상실한 채, 대지는 거세되어 부활하는 탄성을 잃고, 계절의 질서는 와해되고 있다. 진지하게 사고하는 모든 인간들은 21세기의 임박한 미래에 지구 전체에 닥칠 전면적인 위기를 인식한다."[70] 인간으로서의 고유한 존재의 자리는 인간과 인간의 관계 속에서 확인된다. 현대의 기술 사회 속에서 인간은 이 관계를 박탈당하며, 소외된 개인으로서의 현대인은 이러한 위기에 대한 의식 속에서 끊임없이 사회와의 유기적 통일성을 욕구한다. 사회적 연결망이 문화적 위기 속에서 하나의 대안으로 주목받는 것은 바로 이러한 까닭에서이다. 그렇지만 이러한 욕구가 유기적 통일성에 기초되어 있는 데 반하여, 디지털 미디어를 통한 그 욕구의 충족 방식은 유기적 통일성에 기초하지 있지 않다는 점은 또 다른 문제를 야기할 수 있다. 욕구와 충족의 이질성은 욕구의 증폭뿐만 아니라 문화적 위기의 심화를 불러올 수 있기 때문이다.

그렇지만 호르크스의 말처럼 문화가 기술 진보의 메타 콘텍스트라는 점을 고려한다면, 인간 문화와 디지털 미디어 간의 구조적 차이에서 기인하는 이러한 이질성은 충분히 조정 가능할 수 있다. 더욱이 이 조정 과정에서 문화적 위기가 극복되는 문화 변동의 가능성도 모색해 볼 수도 있다. 움베르토 마투라나(Humberto R. Maturana)는 생물 종의 진화를 섭동(perturbation)이라는 개념 하에서 설명한 바 있다. 그에 따르면 생물 종의 진화는 자연에 의한 일방적 선택이 아니라 생물 종들과 자연과의 상호 작용 속에서 이루어진다. 따라서 이러한 상호 작용의 붕괴 속에서는 생물 종의 진화 역시 가능하지 않다. 문화가 기술 진보의 메타 콘텍스트라는 호르크스의 말 역시 마투라나와 유사한 설명적 구조를 갖는다. 그 말은 문화와 기술이 상관성 속에 있다는 말과 의미상 다르지 않다. 문화가 기술 진보의 메타 콘텍스트인 이상, 기술의 진보가 일방적으로 문화적 변동을 초래하는 것도 아니며, 문화가 일방적으로 기술을 통제할 수 있는 것도 아니다. 더욱이 문화가 기술로 혹은 기술이 문화로 단일화될 수도 없다. 만일 그 둘이 단일화된다면, 문화는 더 이상 기술 진보의 메타 콘텍스트로 작용할 수 없기 때문이다. 따라서 기술의 진보는 문화의 변동을, 그리고 문화의 변동은 또 다른 기술의 진보를 추동함으로써, 문화와 기술은 서로 되먹임의 상관성을 갖는다.

그렇지만 조정의 가능성이 열려 있다는 것만으로 모든 문제가 해결될 수 있는 것은 아니다. 조정 가능성의 전제 조건 혹은 근원적인 조건으로서의 기술과 문화의 상관성이 늘 안정적인 것만은 아니기 때문이다. 기술과 문화의 상관은 늘 인간의 현실 차원에서 이루어지는 것이기 때문에, 상관성에 대한 논의는 현실성에 대한 논의와 밀접하게 연관될 수밖에 없으며, 이러한 의미에서 상관성에 대한 논의는 현실성에 대한 논의에서 출발하며 귀결될 수밖에 없다.

제3절 · 디지털 미디어와 혼합현실

카시러에 따르면, 인간은 본질적으로 상징적 능력을 갖고 있는 존재이다. 인간은 이 상징적 능력을 통해 활동하며, 이 활동이 구현된 총체가 문화이다. 인간의 활동은 철저히 인간의 현실 속에서 이루어지며, 따라서 인간의 현실은 문화적일 수밖에 없다. 인간의 현실은 문화적 현실이다. 이러한 의미에서 인간 문화와 디지털 미디어의 상관성은 곧 인간의 현실성과 디지털 미디어의 간의 상관성으로 전환될 수 있다.

그렇지만 디지털 기술의 발전은 인간의 현실에 대한 이해를 상당히 복잡하게 만들고 있다. 그러한 까닭은 디지털 기술이 현실에 미치는 기술적 상황의 변화에 국한된 것이 아니라 현실을 규정하는 새로운 조건을 제공하고 있기 때문이다. 이 기술의 결과는 디지털 미디어의 한 기능으로 융합되었으며, 일반적으로 이를 증강현실이라 부르고 있다. 증강현실을 단순히 기술적 차원에만 국한시켜 논의할 수 없는, 그리고 그러한 의미에서 현실을 규정하는 새로운 조건으로 간주할 수 있는 까닭은, 그것이 현실과 가상의 경계를 허물기 때문이다. 증강현실 혹은 이 기술을 포괄하는 또 다른 개념인 혼합현실 기술은 각종 산업 영역에서 활용되고 있다. 이러한 다양한 활용 방식 중 특히 주목을 끄는 것은 디지털 미디어와의 결합이다. 이 결합이 주목받는 까닭은 증강현실과 디지털 미디어의 결합이 '현실'과 '소통'의 새로운 관계 방식을 낳기 때문이다.

현실과 소통이 맺는 관계성은 우리에게 결코 낯선 것이 아니다.

인간은 자신의 거주 영역 혹은 물리적 현실 영역을 확장해 왔고, 이 확장을 늘 소통적 한계의 확장으로 연결시켜 왔기 때문이다. 물론 소통이 갖는 시·공간적 제약에 대해 매체를 통해 극복하려는 인간의 시도가 있어 왔다는 것은 사실이다. 그렇지만 이러한 시도를 물리적 제약 자체를 극복하려는 시도로 보기는 어렵다. 그러한 까닭은 이러한 시도는 물리적 제약을 어느 정도는 완화시키거나 벗어날 수 있겠지만, 본질적으로 물리적 지속 혹은 물리적 연장에 한정되는 것이기 때문이다. 결국 소통의 양식들은 다양화되었고 진화되었지만 여전히 물리적 한계 내에 머물러 있었으며, 이러한 의미에서 소통은 영토적 현실에 의존적이었다.

디지털 미디어 역시 다양한 소통 양식들 중 하나일 수 있다. 이러한 의미에서 디지털 미디어에 있어 현실과 소통이 관계를 맺는다는 것은 새로운 것이 아니다. 하지만 디지털 미디어는 다른 소통 양식과는 근본적으로 다른 특성을 가지고 있다는 점에서 우리에게 새롭다. 그리고 이 새로움이 우리가 지금까지 체험하지 못했던 경험을 제공한다. 이 새로운 경험은 디지털 미디어가 소통과 현실의 관계 방식을 전변시키는 데서 연원한다.

디지털 미디어의 핵심은 소통이다. 전화의 경우도 소통이 주된 목적이라 할 수 있겠지만, 디지털 미디어를 통해 이루어지는 소통은 전화와 같이 지명적(person-to-person)으로 국한되지 않는다. 디지털 미디어에서 소통은 지명적인 차원을 넘어 다면적이고 입체적으로 이루어진다. 개인들과 개인들(persons-to-persons), 개인과 집단(person-to-group), 집단과 집단(group-to-group)의 소통도 디지털 미디어에서는 가능하다. 이러한 소통 방식의 변화는 네트워크의 디지털화 속에서 배태된다. 네트워크의 디지털화는 실재하는 것으로서의 현실과 같은 제약 조건을 무력화함으로써 소통의 가능성을 확대시키며, 이러한 확대 속에서 소통은 다면적이고 입체적인 형태를 갖출 수 있게 되었다. 또한 디지털화된 네트워크는 디지털 미디어의 한 모듈로 융합됨으로써, 이동성과 즉시성의 성격도 갖게 된다.

디지털 미디어를 통한 소통적 제약의 극단적 축소는 다른 한편으로 소통의 한계를 극단적으로 확장시킨다. 그렇지만 인간이 현실과 무관하게 존재하지 않으며, 소통의 네트워크에 참여하는 것이 인간인 이상, 소통은 늘 현실과 상관적일 수밖에 없다. 따라서 디지털 미디어를 통해 드러나는 변경된 소통 네트워크 또한 현실을 배제하거나 무시할 수 없다. 하지만 디지털화된 소통 네트워크가 실재로서의 현실이라는 제약을 무력화하고 극단적으로 축소시킨다는 점에서 소통과 현실 간의 불화 가능성을 내포하게 된다.

소통과 현실의 불화는 디지털화된 소통 네트워크가 실재로서의 현실 영역으로 제한될 수 없지만, 그렇다고 해서 현실과 무관할 수도 없기 때문이다. 소통과 현실의 상관성이 파괴되지 않는 한, 네트워크로 인해 무한히 확장된 소통과 그대로 머물러 있는 현실 간의 불화는 수렴(convergence, 收斂)의 방향 속에서 해소되어야 한다. 그렇지만 이 불화의 해소가 소통 네트워크의 축소에서 이루어질 수는 없다. 이미 확장된 소통 네트워크를 축소시킬 도리는 없기 때문이다. 따라서 소통과 현실 간의 불화의 해소는 현실이 소통을 규정하는 것과는 반대의 방향에서 이루어진다. 이제 변경된 소통의 네트워크는 새로운 현실을 요구함으로써 현실의 변경을 촉발시킨다. 이것이 바로 증강현실 혹은 혼합현실이 디지털 미디어와 결합되는 배경이다. 이 결합 속에서 우리가 지금껏 '현실'이라 불러왔던 것은 네트워크로 불러들여진다. 이제 이 네트워크는 사람들의 간단한 이야기, 느낌, 주장들이 교환되는 곳이 아니라, 우리의 현실 자체가 통째로 이전됨으로써 새로운 인간 관계 및 현실 관계가 구축되는 곳이 된다.[71]

제4절 개인과 사회 그리고 문화 : 문화산업과 문화 정체성의 향방

현실로서가 아닌 현실의 보조자로서 그리고 순전한 디지털 기술로서 규정해 온 혼합현실에 대한 이해는 디지털 미디어와의 결합 속에서 드러나는 혼합현실의 본질 역시 만족스럽게 해명하지는 못한다. 반복되는 이야기지만, 현재의 혼합현실에 대한 이해는 근대적인 이분법적 사고와의 연속성 속에서 가상과 현실을 여전히 구분하고 있다. 근대적 사고는 현실을 합리성의 영역으로 국한시킴으로써, 그 외의 영역을 가상으로 퇴출시키고, 이를 통해 현실과 가상 간의 명확한 경계선을 세웠기 때문이다. 그렇지만 앞서 언급되었듯, 인간의 본래 삶이 혼합현실이었다. 인간은 그 삶에서 늘 참여와 몰입을 통해 상상과 현실을 넘나들었으며, 이러한 삶에 있어 근대와 같은 현실과 가상의 이분법은 존재하지 않았다. 우리는 앞서 이를 '살아 있는 현실(lived reality)'이라 명명하였으며, 이것이 바로 혼합현실의 근본적 의미였다. 아마도 가상과 현실을 다시 겹쳐 놓는 디지털 컨버전스의 탈경계화 속에서 우리는 '살아 있는 현실'의 구현 가능성을 엿볼 수 있을지도 모른다. 그러나 살아 있는 현실로의 귀향 가능성은 현재의 혼합현실에 대한 이해가 현실과 가상의 이분법 하에서 이루어지고 있는 이상 매우 불투명해 보인다. 그리고 이러한 혼합현실에 대한 이해의 문제는 또 다른 문제, 즉 영토성의 문제를 야기한다.

1. 디지털 세계의 탈영토화

이분법적 관점에서 디지털 세계는 사이버스페이스 속에서만 존재한다. 특히 하이퍼텍스트에 기초해 있는 디지털 세계는 신화적 세계와 마찬가지로 멂과 가까움의 절대적 구분이 존재하지 않는다. 이동성의 제한을 극단적으로 배제함으로써 디지털 세계는 특정 공간에 정착하여 자신의 영역을 구축하는 실재 세계의 공간성과는 전혀 다른 공간성을 획득한다. 이러한 의미에서 공간성과 연관된 디지털 세계의 특징은 '탈영토화(deterritorialization)'라 규정되어 왔다.

탈영토화된 공간은 영토적 경계가 없어야 하기 때문에, 그 영역으로의 진입은 자유로워야 한다. 디지털 세계로의 진입은 HTML로 기술된 하이퍼텍스트를 받아 보여주는 웹 브라우저(web browser)를 통해서 이루어진다. 웹 브라우저 또한 하나의 프로그램으로서, 이 프로그램을 컴퓨터에 장착해야 인터넷 공간으로 진입할 수 있다. 이러한 의미에서 웹 브라우저는 디지털 세계의 관문이다. 문제는 이 관문이 제한적이기 때문에 탈영토화된 공간으로 인식되었던 디지털 세계로의 진입이 사실 자유롭지 않다는 데 있다.

웹 브라우저의 다양화는 이른바 '웹 브라우저 전쟁'으로 알려진 역사 위에서 이루어졌다. 1차 전쟁은 넷스케이프사의 웹 브라우저 넷스케이프와 마이크로소프트사의 웹 브라우저 익스플로러 간의 전쟁으로, 이 전쟁에서 익스플로러가 승리함으로써 웹 브라우저 시장을 거의 독점하게 된다. 그 후 마이크로소프트의 독점에 대항하는 여러 웹 브라우저들이 등장하게 된다. 다음의 자료에서 볼 수 있듯이, 모질라(mozilla) 사의 파이어폭스(Firefox)와 게스코(Gecko), 애플(Apple) 사의 사파리(Safari), 구글(Google) 사의 크롬(Chrome), 오페라소프트웨어(Operasoftware) 사의 오페라(Opera) 등이 익스플로러와 웹 브라우저 전쟁을 벌이고 있다.

조사 기관에 따른 점유율 현황의 차이는 있지만, 주목할 만한 공통적 점은 익스플로러의 점유율이다.[72] 제시된 자료에서 확인되듯이 익스플로러의 점유율이 과거에 비해 줄어든 것도 사실이지만, 익스플로러의 점유율은 다른 웹 브라우저들의 점유율 보다는 매우 높다. 이러한 경향은 우리나라의 경우에는 특히 두드러지게 나타나고 있다.

익스플로러의 높은 점유율은 다른 한편으로 익스플로러에 대한 의존도가 높다는 것을 의미한다. 앞서 언급했듯 우리는 웹 브라우저를 통해 디지털 세계에 진입할 수밖에 없으며, 따라서 웹 브라우저는 디지털 세계로의 관문이다. 이 웹 브라우저 중 익스플로러에 대한 높은 의존성은 대다수가 익스플로러를 통해 디지털 세계에 진입한다는 것을 보여준다. 그러나 이것은 단순한 선택의 문제로 보기는 어렵다. 익스플로러에 대한 높은 의존도는 단순히 이 프로그램이 오래되었거나 제품의 우수성에 기인되는 것은 아니기 때문이다. 모질라의 파이어폭스가 넷스케이프에서 기원된 것을 감안한다면 익스플로러의 역

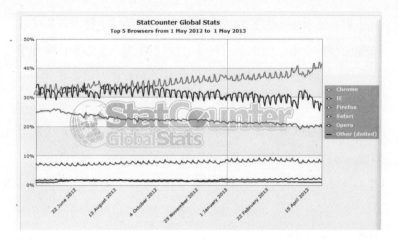

[그림21]웹 브라우저 시장 점유율(Worldwide)[73]

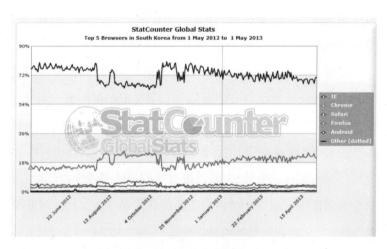

[그림22]웹 브라우저 시장 점유율(South Korea)[74]

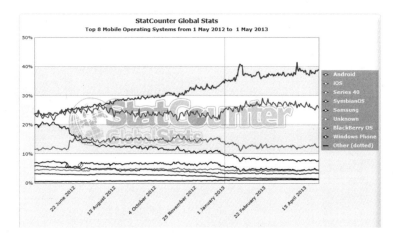

[그림23]모바일 OS 시장 점유율(Worldwide)[75]

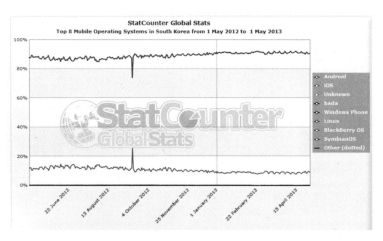

[그림24]모바일 OS 시장 점유율(South Korea)[76]

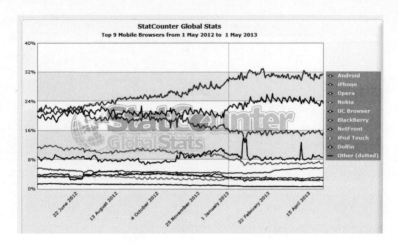

[그림25]모바일 브라우저 시장 점유율(Worldwide)[77]

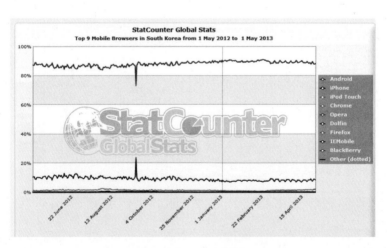

[그림26]모바일 브라우저 시장 점유율(South Korea)[78]

사성은 의존도의 근거가 될 수 없다. 게다가 접속에 따르는 속도에 있어 다른 웹 브라우저의 성능은 익스플로러를 능가하기도 한다. 따라서 제품의 우수성에서 의존도가 기인되는 것으로 단정할 수도 없다. 익스플로러의 높은 점유율과 의존성은 그것의 역사성이나 기능성이 아닌 영토성의 측면에서 살펴볼 필요가 있다.

디지털 세계는 물리적 공간과 다르기 때문에, 물리적 공간을 차지하는 것과 같은 방식으로 디지털 세계를 구획 짓거나 차지할 수는 없다. 그러나 이 디지털 세계를 간접적으로 장악할 가능성은 열려 있다. 다시 말해 디지털 세계 자체가 아니라 디지털 세계로 연결되는 통로를 장악함으로써 디지털 세계를 간접적으로 장악할 수 있다. 마이크로소프트사의 웹 브라우저인 익스플로러는 바로 이러한 영토적 전략 속에서 그 영향력을 지금까지 존속해 오고 있는 것이다. 이러한 관점에서 보면, 디지털 세계는 탈영토적인 것이 아니라 실상은 영토적인 것으로 간주되어 왔던 것이다. 그리고 이러한 영토적 지배는 물리적 지배로 이어지고 있으며, 또한 이 전략은 모바일 기기와 같은 디지털 미디어에 있어서도 그대로 이어지고 있다. 다만 그 영토적 지배자가 마이크로소프트에서 구글로 변경되었을 뿐, 영토적 지배 방식은 동일하다.

2. 재영토화와 문화 산업

디지털 미디어는 소통의 네트워크를 폭발적으로 확장시켰으며, 더 이상 변화된 소통 네트워크를 감당할 수 없는 현실의 변경을 요구하게 된다. 이러한 요구 속에서 디지털 미디어와 혼합현실의 결합이 이루어진다. 또한 이 결합 속에서 혼합현실은 단지 실제 현실의 보완적 역할에 머무는 것이 아니라 그 한계를 극복함으로써 현실의 확장이라는 의미를 획득한다. 현실의 변경이 소통 네트워크의 확장에 기인하여 발생한다는 점에서, 디지털 미디어와 혼합현실의 결합은 현실이 소통의 네트워크를 규정했던 이전의 방식을 역전적으로 변경시킨다. 그렇지만 소통 네트워크에 대한 현재의 접근들은 과거의 방식을 그대로 답습하고 있는 것으로 보인다. 베스트셀러 〈구글드〉를 펴낸 칼럼니스트 켄 올레타는 '서울디지털포럼2010'에 참석하여 다음과 같이 말한 바 있다.

구글이 나온 뒤 기존에 일하던 방식과 성공 방식이 근본적으로 달라졌다는 의미에서 '우리가 알던 세상의 종말'이라고 본다. 하지만 모든 곳을 자유로이 항해하고자 하는 구글에 있어 최대 위협은 애플이나 사회관계망 서비스인 페이스북처럼 이용자를 자신만의 세계에 묶어두려는 서비스가 커나간다는 사실이다.[79]

켄 올레타의 발언은 변경된 상황에 대한 과거 방식의 접근이 어떠한 방식으로 드러나는지를 명확하게 지적하고 있다. 그리고 이러한 문제는 최근 일고 있는 스마트폰의 닫힌 소프트웨어 논란과 연장선상에 놓여 있다. 그러한 까닭은 닫힌 소프트웨어 논란이 발생하는 것은 애플, 구글 그리고 마이크로소프트 등이 각기 다른 운영 체제를 탑재함으로써 사용자들의 선택권을 제한하고 있기 때문이다. 이러한 선택권의 제한은 이미 익스플로러를 윈도우에 기본 탑재하여 이용자

의 선택권을 제한해 온 마이크로소프트의 정책에 있어서도 제기되어
왔던 문제이다. 동일한 문제가 반복된다는 점은 스마트폰의 닫힌 소
프트웨어 논란이 현재에 국한된 문제가 아니라, 이전의 익스플로러
의 문제와 밀접한 연관성 속에서 영토성의 문제를 재생산하고 있다
는 점을 보여준다.

　물론 서로 다른 기기에 서로 다른 운영 체제를 장착하는 것은 문
제될 것이 없다고 주장할 수 있을지도 모른다. 그렇지만 이것이 독립
적인 것이 아니라 소통의 네트워크와 변경된 현실과 연관된다는 점
에서 그렇게 간단하게 볼 수 있는 문제는 아니다. 소통의 네트워크
로의 진입과 변경된 현실에 대한 체험은 디지털 미디어를 통해 이루
어진다. 그렇지만 이 진입과 체험이 서로 다른 운영 체제를 통해서만
이루어지는 제한된 선택에 따른 것일 때, 이를 사용하는 자로서의 행
위자(Agent)와 그 행위자들 간의 관계 방식도 규제될 수 있다. 이는
웹 브라우저에 있어 행해진 것과 거의 흡사한 영토화이지만, 디지털
미디어의 차원에서 다시 행해지고 있는 영토화라는 점에서 본다면
'재(再)영토화'이다. 이러한 재영토화 속에서 행위자들의 소통은 제한
적이다. 베임(Nancy K. Baym)은 이렇게 말한다.

　　상이한 기술적 플랫폼들은 그 스스로에게 상이하게 형성된 부류의 집단
　　들을 낳고, 디지털 지원들 상의 차이들은 집단행동 상의 차이들로 연결
　　된다.[80]

　베임이 지적하는 것처럼, 영토화뿐만 아니라 재영토화에 있어서

발생하는 핵심적인 문제는 행위자의 본질적 특성인 참여(參與)를 제한한다는 점이다. 디지털 미디어에 있어 행위자의 참여는 소통의 네트워크와 새로운 현실로의 참여이다. 따라서 참여의 제한은 곧 소통 네트워크의 제한임과 동시에 새로운 현실을 체험할 수 있는 가능성의 제한이기도 하다.

영토화와 재영토화 모두는 소통 네트워크의 증폭으로 야기된 새로운 현실을 다시 역전시켜 기존의 현실 개념 하에서 재단하기 때문에, 새로운 현실로서의 혼합현실은 다시 현실과 가상이라는 이원적 프레임에 갇히게 된다. 바로 이러한 이유에서 현재의 혼합현실에 대한 이해가 여전히 근대의 이분법적 사고에 의해 지배되고 있다는 비판이 제기될 수 있는 것이다. 다시 이원화된 프레임 속에서 정체성의 문제는 보다 심화될 가능성이 높다. 이러한 가능성이 높다고 볼 수 있는 것은, 이원화된 프레임 속에서 소통의 네트워크는 가상의 영역에, 그리고 그 소통 주체의 신체는 현실에 놓이게 되기 때문이다:

> 케네스 게르젠(Kenneth Gergen)은 우리가 너무 자주 "부유하는 세계"에 거주하며, 그 세계 속에서 우리는 무엇보다도 살과 피가 흐르는 우리의 물리적 위치 내에 있는 사람들의 현존 대신에 현존하지 않는(non-present) 파트너들과 관계를 맺는다고 우려하면서, 우리를 "부존적 현존(absent presence)의 도전"에 투쟁하고 있는 것으로 기술한다. 우리는 물리적으로 하나의 공간 내에 현존하지만, 정신적으로 그리고 정서적으로 다른 데에 참여한다. 예를 들어 모바일 폰 대화에 빠져 있는 저녁 식사 파트너를 생각해 보라. 그는 물리적으로 있지만, 그러나 동시에 부존하

며, 바로 그 자아의 본질이 문제적인 것이 된다. "그"는 어디 있는가?[81]

그렇지만 이러한 영토적 전략에 맞서는 저항이 싹트고 있다. 소위 '아이폰 탈옥'이라 불리는 행동들이 그것이다. 물론 아이폰 탈옥을 '저항'이라 말하는 것이 과도하다는 반론이 제기될 수도 있을 것이다. 그렇지만 재영토화의 측면에서 볼 때, 아이폰 탈옥이 애플 사가 설정한 시스템을 그대로 수용하는 것을 거부한다는 점에서 그것은 분명히 저항이라 부를 만하다. 현재 아이폰 탈옥은 사용의 편리성을 추구하는 개인적이고 소극적인 차원에서 이루어지고 있다. 하지만 영토적 전략이 지속되고 가속화될수록 이러한 경향은 체계화되어 적극적이고 대규모의 반발로 이어질 수도 있다. 더욱이, 만일 이러한 반발이 발생한다면, 이 반발은 아이폰에만 국한되지는 않을 것이며, 이 경우 이 반발은 단순한 저항이 아니라 문화적 저항이 될 것이다.

영토화와 재영토화의 관점에서 본다면, 이러한 행위들은 영토의 침해로 간주된다. 그렇지만 이러한 관점을 벗어난다면, 이러한 행위들은 디지털 미디어와 연관된 모든 기술의 메타 콘텍스트로 이해된다. 호르크스에 따르면, 이러한 메타 콘텍스트는 기술 진보의 조건이다. 디지털 미디어 산업의 발전을 위해서도 관점의 전환은 시급히 요청된다. 그리고 또한 관점의 전환 속에서 행위자들은 내적 분리를 극복함으로써 말 그대로 행위 주체로서 존립하게 될 가능성도 열어 놓을 수 있을 것이다.

기술적인 차원에서만 보더라도 우리가 혼합현실을 경험하기 위해서는 디지털 미디어가 필요하다. 기술로서의 혼합현실이 구현되려면, 그러한 구현을 가능케 하는 디지털 미디어가 전제되어야 하기 때문이다. 이러한 조건은 우리가 혼합현실을 기술적 차원이라는 제한을 넘어서더라도 유효하다. 이렇게 보면 디지털 미디어는 말 그대로 새로운 현실과 인간을 연결하는 '매체'이다.

현실과 인간을 연결한다는 말을 자칫 현실과 인간이 마주해 있거나 혹은 대립해 있는 것으로 이해할지도 모른다. 그러나 결코 현실은 인간에게 객체적으로 존재하지는 않는다. 사실 주관과 객관, 주체와 객체가 엄밀하게 나누어지는 것은 아니다. 물론 내가 어떤 사물의 정체나 쓰임새를 알고자 한다면, 나와 그 사물은 주관과 객관 혹은 주체와 객체로 구분될 수 있다. 이 경우 객관 혹은 객체로서의 사물은 나에 대하여 고정적 대상이어야 한다. 그렇지만 인간과 인간 혹은 나와 타인의 관계는 어떠한가? 타인은 마치 내 앞에서 인식되기만을 기다리는 사물처럼 나에게 고정적 대상일 수 있는가? 또한 그 타인에게 나는 어떠한가?

나와 타인을 단순히 주관과 객관 혹은 주체와 객체로 확연히 나눌 수 없는 것은 이 둘이 조건과 제약이 되는 관계와 지위를 유동적으로 공유하기 때문이다. 현실이 인간에게 그저 객체로 존재하는 것이 아니라는 말은 바로 이러한 의미에서이다. 현실과 인간은 늘 서로 관여한다. 이것은 어떤 의미에서 현실을 가장 좁게 이해하는 자연과 인간의 관계 속에서도 확인된다. 베이컨은 "자연에 순종하지 않으면 자연을 정복할 수 없다(Natura non vincitur nisi parendo)"고 말하는데, 이 말은 자연에 대한 순종이 자연을 정복하는 조건이라는 것을 뜻한다. 자연도 인간에게 그저 정복을 기다리는 고정적 대상일 수 없다는 말이다. 이와는 달리 마투라나의 '섭동(perturbation)' 개념은 역으로 생명체로서의 인간도 자연의 조건이 됨을 설명해 준다. 생존과 진화에 있어 환경과 생명체 서로 간에는 일방적 영향 관계가 성립될 수 없기 때문이다.

인간과 현실이 서로에 대하여 고정된 지위를 갖고 있지 않듯, 이 둘이 맺는 관계의 양상 역시 유동적이다. 특히 디지털 미디어의 등장은 이러한 유동성을 매우 심화시킨다. '매체'로서의 디지털 미디어가 단지 연결해주고 이어주는 역할을 넘어 서 있기 때문이다. 이러한 탓에, 혼합현실에 대한 논의들 속에서 이미 살펴본 것처럼, 디지털 미디어는 근대 이후부터 지금까지 이어져 온 현실과 그 개념을 전변시킬 수 있었던 것이다. 현실의 변화는 응당 그것과 관계 맺어 온 인간의 변화를 촉발시킨다. 우리가 여기서 디지털 미디어를 주제로 삼은 이유는 바로 여기에 있다. 인간과 현실의 변화가 근본적으로 디지털 미디어에 의해 추동되고 있기 때문이다. 몇 년 전부터 회자되고 있는 '증강인류(augmented humanity)'라는 개념은 이러한 과정을 가장 직접적으로 보여주는 예이다. 최소한 현재까지는 증강인류 논의의 초점은 인간의 인지 능력에 맞춰져 있다. 디지털 미디어를 활용한 인간 인지 능력의 확장이 그 핵심이기 때문이다. 바로 이 지점에서 디지털 미디어라는 주제는 상상력이라는 주제와 연결된다. 상상력은 가장 본질적 층위로 간주되어 온 인간 고유의 인지 능력이기 때문이다.

제1장

디지털 미디어의 등장과
인지환경의 변화

제1절 • 미디어의 변화와 인지의 변화

> 테크놀로지가 발전되면 일련의 전체적인 새로운 환경을 창조하게 된다.
>
> — 마샬 맥루언[1]

'일상'으로 파고든 최초의 '멀티미디어'는 TV다. TV는 소리와 영상을 동시에 제공하면서도 일상적이라는 점에서 영화와 라디오 그리고 활자 매체와 그 성격이 다르다. 이러한 특성으로 TV는 우리의 일상으로 빠르게 스며들었으며, 그 어떤 매체보다도 광범위하게 우리 현실의 일부로 자리 잡았다. TV는 더 이상 우리와는 별도로 존재하는 하나의 매체가 아니다. 오히려 현실로서의 TV는 그 안과 밖의 경계선이 사라진 현실로서의 일상의 한 부분이다.

이러한 매체적 특성에 기인하여, TV는 미디어와 인간 인지 능력의 상관성에 대한 초기 연구의 대상이 되었다. 우리가 주목할 만한 연구는 1960년에 행해진 반두라(A. Bandura)의 실험[2]과 맥루언의 미디어 연구[3]이다.

반두라는 1960년대 초 두 개의 실험을 발표하였는데, 첫 번째 것이 1961년 발표한 '보보인형 실험'이며, 두 번째 것은 첫 번째 실험의 후속 실험으로 1963년 발표된 미디어 모방 실험[4]이다. 보보인형 실험은 아이들의 어른 행동 모방을 다룬 실험이었다. 이 실험에 따르면, 어른이 보보인형을 폭력적으로 대하는 것을 10분간 관찰한 아이들이 독립된 공간에 보보인형과 홀로 남겨졌을 때, 그 아이들 역시 그 인형을 폭력적으로 대하였다. 반두라는 이 결과를 토대로 간접적인 사회적 학습이 있음을 증명하였다. 'Children see, Children do'라는 슬로건으로 표현되는 그의 두 번째 실험도 첫 번째 실험과 유사한 결과를 산출하였다. 다만 이 실험은 첫 번째 실험과는 달리 실제 모델이 아닌 필름 화면을 시청하는 것이었다. 이 실험 결과, 아이들이 현실에서 다른 사람의 행동을 보고 듣는 것을 통해 간접적인 행동학습을 하는 것과 마찬가지로, 미디어를 통해서도 같은 방식의 행동 학습이 이루어졌다. 이 실험 결과를 토대로 반두라는 "영상 대중 매체, 특히 TV는 사회적 행동의 중요한 공급원으로 봉사"한다고 주장했다.

맥루언의 미디어 연구는 그 내용에 초점을 맞춘 반두라와는 달리 미디어의 형식 자체에 중점을 두었다. 맥루언에 따르면, 하나의 사회는 미디어를 통해 조직되고 형성된다. 그러한 까닭은 사회적 소통 방식이 그 사회의 지배적인 미디어에 의해 결정되기 때문이다. 따라서 사회 내의 모든 행동뿐만 아니라 그 사회에 대한 인식 역시 지배적인 미디어를 통해 이루어진다. 그런데 이때 이러한 행동 및 인식의 결정 메커니즘을 제공하는 것은 미디어가 담고 있는 내용이 아니라 그 형식이다. 그래서 "미디어는 메시지다."[5] 맥루언의 시대에 TV가 새로운 지배적 미디어로 등장한 것처럼, 시대마다 지배적 미디어는 달라질 수 있다. 따라서 한 시대에 속하는 인간은 그 시대의 가장 지배적인 미디어가 제공하는 형식에 적응해야 한다. 예를 들어 활자와 같은 시각 중심의 미디어가 지배적일 때, 시각과 같은 감각의 강화와 확장을 경험하게 된다. TV의 경우 소리와 영상이 모두 제공되는 미디어이기 때문에, 단지 시각만이 아니라 청각의 강화와 확장이 경험되는 것이다. 이처럼 한 시대의 인간은 그 시대의 지배적인 미디어가 제공하는 감각 유형에 노출되고 그 감각 유형을 주로 사용하기 때문에 미디어를 통해 외적 및 내적 감각의 확장이 일어나게 된다.

반두라의 실험과 맥루언 연구는 TV의 등장이 인간의 사회적 행동에 큰 영향을 미치며 그 파급력 또한 크다는 점에서 일치한다. 그러나 어떠한 이유로 미디어가 사회적 영향을 미치는지에 대한 이유에 대해서는 서로 의견을 달리한다.

반두라가 그의 실험을 통해 주장하려는 바의 핵심은 미디어로 간접적으로 전달된 내용을 통해 사회적 학습이 가능하다는 것이다. 이때 중요한 것은 미디어를 통해 간접적으로 전달되는 그 내용이 현실을 얼마나 충실하게 재현하는가이다. 이러한 영향 관계의 원인을 미디어의 내용이 담당한다는 점에서, 미디어 자체는 가치중립적인 것이다. 달리 말해 미디어의 가치는 그것이 담고 있는 내용에 따라 결정된다. 물론 반두라에 있어서도 미디어가 인간의 인지 및 행동 변화의 요인을 제공하는 것으로 이해해 볼 수는 있지만, 그것 역시 극히 제한적일 따름이다. 왜냐하면 그 변화의 핵심은 미디어의 내용이며, 미디어 그 자체는 그 내용을 얼마나 현실성 있게 제공할 수 있는가에만 기여하는 것이다. 그래서 얼마나 현실을 잘 재현하는가에 대한 정도의 차이만을 미디어는 제공할 뿐, 미디어 별 실질적인 변화의 내용에는 차이가 없다.

맥루언의 입장에서 보면, 반두라는 거꾸로 서 있다. 미디어 그 자체가 가치중립적일 수 없기 때문이다. 맥루언에게 있어 미디어, 특히 한 시대의 지배적 미디어는 그 시대 인간들에게 일종의 인지 틀로 작동한다. 바로 이 때문에 미디어가 사회적 행동의 중심적인 가교 역할을 하게 되는 것이다. 이렇게 한 시대의 지배적 미디어의 형식은 사회적 행동이 주로 사용하는 감각 유형을 결정하기 때문에, 인지 능력 변화의 원인을 바로 미디어 자체가 제공하게 되는 것이다.

제2절 · 미디어의 사용과 감각 비율의 변화

정보화 시대의 필수품은 바로 컴퓨터이다. 우리는 컴퓨터를 사용하여 정보를 생산하고 소비한다. 이러한 생산과 소비의 과정에서 우리가 컴퓨터를 사용하고 있는 상황은 우리로 하여금 우리가 컴퓨터를 통제할 수 있다고 여기게 만든다. 하지만 굳이 하이데거의 철학을 끌어들이지 않는다고 하더라도 우리는 쉽게 그와는 반대되는 실상을 확인할 수 있다. 우리는 정보를 생산하고 소비하며 살아야 하지만 그 방식을 규정해 놓은 것은 우리가 아니라 컴퓨터 자체이다. 이렇게 기술이 우리가 통제할 수 있는 가치중립적인 것이 아니듯, 미디어 역시 마찬가지이다. 이러한 의미에서 우리는 인간 인지 능력에 대한 미디어의 영향에 관하여 반두라의 입장 대신 맥루언의 입장을 따라 좀 더 자세하게 알아보고자 한다.

> 만일 어떤 기술이 한 문화권 내에서 혹은 외부 문화권에서 도입되어 우리의 다섯 감각 가운데 어떤 하나의 감각을 강조하고, 그것이 전체 감각들 가운데 차지하는 비율을 상승시키게 되면, 우리의 다섯 감각들 간의 지배 비율은 바뀌게 된다. 그렇게 되면 우리는 예전과 같이 느끼지 못하게 되며, 우리의 눈, 귀 혹은 다른 감각 기관의 감각은 전과 같을 수가 없게 된다. 그리고 우리 감각들의 상호 작용은 마취 상태 속에서 이루어진다. 어떤 한 감각의 강도가 고도로 강화될 때 다른 여타 감각들은 마취 상태에 빠지게 된다.[6]

> 기계적 수단—예를 들면 표음 문자와 같은 것—에 의한 우리의 감각 가운데 어느 것 하나의 확장은 다섯 개 전체 감각 모두가 참여하여 만드는 만화경 대신 일종의 뒤틀어진 감각 결과를 낳는다. 감각의 새로운 조합 혹은 비율이 발생하고, 가능한 형식의 새로운 모자이크가 나오게 된다.[7]

맥루언은 오감(五感)이라는 전통적인 감각의 분류에 기초해서 인식의 변화를 설명한다. 하나의 미디어는 그 형식에 따라서 특정한 감각을 주로 사용한다. 그리고 그 미디어가 한 사회의 주요 기술로 도입되면, 그 미디어를 통해서 사회적인 소통이 이루어지고, 자연스럽게 그 미디어가 사용하도록 하는 감각들을 자주 사용하게 된다. 특정한 감각의 주된 사용은 그 감각에 대한 의존도를 높이게 만든다. 이런 특정 감각에 대한 의존은 자연스러운 우리의 내적인 오감의 감각 비율을 바꾼다. 즉, 균형 상태를 이루고 있던 오감의 비율이 특정 감각으로 쏠리게 되고, 결국 자연스러운 비율이 깨지면서 새로운 비율이 만들어지게 된다. 이를 맥루언은 한 감각의 강화가 고도로 이루어질 때 다른 감각들이 마취상태에 빠지게 된다고 표현하는 것이다. 이러한 감각 비율의 변화는 어느 한 특정 시기에만 발생한 것이 아니다. 오히려 미디어를 통한 감각 비율의 변화는 역사성을 갖는다. 이러한 의미에서 맥루언은 인간의 역사를 미디어의 발전에 따라 네 개의 시기로 구분한다.

역사적 시대	주요 기술/지배적인 감각
부족 시대	면대면 접촉/청각
문어(literate) 시대	표음 문자/시각
인쇄 시대	활자 인쇄/시각
전자 시대	컴퓨터/시각 · 청각 · 촉각

〈표 2〉 맥루언의 미디어 역사

부족 시대의 미디어는 말 그대로 자연적인 면대면 접촉이었으며,

이 시기의 사회적인 의사소통은 주로 구어(口語)로 이루어졌기 때문에 청각이 지배적인 감각이었다. 비록, 청각이 지배적이긴 했지만, 면대면 상호 작용은 상대의 표정과 몸짓, 신체적 접촉, 냄새 등, 다양한 감각이 동시에 동원되었으며, 그러므로 감각들 간의 균형이 뒤틀리지는 않았다. 그러나 문어 시대로 오면서 표음 문자가 발명되고, 시각이 지배적인 감각으로 변했다. 문어는 비록 인간의 시각을 2차원적인 평면에 가두었지만, 그럼에도 필체 같은 촉감의 참여를 거부하지는 않았다. 맥루언에 따르면, 감각 비율이 철저하게 뒤틀린 시대는 인쇄 시대이며, 활자의 발명으로 인해서 다른 감각들이 2차원적인 평면의 시각에 종속되고 함몰되었다. 인쇄는 "말 가운데 시각적인 요소를 지상(至上)의 것으로 삼고, 구어의 모든 감각적인 성격을 이 글자의 형태로 축소"[9]해 버렸으며, "우리의 정신생활 속에서 인쇄된 말이 갖는 세분화의 힘과 분석의 힘은 우리에게 '감각의 분열'"[10]을 가져왔던 것이다. 인쇄된 활자는 문자 외의 그 어떤 정보도 담고 있지 않으며, 구어나 필체가 가졌던 시각 이외의 감각적인 성격들을 추상화시켰다. 2차원의 평면에 인쇄된 활자는 오직 시각적인 정보만을 가지고 있으며, 그 정보가 제공하는 다른 감각적인 요소들은 그 활자 안에 추상화되어서 저장된다. 그러므로 우리는 시각적인 활자 정보를 통해서 청각이나 촉각, 입체적인 공간 감각 등의 요소를 추상화시키거나 혹은 제거한다. 인쇄 시대의 감각 비율은 평면적인 시각을 중심으로 하며, 더 나아가 다른 감각들을 이 시각 정보로 축소시키고 추상화시켰다.

전자 시대는 이런 인쇄 시대의 뒤틀린 감각 비율을 회복시킨다. 라디오의 등장으로 청각이 부활했으며, TV는 시각과 청각 정보를 동시에 제공함으로써 시각과 청각의 비율에 균형을 가져왔다. 전자 시대의 사회적 상호 작용은 시각화된 문자뿐만이 아니라, 전화나 라디오를 통한 청각 정보, 궁극적으로 멀티미디어를 통해 시각과 청각 정보를 동시에 제공함으로써, 부족 시대의 면대면 소통을 부활시킨다. 이는 시각에 억눌려서 최면 상태에 빠져 있던 여타의 감각들을 되살아나게 하고, 뒤틀렸던 감각 비율이 다시금 균형을 되찾도록 만든다.

컴퓨터의 등장은 전자 시대로의 이행을 가속화시켰고, 결국 인터넷을 통해서 지구촌 시대를 열었다. 컴퓨터는 기존의 매체가 제공할 수 없었던 3차원적인 공감각적인 정보를 제공하면서, 미디어가 3차원적인 현실을 재현할 수 있게 만들었다. TV나 영화가 가지고 있었던 멀티미디어의 성격은 컴퓨터에 그대로 전이되었으며, 심지어 그 조합이 더욱 다양해지고, 개인의 능동적인 참여가 가능해졌다. 오늘날, 스마트 미디어의 등장은 출력 방식뿐만 아니라 입력 방식 또한 다양한 감각 정보를 활용하고, 일상의 매 순간마다 미디어와의 접촉을 유지할 수 있게 해줌으로써 이런 전자 시대의 공감각적인 흐름을 더욱 가속화시킨다.

그러나 미디어의 형식이 인간의 인지 능력을 근원적으로 변화시킨다는 맥루언의 주장을 입증하는 것은 매우 힘든 일이다. 이러한 그의 주장은 어떤 하나의 주제에 국한되는 것이 아니라 오히려 문화 전반에 적용되기 때문이다. 하지만 다음의 두 실험을 통해 우리는 맥루언의 주장을 대략적으로나마 입증해 볼 수 있을 것이다.

먼저 소개할 실험은 그린(C. Shawn Green)과 바벨리어(Daphne Bavelier)의 비디오 게임 실험이다. 이들은 이 실험을 2003년『네이처』

에 기고하였다.[11] 이들이 기고한 논문에 따르면, 이 실험을 통해서 비디오 게임을 한 사람이 그렇지 않은 사람보다 높은 인지 능력을 갖고 있으며, 액션 비디오 게임을 플레이하는 사람이 비(非) 액션 비디오 게임을 한 사람보다 더 높은 시각적인 인지 능력을 갖는다. 인지 능력이 향상되었다는 것이다. 이들이 행한 실험은 총 다섯 번에 걸쳐 행해졌다. 우선 비디오 게임을 하는 사람과 그렇지 않은 사람들을 대상으로 네 번에 걸친 실험을 진행하였는데, 그 결과는 다음과 같이 정리할 수 있다.

(ㄱ) 첫 번째 실험의 결과 : 비디오 게임을 한 사람이 그렇지 않은 사람보다 시각적인 주의력의 여유 자원이 크다. 즉, 주의를 기울이는 대상의 주변에도 신경을 쓸 수 있는 여유 자원이 더 풍부하다.

(ㄴ) 두 번째 실험의 결과 : 비디오 게임을 플레이 한 사람은 그렇지 않은 사람보다 한 번에 더 많은 시각 대상을 포착한다. 그렇지 않은 사람들이 3.3개의 자극을 한 눈에 세고, 그 이상은 시간을 들여서 세는 반면에, 비디오 게임을 플레이 한 사람은 한 번에 4.9개의 대상을 세고, 그 이상은 시간을 들여서 센다. 동시에 그 정확도도 더 높다 (78% 대 65%).

(ㄷ) 세 번째 실험의 결과 : 비디오 게임을 플레이 한 사람은 그렇지 않은 사람보다 더 넓은 시야를 가지고 있으며 공간

주의력이 뛰어나다. 즉, 일반적인 시야에서 벗어난 곳에 있는 대상을 포착하는 능력이 뛰어나다.

㈃ 네 번째 실험의 결과 : 비디오 게임을 플레이 한 사람은 그렇지 않은 사람에 비해서 한 대상에서 다른 대상으로 주의를 옮기는 시간이 빠르다.

그린과 바벨리어는 이 결과가 인지 능력 향상에 기인한다는 점을 밝히기 위한 다섯 번째 실험을 진행하였다. 이 다섯 번째 실험은 액션 비디오 게임을 하지 않는 사람들을 두 개 그룹으로 나누고, 한 그룹에는 액션 비디오 게임('Medal of Honor')을, 다른 한 그룹에는 비(非) 액션 비디오 게임('Tetris')을 하루 한 시간씩 열흘 동안 하도록 한 후, 이들에게 이전의 네 실험들 중 세 개의 실험(2~4번째)을 반복하여 실시하였다. 실험 결과 한 번에 포착할 수 있는 시각 대상의 수가 액션 게임을 한 그룹은 실험 전보다 1.7개 증가한 반면, 다른 그룹의 경우에는 그대로였다. 또한 나머지 두 실험에서도 액션 게임을 한 그룹이 다른 그룹에 비하여 높은 향상치를 나타내었다.

이 실험 결과는 미디어의 형식이 인지 능력의 변화를 유인한다는 것을 보여줌으로써 맥루언의 주장을 또 다른 측면에서 지지하고 있다. 'Medal of Honor'와 'Tetris'는 둘 다 컴퓨터라는 멀티미디어 매체를 이용한 게임이다. 그러나 전자는 3D 형식이고, 후자는 2D 형식이라는 점에서 다르다. 다시 말해 'Medal of Honor'는 3차원의 공간으로 구성된 환경 내에서 플레이하는 반면, 'Tetris'는 2차원의 공간

[그림 27] Medal of Honor 플레이 화면

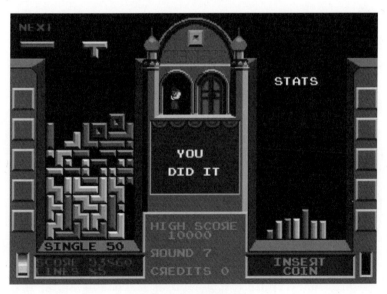

[그림 28] Tetris 플레이 화면

내에서 플레이한다. 뿐만 아니라 'Medal of Honor'가 1인칭 시점으로 게임 속에 구성된 환경을 탐험하는 방식인 반면, 'Tetris'는 전지적 시점에서 하나의 고정된 테두리 안에서만 게임하는 방식, 즉 일종의 실시간으로 움직이는 인쇄된 퍼즐이다. 컴퓨터라는 멀티미디어를 매체로 삼고 있지만, 'Tetris'는 근본적으로 인쇄 매체의 형식을 그대로 따르고 있는 것이다.

직각 형태의 기하학적 블록이 2차원의 평면 위에 정렬되는 'Tetris'와는 다르게, 'Medal of Honor'의 주인공은 3차원의 공간을 탐험한다. 그의 시야는 우리처럼 제한적이며, 환경에 대한 정확한 인식을 위해서는 끊임없이 이동하고 시선을 돌려야 한다. 또한 'Tetris'에서는 보조적인 역할에 그쳤던 청각 정보가 'Medal of Honor'에서 핵심적인 역할을 수행한다. 시야에 미치지 않는 곳에서 접근하는 적의 발소리, 비록 맞지는 않았지만 어디선가 들려오는 총소리는 게임 진행을 위한 필수적 정보이다. 결국 두 게임은 컴퓨터라는 하나의 동일한 매체를 가지고도 인쇄 시대의 형식과 전자 시대의 형식을 동시에 구현할 수 있으며, 전자 시대의 형식을 이용한 미디어의 사용이 인간의 지각 능력, 특히 시공간(視空間)의 인지 능력을 향상시킬 수 있음을 보여준다.

두 번째로 소개할 실험은 비디오 게임을 통한 약시 치료 실험이다. 이 실험은 리(Roger W. Li)와 느고(Charlie Ngo), 느구엔(Jennie Nguyen), 레비(Dennis M. Levi)에 의해 진행되었는데, 그 결과는 2011년 〈PLoS Biol〉 저널에 발표되었다.[12] 이 논문을 통해 이들이 주장한 바는 비디오 게임이 약시 치료에 도움이 될 수 있다는 것이었다.

이 실험은 약시 증상이 있는 성인들을 세 그룹으로 나누어 진행하였는데, 그것들은 각각 액션 비디오 게임을 하는 그룹, 비(非)액션 비디오 게임을 하는 그룹 그리고 일반적인 눈가림 치료를 하는 그룹이었다.[13] 이 실험은 하루 2시간씩 총 40시간에 걸쳐 진행되었으며, 실험의 결과 비디오 게임을 한 그룹의 시력(33%)과 위치 인식(16%)[14], 공간 인식(37%)[15], 입체 인식(54%)[16]이 전부 향상된 반면, 일반적인 눈가림 그룹은 아무런 시력의 향상도 보이지 않았다.[17]

우리는 여기서 이 실험의 결과와 앞서의 실험 결과와의 차이에 주목해야 한다. 이 실험 결과에 따르면, 액션과 비액션 게임 모두에서 시각적인 인지 능력의 개선이 이루어졌다. 반면 앞서의 실험은 액션 게임의 경우에만 그러하였다. 이러한 차이는 왜 발생하는 것인가? 이에 대하여 약시 치료 실험 당사자들은 실험 대상자들의 차이(정상 시력 vs 약시) 및 게임 시간의 차이(10시간 vs 40시간)가 그 원인일 것이라 예상하였다. 그러나 이들은 매우 중요한 사실을 간과하였는데, 그것은 바로 실험에 사용된 게임들의 형식 간 차이였다. 2011년 연구와 2003년 연구에 사용된 액션 게임은 모두 'Medal of Honor'로 같았지만, 비(非)액션 게임의 경우 그 형식이 달랐던 것이다. 2003년 실험에 사용된 것은 'Tetris'였으며, 2011년 실험에 사용된 것은 'SimCity Societies'였다.

앞서 언급되었듯 'Tetris'는 2D 게임이지만, 'SimCity Societies'는 3D 게임이다. 따라서 실험 결과의 차이를 고려할 때, 바로 이 점 역시 고려되었어야만 했다. 'Tetris'와는 달리 'SimCity Societies'는 'Medal of Honor'처럼 3차원의 공간을 무대로 하며, 그 게임 내용은

[그림 29] 'SimCity Societies' 플레이 화면

다르지만 형식은 동일하다. 이러한 점에 비추어보면, 두 실험 결과의 차이는 게임의 범주를 내용으로 구분했기 때문에 발생한 것일 뿐, 미디어의 형식면에서는 일치된 결과를 보여 준 것이었다.[18]

    이러한 실험 결과들이 보여주듯, 미디어의 형식이 인간의 감각 비율을 변화시킨다는 점은 분명해 보인다. 그런데 이러한 미디어와 감각 비율 간의 상관성에 비추어 볼 때, 스마트 미디어 시대의 인지 양상은 어떻게 변화될 것으로 예상할 수 있을까? 물론 스마트 미디어가 현재 지배적 미디어의 위치를 차지하고 있다는 점에서 감각 비율을 포함한 우리의 인지 양상 역시 이로 인해 변화될 것이라고 누구나 예

측할 수는 있을 것이다. 그렇지만 스마트 미디어의 형식이 아직 확정된 것은 아니라는 점에서 이러한 변화를 예측하는 것은 사실 쉽지 않은 일이다. 하지만 스마트 미디어의 구조를 염두에 둔다면, 우리는 이에 대한 접근의 실마리를 발견할 수 있다. 스마트 미디어는 그 구조상 본질적으로 멀티미디어이기 때문이다.[19]

앞서 살펴본 실험 결과들이 알려주듯, 멀티미디어는 학습과 교육에 있어 인간의 인지 능력을 향상시킨다.[20] 그러한 주된 이유는 멀티미디어가 이전의 매체들과 달리 시각 정보와 청각 정보를 모두 제공하여 인간의 두 가지 인지 능력을 동시에 사용하게끔 만들기 때문이다. 바로 이 점 때문에, 멀티미디어는 인지의 효율과 학습 효과를 강화하는 것이었다.[21] 이러한 멀티미디어의 인지 능력을 활성화 기능은 스마트 미디어에 와서는 비교할 수 없을 만큼 강화된다. PC로 대표되는 기존의 디지털 미디어는 멀티미디어의 형식과 가상현실의 재현성을 둘 다 지녔지만, 이동성의 한계로 인하여 정보의 활용이 제한되어 있었다. 이에 정보의 이해와 암기 과정뿐만 아니라 이 정보를 다시 현실에 적용하는 과정을 단계적으로 거쳐야 했던 것이다. 그러나 이와는 달리 스마트 미디어 시대의 디지털 네이티브들의 일상에서 이러한 적용 과정들은 찾아 볼 수 없게 되었다. 그 과정이 생략되었기 때문이다. 이러한 과정의 생략이 바로 정보와 현실의 융합, 즉 증강현실을 가능하게 하였던 것이다. 이러한 점에 비추어보면 우리는 최소한 스마트 미디어라는 인지 환경 내에서 인지 능력 활용의 효율성이 극단적으로 향상되고, 또한 이 과정에서 직관적인 이해의 가능성도 높이질 것이라는 정도의 짐작은 해 볼 수 있을 것이다. 왜냐하면 스마트 미디어의 증강현실을 통해 제공되는 시각 정보는 단계별로 분리된 인지 과정을 생략하기 때문이다.

그렇지만 새로운 인지 환경에 대한 예측이 낙관적일 수만은 없다. 왜냐하면 미래 예측이 갖는 양가적 특성 때문이기도 하지만, 다른 한편으로 새로운 인지 환경에 대한 이해가 주로 기계적 혹은 기술적 기능의 차원에서만 이루어지기 때문이기도 하다. 이러한 점들에 관해 좀 더 자세히 알아보도록 하자.

제2장

변화된 인지환경에서
기억과 상상력의 문제

페이스북(facebook)은 몇 해 전 오픈그래프(Open Graph)와 타임라인
(Timeline)이라는 페이스북 서비스를 내놓은 바 있다. 이 두 서비스의
공통적 기능은 개인의 삶을 기록하는 것이다. 오픈그래프는 페이스
북 유저가 페이스북에서 무엇을 읽고, 보고, 듣고, 어떻게 사는지를
친구들에게 공개할 수 있는 서비스이며, 타임라인은 프로필 기능을
강화하여 페이스북 유저가 사진이나 동영상으로 기록된 자신의 생
애를 연표 형태로 정리할 수 있게 한 서비스이다. 페이스북의 대표인
마크 저커버그가 밝히고 있듯 'The story of your life'는 타임라인이
라는 서비스의 의미이다.

오픈그래프와 타임라인이 그 당시에 있어 새로운 서비스였던 것
은 분명하지만, 아이디어의 측면에서 보면, 그리 새로울 것은 없었다.
왜냐하면 이미 마이크로소프트사에서는 고든 벨과 짐 겜멜의 주도로

[그림 30] 마크 저커버그

개인의 삶을 디지털적으로 저장함으로써 완전한 기억(Total Recall)을 실현하려는 계획이 추진되어 왔기 때문이다. 이 프로젝트는 마이라 이프비츠(Mylifebits)라는 명칭으로 알려져 있다. 물론 페이스북의 오 픈그래프와 타임라인과 마이크로소프트의 마이라이프비츠 간의 차 이는 외견상 분명하다. 오픈그래프와 타임라인은 개인의 삶을 타인 에게 공개하는 라이프블로깅(life-blogging)에 해당하는 반면, 마이라이 프비츠는 사적인 영역에만 가두는 라이프로깅(life-logging)에 해당하 기 때문이다. 그렇지만 이러한 차이에도 불구하고, 개인의 삶에 대한 기억을 디지털적으로 외재화(外在化)한다는 점에서 근본적인 차이는 없다. 이러한 의미에서 페이스북의 새로운 서비스는 이념적으로 마 이크로소프트의 마이라이프비츠에 기초한다고 볼 수 있다.

개인의 삶이 때때로 기록으로 남겨져 왔다는 점을 고려한다면, 이러한 기록의 기능을 디지털적으로 확장시키는 페이스북의 서비스나 마이크로소프트의 프로젝트는 기록의 한계를 지속적으로 경험해 왔던 인간 능력의 확대로도 이해할 수 있다. 그렇지만 마이크로소프트의 프로젝트가 단순한 기록의 확대가 아니라 완전한 기억을 실현하는 데 목적을 두고 있다는 점에서 단순하게 이해될 수 있는 기획은 아니다. 인간의 완전한 기억은 디지털 기억을 실현하는 데서 존립하며, 이 디지털 기억은 인간 삶의 모든 것을 그대로 기록함으로써 구현된다. 이로부터 완전한 기억은 디지털 기억 혹은 전자 기억과 동의어가 된다. 그리고 여기서 기억은 곧 있는 그대로의 것 혹은 사태 자체에 대한 그대로의 저장으로 이해된다. 과연 인간의 기억은 근본적으로 사태 자체에 대한 저장인가? 만일 인간의 기억이 사태 자체에 대한 저장이라면, 망각이나 왜곡이 존재할 수 없는 디지털 기억은 진정한 의미의 완전한 기억으로 보아야 할 것이다.

디지털 기억을 완전한 기억으로 간주하려면, 기억은 사태 자체의 저장으로 규정되어야만 한다. 이러한 규정은 사실 거대한 이념적 흐름을 수반하고 있다. 디지털 기억은 디지털적 저장이며, 저장의 대상은 사태 자체이다. 즉 디지털화할 수 있는 대상만이 디지털적으로 저장될 수 있으며, 이 저장은 실제적인 과정 속에서는 사태 자체를 그대로 옮겨 놓음으로써 이루어진다. 우리는 흔히 디지털 카메라나 디지털 캠코더로 촬영하며, 이렇게 촬영된 내용은 그와 동시에 저장될 수 있다. 만일 디지털 기억이 근본적으로 인간의 기억과 동일한 방식이라면, 인간의 기억도 이러한 촬영과 저장의 메커니즘을 가져야만 한다. 그리고 이러한 메커니즘을 기계적으로 구현한 것이 디지털 기억인 것이다. 다시 말해 기억의 디지털화가 진행되는 것이다. 이렇게 보면 완전한 기억으로서의 디지털 기억은 존재하는 모든 것의 디지털적 환원을 추동하는 디지털 컨버전스라는 이념적 흐름 속에 놓이게 된다. 디지털 컨버전스는 디지털적 환원을 수반하기 때문에 그 과정 속에서 항상 의미의 변경을 초래해왔다. 기억의 디지털화도 동일한 흐름 속에 있는 것인 한 결코 예외일 수 없을 것으로 보인다. 더욱이 전통적인 관점에서 기억이 상상력과 맺어왔던 관계의 밀접성을 고려한다면, 기억의 디지털화는 기억뿐만 아니라 상상력의 의미 변경 또한 초래할 가능성이 높다.

사상사 속에서 기억과 상상력은 인간의 실존적 조건으로 이해되어 왔다. 이 점을 감안한다면 기억과 상상력의 의미 변화는 인간 실존의 양상뿐만 아니라 그 의미의 변화를 반드시 동반할 수밖에 없을 것으로 보인다. 인간의 실존적 기억과 상상력 그리고 완전한 기억으로서의 디지털 기억을 상관적으로 고찰해야 하는 이유는 바로 여기에 있는 것이다.

제1절 · 디지털 기억 : 마이라이프비츠와 기억의 외재화

인간의 자기 인식(Man's knowledge of himself)은 철학 고유의 주제이기도 하지만, 일상의 삶을 살아가는 인간 모두의 주제이며 문제이기도하다. 인간은 누구나 자신의 삶을 되돌아보며, 자기를 인식하고 미래를 구상함으로써 자신을 강화해 나가기 때문이다. 동서양을 막론하고 그간 인간을 '반성적 존재'로 이해해 온 것은 바로 이러한 이유에서이다. 그렇지만 인간의 반성적 능력은 기억의 전제 없이는 발휘될 수 없다. 인간의 반성은 삶에 대한 반성이며, 인간의 삶은 기억 속에 담겨 있기 때문이다.

기억(記憶)은 말 그대로 '생각을 기록'하는 것이다. 그렇지만 우리가 신체라는 한계 내에 머문다는 점을 고려한다면, '생각의 기록'은 영원할 수 없다. 이것은 생명의 소멸뿐만 아니라 생의 과정 속에서도 마찬가지이다. 이러한 까닭에 인간의 기억은 망각과 양면적으로 존재하는 것으로 여겨져 왔다. 그리고 이러한 기억의 불가지속성은 인간의 기억이 갖는 약점으로 보이기도 한다. 동굴벽화와 같은 원시 인류의 기록이나 공식적인 역사서 그리고 일기나 자서전 같은 개인의 기록 등은 기억을 신체의 외부로 옮겨 놓아 인간의 기억이 갖는 약점으로서의 불가지속성을 극복하려는 일종의 기억의 외재화 노력으로 이해해 볼 수 있다. 이러한 관점에서 본다면, 앞서 언급된 '마이라이프비츠'는 기억을 외재화하는 현재적 시도로 볼 수 있다. 이와 같은 의도는 이 프로젝트를 실제로 진행하고 있는 고든 벨의 언급 속에서 분명하게 드러난다.

> 우리 모두는 잘 기억하고 싶어 한다. … '자서전적 기억'으로 알려진 일화적 기억은 과거의 경험을 기록한다. 이것은 삶에서 일어났던 일들에 대해 알아내고 다시 경험하게 해준다. … 절차적 기억을 증가시킬 수 있는 방법이 금방 나오기는 힘들다. 그러나 생물학적 기억과 일화적 기억

은 전자기억에 의해 확장될 수 있다. 우리 모두는 생물학적 기억에 오류가 있을 수 있다는 사실을 알고 있다. 사람들은 기억의 오류가 실제로 나타날 수 있음을 스스로 깨닫는 순간 낙담하게 된다. 신경과학자들은 일화적 기억의 경우 실제 일어난 일보다 더 구체적이고 정확하다는 것을 보여주고 있지만, 컴퓨터와 달리 두뇌는 수많은 구체적 사항을 아주 잘 저장하지는 못한다. … 완전한 기억의 시대에는 모든 것이 쉽고 정확하게 전자기억에 저장된다.[22]

전자기억은 기억의 내용을 두뇌 밖에 저장하는 것이라는 점에서 기억의 외재화에 해당한다. 기억의 외재화, 즉 전자기억의 유용성과 필요성은 인간의 기억이 생물학적 기억으로서 그 한계를 지니고 있다는 점에 근거한다. 특히 이러한 한계는 일화적 기억에서 잘 나타난다. 여기서 우리가 주목해야 할 것들 중 하나는 이 일화적 기억이라는 명칭이 기억에 대한 인지과학의 이해에 연원되어 있다는 점이다. 바로 이러한 점은 전자기억과 인지과학적 기억과의 관계를 해명해보아야 할 이유를 제공한다.

인지과학에 따르면, 기억은 크게 두 가지로 분류된다. 하나는 작업기억(단기기억)이며, 다른 하나는 장기기억이다. 작업기억은 "텍스트 이해나 학습 또는 추론 같은 다양한 인지적 과제를 수행하는 동안 정보를 임시적으로 보유하고 조작하는 일을 맡는다."[23] 따라서 지속적인 저장을 필요로 하지 않으며, 심지어 기억상실증 환자도 수행할 수 있다. 이 때문에 작업기억은 별도의 기억 장치로 외재화할 필요성을 갖지 않는다. 고든 벨 역시 마이라이프비츠 프로젝트를 자세히 설명하고 있는 『디지털 혁명의 미래』에서 작업기억에 대해서는 어떠한 언급도 하고 있지 않다. 그가 언급하며 구분하는 기억들은 인지 과학에서는 장기기억에 해당하는 것들이다.

인지과학의 입장에 따르면, 장기기억은 크게 두 가지로 분류된다. 하나는 서술적 기억(외현기억)이며, 다른 하나는 비서술적 기억이다. 서술적 기억은 언어로 서술할 수 있는 기억을 뜻하며, 일화적 기억과 의미적 기억이 여기에 속한다. 고든 벨이 이야기한 것처럼, 일화적 기억은 "명확한 공간적·시간적 맥락 속에 위치한 사건에 관한 기억이다."[24] 의미적 기억은 단어의 의미나 대통령의 이름과 같은 지식의 의미망이나 어떤 사회적인 기억이다. 비서술적 기억은 언어적이지 않은 기억을 말하며, 이 기억에는 절차적 기억이 속한다.[25] 기억을 한다는 의식 없이 절차의 자동화 도중에만 작동하기 때문에, '의식 없는 기억(anoetic memory)'이라 불리는 절차적 기억은 몸으로 하는 대부분의 작업에 대한 기억이다.

인지과학의 분류에 따를 때, 고든 벨이 전자기억으로 저장하려는 기억은 언어로 서술할 수 있는 기억인 서술적 기억이다. 그렇지만 이러한 분류만으로는 인지과학적 기억과 전자기억의 상관성, 달리 말하면 서술적 기억으로서의 일화적 기억이 어떻게 저장될 수 있는지는 설명될 수 없다. 서술적 기억으로서의 일화적 기억은 어떻게 외재적으로 저장될 수 있는가? 이 문제를 해명하기 위해서는 인지과학의 기억 처리 메커니즘을 살펴보아야 한다.

특징	감각기억	단기(작업)기억	장기기억
정보의 유입	주의를 요하지 않음	주의를 요함	시연(되뇌임)
정보의 지속	불가능	주의의 지속	반복
정보의 유형	유입 정보	음운적 시각적, 의미적	의미적(주로), 시각적, 청각적(일부)
수용 능력	작다	작다(7±2 단위)	무제한
기억의 상실	쇠퇴	대치, 쇠퇴	간섭, 인출 실패
흔적 지속시간	0.5~2초	3~15(20)초	수분, 수년
인출	읽어 냄	자동적 처리, 의식된 것, 시청각적 단서	검색과 재구성

〈표 3〉 감각기억, 단기(작업)기억, 장기기억의 특성 비교[26]

인지과학에 따르면 서술적 기억은 '부호화 - 저장 - 인출(회수)'이라는 과정을 통해 처리된다. 다시 말해 서술적 기억은 지각의 내용이 부호화되지 않고서는 저장될 수 없다. 경험의 내용은 지각적 분석에서 의미적 분석의 단계로 이행되며, 이 과정 속에서 표상 작업을 통해 부호화된다.[27] 그리고 기억의 저장과 인출은 이 부호화 과정의 심도와 비례한다. 그렇지만 기억은 부호화되어 있기 때문에 인출 또한 그대로 이루어지는 것이 아니라, 부호화된 것을 재구성하는 과정이 필요하다. 이러한 기억은 유사한 내용의 새로운 정보가 기존의 정보를 인출하는 데 간섭 작용을 일으켜 기존의 정보가 아닌 새로운 정보를 인출하거나 양자가 섞일 때(간섭이론) 혹은 부호화된 정보를 인출하기 위한 필요 단서가 없어질 때(단서 의존적 기억이론), 망각된다.

그렇지만 이러한 인지과학이 보여주는 기억의 구조만으로는 일화적 기억의 외재적 저장 가능성이 즉각적으로 이해되지 않는다. 인간의 기억이 전자기억이라는 형태로 외재적으로 저장될 수 있는 가능성은 인지과학이 정립하고 있는 인간 기억의 구조와 컴퓨터의 파일 저장 시스템 구조가 거의 동일하다는 데에서 명확하게 이해될 수 있다. 컴퓨터의 파일 시스템에서 기본적인 정보인 이진수는 일차적으로 언어를 나타내며, 의미론적 체계 내에서 기능한다. 따라서 언어건, 음성이건 영상이건 수적 재현(numerical representation)을 통해 이진수로 부호화되어 저장된다. 그리고 그 저장된 위치는 파일 시스템에 따라 일종의 파일 색인(file index)으로 운영체제 내에 표기된다. 따라서 우리가 흔히 화면에서 볼 수 있는 파일은 저장된 이진수 자체가 아닌 색인, 즉 바로가기에 불과하다. 만일 하나의 파일이 지워진다고 해도 실제로 디스크에 있는 파일 자체가 지워지는 것이 아니라 그 색인만 지워지는 것이어서 해당 데이터의 위치만 찾을 수 없을 뿐이다. 이렇게 지워진 데이터는 특정 프로그램을 이용하면 다시 찾을 수 있다. 따라서 기억의 절차인 '부호화 - 저장 - 인출(회수)'은 '이진수로 부호화 - 디스크에 저장 - 인출'에, 의미 기억은 일종의 문법 체계이며 부호화된 방식으로서 C언어와 같은 각종 프로그램 언어에, 일화적 기억은 각종 서류 파일에 대응된다. 그리고 또한 기억의 망각 역시 비슷한 파일끼리의 충돌(간섭이론), 색인의 제거(단서 의존적 기억이론)에 대응된다.

두뇌 안에서 기억은 뉴런과 신경세포 사이의 연결되는 형태로 저장되어 있다. 컴퓨터는 미세한 스위치를 연속적으로 켜고 끄면서 정보를 저장한다. 두뇌와 컴퓨터는 모두 정보를 저장하고, 저장한 이후 행동 과정을 결정하기 위해 정보를 사용한다. 이런 이유 때문에 두 시스템 모두 '메모리(기억)'가 있으며, 표면적으로는 매우 유사하다.[28]

인간의 기억이 전자기억으로 외재화될 수 있는 것은 인간의 기억이 갖고 있는 구조와 컴퓨터와 같은 디지털 기기의 입출력 구조의 유사성, 좀 더 강하게 말하면 구조적 동일성에서 기인된다. 이러한 동일성 속에서 인간의 기억은 디지털화될 수 있다. 기억의 대상이 되는 인간의 경험과 이 경험이 시간 속에서 이루어질 수밖에 없다는 점에서 과거까지도 디지털 기기와 컨버전스될 수 있다. 더불어 디지털 기기는 인간이 갖는 생물학적 한계를 넘어서 있기 때문에, 기억의 디지털적 외재화를 통해 인간의 기억은 '완전한 기억(Total Recall)'으로 전화될 수 있다. 개인의 소소한 일상부터 그의 업무와 업적을 총망라하는 개인의 기억들은 디지털화를 통해 전자기억으로 전환되어 외부의 디지털 기기의 데이터베이스로 옮겨짐으로써 인간은 부정확성이나 왜곡을 포함하는 망각의 두려움에서 해방될 수 있다.

생물학적 기억은 주관적이고, 고르지 않고, 감정에 치우쳐 있고, 자아의 검열을 받으며, 인상에 근거하고, 변하기 쉽다. 전자기억은 이에 반해 객관적이고, 냉정하며, 무미건조하고, 가차 없이 정확하다. 우리의 두뇌 안에 있는 기억과 집중력, 감정은 경험과 시간을 왜곡시키고, 요약하거나, 편집하기도 한다. 전자기억의 시대의 눈 역할을 하는 비디오카메라는 눈과 달리 절대로 눈을 감거나 윙크하지 않고, 백일몽을 꾸거나 두 번 찍지

도 않는다.[29]

비디오카메라와 같은 디지털 영상 미디어 기기는 녹화되는 순간들을 그 자체로 붙들어 두게 된다. 심지어 인간이 눈을 깜박이면서 볼 수 없는 경험들까지도 디지털 미디어는 포착하여 저장해 둘 수 있다. 정확성의 차원에서 디지털 미디어는 인간의 감각, 특히 시각보다 우월한 것이다. 이러한 우월성에 입각해보면, 디지털 미디어는 시각의 기준이 된다. 왜냐하면 인간의 생물학적 시각은 왜곡의 가능성이 있고, 따라서 정확성의 기준은 인간의 시각이 아니라 디지털 미디어가 되어야 하기 때문이다. 기준의 변경이라는 점에서 본다면, 이것은 미디어를 통한 감각과 신체의 확장이 아니라 오히려 신체와 감각의 대체로 이해된다.

전자기억은 그 기억 과정 전체가 디지털 미디어에 의해 이루어진다. 생물학적 기억은 근본적으로 왜곡의 가능성에 있으며, 이것이 생물학적 기억의 약점이다. 전자기억은 이러한 약점이 존재하지 않는다. 정확성의 차원에서 보면, 기억의 기준이 되는 것은 전자기억이지 생물학적 기억일 수 없다. 이러한 기준의 변경은 디지털 미디어의 수용과 전파 속도에 비례하여 급속도로 인간의 삶의 방식을 변경시키게 될 것이다.

지구의 크기, 빛의 속도, 링컨이 암살당한 연도, 가우스의 전속의 법칙은 내가 학교에서 한 번 배우고 기억했던 것들이다. 그러나 스마트폰을 이용하면 그러한 정보를 찾는 데 5초밖에 걸리지 않는다. 내가 직접 기억하는 것이 더 이상 중요한 일이 아닌 것이다. 이는 당신이 어떠한 사실을 기억할 필요가 없으며, 글자의 정확한 철자를 암기할 필요가 없다는 말이 아니다. 단지 그런 암기가 예전만큼 중요하지 않다는 것이다.[30]

우리는 일상 속에서 또렷이 떠오르지 않는 기억 때문에 당황하곤 한다. 필요한 물건을 어디에 두었는지를 기억해 내지 못해 허둥거리며 찾는 경우도 있으며, 심지어 어제 주차해 놓은 장소가 생각나지 않아 주차장을 두리번거릴 수도 있다. 심각한 상황도 생각해 볼 수 있다. 실제 자신은 무관한데도 어떠한 범죄 사건에 연루될 때, 자신이 그 사건과 무관하다는 것을 입증하기 어려울 때도 있을 수 있다. 만일 전자기억이 이 모든 것을 저장하고 있다면, 우리는 큰 어려움 없이 맞닥뜨린 문제를 해결할 수 있을 것이다. 이러한 점에서 보면 전자기억의 시대 혹은 완전한 기억의 시대가 초래할 미래 사회의 변화는 매우 긍정적 방향에서 예측해 볼 수 있을 것이다. 고든 벨이 전망하고 있듯, 전자기억은 일상의 유용성에서 더 나아가 비즈니스와 교육의 영역뿐만 아니라 의료와 역사 연구의 비약적 발전을 가져올 수 있고, 전자기억이 사멸하지 않는 한 나의 기억과 나의 후손들이 지속적으로 만날 수 있다는 점에서 전자기억을 통해 불멸하는 삶의 가능성도 점쳐볼 수 있다. 그렇지만 다음과 같은 고든 벨의 긍정적 전망 속에서, 우리는 완전한 기억의 시대가 초래할지 모를 반대 방향의 문제를 짐작해 볼 수도 있다.

일의 경험을 통해 과학적 기록이 많아지고 생물학적 기억이 적어질수록, 당신의 작업 시간은 더욱 창의적으로 변한다. 일어났던 일에 대해 더 이상 논쟁을 할 필요가 없으며, 전자기억 기록들 간의 연결망 때문에 새롭게 연상을 해야 할 필요성도 사라지기 때문이다.[31]

고든 벨의 전망을 간단하게 요약한다면, 전자기억에 힘입어 인간이 기억에 들이는 노력을 줄이면, 창의적 사고의 가능성이 그만큼 커진다는 것이다. 이러한 입장은 사실 고든 벨만의 생각은 아니다. 암기에 대한 비중과 부담을 줄이고 창의적인 사고의 가능성을 높여야 한다는 주장은 교육뿐만 아니라 사회에서도 일반적으로 받아들여지고 있는 것이 현실이기 때문이다. 그런데 여기서 주목해야 할 것은 이 주장에 있어서 인간의 기억이 창의적 사고 혹은 창의성과는 별개의 것이라는 암묵적인 전제가 놓여 있다는 점이다. 과연 기억과 창의성의 구분 근거는 무엇인가? 아쉽게도 고든 벨에게서는 그 구분 근거를 찾을 수는 없다. 그렇지만 고든 벨이 기초하고 있는 기억의 인지과학적 모델에서 그 단초를 찾을 수 있을 것이다. 인지과학 모델에 있어 기억은 전적으로 합리주의적으로 이해된다. 전자기억 역시 이러한 모델에 기초해 있다는 점에서, 그리고 전자기억은 디지털화된 기억이라는 점에서 가장 합리주의적 모델일 수밖에 없다. 기억이 합리주의적 관점에서 이해되고 모델링되는 것이며, 기억이 창의성과 구분되는 것이라면, 우리는 이 두 전제에서 최소한 창의성이 합리주의적 관점에서 이해될 수 없는 것이라는 점을 도출해 낼 수 있다. 기억과 상상력의 구분이 합리주의적 관점에서 이루어진다는 것이 이러한 논증 속에서 새롭게 밝혀지는 것은 아니다. 오히려 이러한 구분은 역사적 배경을 가지고 있는 것이다. 이러한 구분은 사실 상상력과 같은 창의성이 합리주의의 모태였던 근대뿐만 아니라, 합리주의의 전형적 형태였던 실증주의와 과학주의에 있어 배척당한 사상적 역사의 흔적을 고스란히 간직하고 있다.[32]

제2절 · 현대 사회에서 기억과 상상력의 문제

마이라이프비츠 프로젝트는 디지털 기억으로서의 전자기억이 인간의 생물학적 기억의 한계를 극복함으로써 인간의 기억 방식을 변화시킬 것이며, 이 방식의 변화 속에서 더 많은 자료의 효율적 활용을 통해 창의성의 향상이라는 결과를 초래할 것이라고 전망한다. 이러한 전망은 기억의 증진과 창의성 향상이 비례한다는 것이기는 하지만, 이 비례는 기억과 창의성의 구분 위에서 전망된다. 앞서 언급했듯 기억과 창의성은 합리주의적 관점에서 구분된다.

그렇지만 창의성의 증진이 전자기억을 통한 기억 능력의 향상에서 부수되는 효과로, 다시 말해 기억들 간의 연상에 대한 필요성이 줄어들어 생기는 여백에서 창의성이 발휘될 여지가 늘어나게 될 것이라는 전망은 합리주의 전통 내에서도 즉각적으로 수용되기는 어려워 보인다. 예를 들어 "상상력이란 이미지들 사이의 유사성을, 판단력은 차이를 알아내는 능력으로 보면서, 한 사람의 사고가 설득력이 있는 것이 되기 위해서는 판단력의 통제를 받는 상상력이 필요하다."[33]고 본 홉스(Tomas Hobbes)의 관점에서 그러하다. 다시 말해 인간의 창의성이 연상의 작용 속에서 기억과 기억의 새로운 네트워크를 구축하는 합리적 능력이라는 점에서 전자기억의 연결망에 대한 의존성 강화는 오히려 창의성의 위축을 초래할 수도 있다고 볼 수 있는 것이다.

물론 합리주의적 전통 내에서도 기억과 창의성의 관계를 창의성의 성격과 기능에 대한 입장에 따라 서로 달리 규정할 수는 있다. 그렇지만 그렇다고 하더라도 합리주의적으로 규정되지 않는 창의성이 기억의 합리화가 이루어지는 과정 속에서도 그 필요성이 요구되는 이유는 쉽게 납득되지 않는다. 우리가 흔히 볼 수 있듯이, 합리성이 극단적으로 강조되는 현대 디지털 정보화 사회에 있어서도 창의성의 필요성은 매우 강조되고 있는 실정이며, 상상력과 같은 창의적 능력은 제일의 덕목으로 인정되고 있는 것이 현실이다.

우리가 지금 이미지 상상력의 시대를 살고 있다는 것은 우리에게 무엇을 의미하는 것일까? 문자 그대로 이해한다면 합리주의적 인식에 입각한 세계관, 인간관과 그에 입각한 제반 가치, 윤리 등에 지친 나머지 새로운 인식의 변화가 일어나고 있다는 것을 의미할 것이다. 하지만 사태가 그렇게 간단하지만은 않다. … 우리가 맞이한 이미지와 상상력의 시대는 역설적이게도 이미지와 상상력을 억압해온 서구의 과학기술 문명의 발전에 힘입은 것이기 때문이다. 사정이 그러하기에 이미지 상상력의 시대는 현실로 도래한 것처럼 보이지만 인식의 차원에서는 아직 근본적인 변화가 일어나고 있다고 보기 어렵다. …… 우리는 서구식의 합리주의적 인식의 절정에서 상상력의 시대를 맞이한 것이 아니라 우리가 서구식의 합리적 인식에 도달하려면 아직 멀었다는 일종의 자괴감을 지닌 채 상상력의 시대를 맞이한 것이기 때문이다. 따라서 무의식적으로 우리는 상상력을 서구보다 더 평가절하하고 있는지도 모른다. 그런 한편 경제적 가치, 경제적 효율성이 전방위적인 위력을 발휘하면서 상상력에 대한 왜곡은 아주 심해진다. 상상력은 경제적 효율성을 발휘하기 위한 수단으로 축소되고 21세기를 살아내기 위한 수단이 되어 버린다. 더욱이 우리는 이른바 IT강국이다. 그 결과 정보과학의 발전에 힘입은 디지털 기술과 상상력이 아무런 유보 없이 은밀하게 결합하는 일까지 벌어진다. 이미지와 상상력이 정보화 시대에 살아남기 위한 수단이 되는 그 역설![34]

현대 사회를 살아가는 우리는 이중의 사태에 직면해 있다. 우리는 한편으로 기억이 전자기억으로 전환되는 사태에, 다른 한편으로 디지털 기술과 상상력의 은밀한 결합에서 상상력의 왜곡이라는 사태에 직면해 있는 것이다. 사실 전자기억 역시 기억과 디지털 기술의 결합이며 기억과 상상력 모두 인간의 인지 능력에 포함된다. 이렇게 보면 우리는 근본적으로 디지털 기술과 인지 능력의 결합, 다시 말해 우리는 근본적으로 디지털 기술과 인지 능력의 디지털 컨버전스라는 사태에 직면해 있는 것이다. 다시 말해 인지 능력과 디지털 기술의 컨버전스 속에서 전자기억이라는 형태의 기억의 외재화를 경험하는 것이다. 그러나 이러한 형태의 외재화는 이전 형태의 외재화와는 다른 양상을 보인다. 이전 형태의 외재화 속에서 우리는 인간의 기억 능력의 저하를 경험하지 못했다. 그렇지만 현대의 다양한 연구들이 보고해 주듯이, 현재의 외재화 방식 속에서는 기억 능력의 저하를 경험하게 된다. '디지털 치매'는 대표적인 기억 능력 저하 현상이다. 디지털 치매는 우리가 디지털 기기를 올바르게 사용할 때 발생하는 역설적 상황이다. 예를 들어 휴대전화의 주소록 기능을 제대로 사용할 때, 자동차에 장착되어 있는 네비게이션을 올바르게 사용할 때 우리는 전화번호와 길을 기억하지 못하게 되는 것이다.

이러한 역설적인 상황은 디지털 기기와 은밀한 결합 속에서 발생하는 왜곡이 상상력뿐만 아니라 기억에 있어서도 마찬가지라는 것을 시사한다. 개념적 의미에 있어 외재화는 이전의 형태나 현재의 형태나 마찬가지이다. 외재화의 개념적 의미가 동일한 것이라면, 우리는 과거와 현재에 있어 기억의 외재화 간의 차이를 '기억'이라는 개념에서 찾아볼 수밖에 없다. 마이라이프비츠 프로젝트에 있어 개인의 기억은 철저히 개인의 시점에서만 이해된다. 그리고 그 기억은 컴퓨터의 파일 저장과 동일한 구조로 이해된다.

고든 벨은 라이프로깅과 라이프블로깅을 구분하면서 마이라이프비츠가 추구하는 지향점은 라이프로깅이라 말한다. 그렇지만 이것은 공개되는 것과 공개되지 않는 것의 차이일 뿐, 라이프로깅과 라이프블로깅 모두 개인의 기억이 오로지 개인의 시점이라는 점에서는 동일한 것이다. 물론 우리는 개인적인 경험을 추억으로 간직하고, 이를 되돌아보며 회상하고 추억할 수 있다. 그러나 마이라이프비츠 프로젝트가 단순히 여행의 경험을 남기기 위해 찍는 사진의 연장선상에 있는 것은 아니다. 오히려 기억은 오로지 개인의 것이기 때문에, 개인의 영역에 놓아둘 수 있는 것이다. 그렇지만 "알브바슈에 따르면 기억은 개인이 간직하는 것이긴 하지만 개인의 가장 원초적인 기억조차 사회적으로 형성된다."[35] 개인은 결코 사회와 분리되어 존재하지 않으며, 개인의 기억 또한 사회적 환경과 결코 분리될 수 없다. 기억은 맥락적인 것이다.

추억에 대한 주관적 느낌과 시간 속에서의 그 추억의 상황은 개인의 일관성을 유지하는 데 필수적이다. 그것이 영국 작가 마틴 콘웨이가 '자아'라고 일컫는 것이다. 이것은 추억이 경험한 사건에 일치하는 복사본이라는 것을 절대적으로 뜻하는 것은 아니다. 그런 경우는 오히려 드물다. 기억은 우리의 추억과 지식의 정신적 표상을 재구성하는 역동적인 현상이다. 같은 사건을 경험한 두 사람이 그 사건에 대해 서로 다른 흔적을 보유하고 있다. … 기억의 완벽성은 정확성에 달려 있기보다는 추억과 지식을 우리 자신, 우리 환경, 특히 우리의 삶을 함께 나누는 사람들과 긴밀히 연관되게 유지하면서 그 추억과 지식을 변경시키는 능력에 달려 있다. 기억은 그저 단순한 창고나 저장소가 아니다.[36]

기억이 재구성적 역동성을 갖추고 있다는 것은 인문학과 사회학 그리고 문학의 전유물은 아니다. 기억의 재구성적 역동성은 생리심리학의 연구결과이기도 하다. 생리심리학의 연구 결과에 따르면, 기억은 "시간에 따라 구성되고 재구성되는 능동적인 과정이다."[37] 이러한 결과가 보여주는 기억의 재구성적 역동성과 비교하여 컴퓨터의 파일 저장 시스템은 최소한 재구성의 능동적 과정이 아니다. 오히려 컴퓨터의 파일 저장 방식은 원본을 그대로 재현함으로써 시간을 고정화하는 것이다. 파일은 재입력됨으로써 변경될 수 있을 뿐이지 재구성되는 것은 아니다. 재구성의 관점에서만 보더라도 기억은 결코 감각의 결과를 그대로 다시-앞에-갖다-놓음(re-present-ation)이 아니다.

제3절 · 감각적 재현 기술과 창의적 상상력

마이라이프비츠 프로젝트는 인간의 경험, 특히 인간의 감각적 경험을 그대로 저장함으로써 재현하는 것을 목표로 삼고 있다. 이미 인용한 바 있지만, 이 프로젝트를 진행하고 있는 고든 벨이 말했듯, "우리의 두뇌 안에 있는 기억과 집중력, 감정은 경험과 시간을 왜곡시키고, 요약하거나 편집하기도 한다. 전자기억의 시대의 눈 역할을 하는 비디오 카메라는 눈과 달리 절대로 눈을 감거나 윙크하지 않고, 백일몽을 꾸거나 두 번 찍지도 않는다."[38] 촉각과 후각 등의 감각을 재현해 낼 수 있는지에 대해서는 여전히 논란거리이기는 하지만, 외견상 마이라이프비츠에 있어 디지털 기술을 통한 시각의 재현은 가능한 것으로 보인다. 일정 정도의 비약을 감내한다면, 우리는 시각의 재현 가능성에서 인간 감각 모두의 재현 가능성을 가늠해 볼 수 있을지도 모른다.

인간의 감각이 공학적으로 재현되려면, 그것은 일종의 기계적 메커니즘으로 모델링되어야 한다. 감각의 과정은 감각자료와 이 감각자료가 처리되는 알고리즘으로 규정되며, 이렇게 규정된 모델을 구현함으로써 인간의 감각은 재현될 수 있기 때문이다. 예를 들어 시각을 통한 색채의 인식은 감각 자료로서의 색채와 이 색채를 특정한 색과 연관시키는 뇌의 작용으로 모델링되는 것이다. 이때 색채가 처리될 수 있는 자료로 되기 위해서 색채는 순수한 현상으로서 규정되어야 한다. 다시 말해 공학적 접근에 있어 색채는 빛의 간섭 작용의 결과인 것이며, 색채의 인식은 이 결과를 기계적으로 반영하는 것이다. 그렇지만 지각에 있어서의 색채는 순수한 현상이 아니며, 색채에 대한 인식도 다양한 차원에서 이루어진다. 예를 들어 동일한 색이라 하더라도 그것에 대한 정서는 정지화면과 동영상에서 달리 느껴질 수 있으며,[39] 회화의 경우처럼 색은 색으로서만이 아니라 의미로 인식되기도 하기 때문이다.

> 우리의 시각은 색을 느끼고 인지하며 나아가 우리에게 의미를 부여하고 미적 감정을 유발시킨다. 색을 자연과학으로 분석해 보려는 이들의 생각과 달리 시각은 단순히 뇌와 외부, 자극과 반응의 내적 메커니즘에 따르는 것이 아니다. 색은 우리의 시각에 의하여 이미 '의미화'되어 있다. 색은 인간의 역사와 함께해 온 것이라서 지각되기 이전에 정서와 느낌, 의미를 내포하고 있는 것이다.[40]

물론 빛이 사물에 비추어 발생하는 간섭 현상은 그 자체로 있을 수 있다. 그렇지만 그러한 간섭 현상 자체가 있다고 하더라도 그것이 우리의 감각에 그대로 반영되는 것은 아니다. 오히려 인간의 감각은 사태 그 자체를 그대로 반영하는 수동적 모사 과정이 아니라, 의미적으로 보고 느끼고 듣는 의미적 감각이다. 물론 인간이 물리적 신체를 가지고 있다는 점은 부인될 수 없다. 그러한 까닭에 인간 역시 물리적 자극에 대한 본능적 반응을 하기도 한다. 그렇지만 인간의 행위가 오로지 작용으로서의 반응이기만 한 것은 아니다. 우리는 눈을 깜빡일 수도 있지만 윙크를 하기도 한다. 이때 눈을 깜빡거림과 윙크는 본질적으로 다르다. 눈을 깜빡거림은 반응일 뿐, 표현이 될 수 없다. 이에 반하여 윙크는 반응이 아니라 표현이다. 인간의 표현이 가능한 것은 인간의 행위가 간접적이기 때문이다.

인간 행위의 간접성은 도구의 사용에서도 확인해 볼 수 있다. 윤리학자 피터 싱어는 동물 역시 도구를 사용한다는 점에 있어 인간과 동일하다는 점을 들어 인간을 도구적 존재로 규정하는 것에 이의를 제기한 바 있다. 그렇지만 동물의 도구 사용은 신체의 연장 수단일 뿐이다. 예를 들어 원숭이가 자신의 팔 길이보다 높이 달린 바나나를 따기 위해 막대기를 사용할 때, 이 막대기의 사용은 원숭이의 팔 길이를 늘려주는 역할을 수행한다. 물론 인간도 이와 유사한 방식으로 도구를 사용하기도 한다. 하지만 여기에는 근본적인 차이가 있다. 우선 원숭이의 경우 그 도구의 사용은 최후의 수단이지만 인간에게는 아니다. 인간의 경우 최후의 수단은 신체를 사용하는 것이다. 물론 인간 역시 때로 신체의 연장으로서 도구를 사용하기도 한다. 하지만 이러한 도구의 사용이 인간의 도구 사용 전체를 규정할 수는 없다. 예를 들어 소파밑에 손이 닿지 않는 물건을 꺼내기 위해 막대기를 사용하는 것은 그 물건과 신체의 직접성을 강화하기 위해서이다. 이 경우 도구는 매개적 역할을 하는 것이 아니라 단순한 신체의 연장으로서 그 물체에 신체가 직접 접촉하는 것과 같다. 다시 말해 도구를 신체의 연장으로 사용할 때 그의 신체가 도구를 사용하고 있어 외견상 도구를 사용하는 것 같지만, 실제로는 최후의 수단으로 신체를 사용하는 것이다. 더욱이 동물이 보여주는 신체의 연장으로서의 도구 사용은 목적을 직접적으로 성취하려는 욕망에서 기인하지만, 인간의 도구 사용은 단지 이러한 욕망에만 머무르지 않는다. 오히려 인간은 도구를 사용함으로써 목적을 멀리 둘 수 있다. 다시 말해 동물의 도구 사용은 신체를 연장함으로써 자연과의 직접성을 유지하는 반면에, 인간은 도구의 사용을 통해 자연과의 거리를 창조하는 것이다. 이러한 거리두기를 통해 인간은 간접성을 획득하게 된다.[41] 아마도 이러한 거리두기가 없었다면, 인간은 여전히 하늘을 나는 비행의 꿈을 실현할 수 없었을지도 모른다. 흔히 하늘을 나는 것은 인간의 원초적 욕망이라 회자된다. 비행의 역사에서 보면, 인간은 이러한 욕망을 직접적으로 실현하기 위해 자신의 신체를 연장하는 방식을 택하기도 하였다. 그러나 비행이라는 욕망의 실현은 자연을 모델링하는 신체의 연장에서 벗어남을 통해 비로소 가능하였다.[42] 거리두기라는 간접성은 인간을 모사와 모방에서 벗어나 창조성의 길로 이르게 한 것이다.

인간의 표현이 인간 행위의 간접성에서 기인되는 한, 인간의 기억과 이 기억의 외재화 역시 창조성의 길 위에 놓이게 된다. 지금껏 인간이 행해 온 기억의 외재화들은 근본적으로 표현들이었으며, 기억 역시 본질적으로 행위이기 때문이다. 이렇게 보면, 기억과 표현은 모사나 복사(copy)와는 거리가 멀다. 바로 이러한 까닭에 기억을 단순히 창고나 저장소로 보는 것이 아니라 능동적이고 역동적인 행위과정으로 볼 수 있는 것이다. 하지만 마이라이프비츠와 같은 기억에 대한 공학적 접근과 이해에 있어서 기억은 오히려 수동적이고 직접적인 것으로 이해된다. 기억에 대한 공학적 이해 속에서 기억은 단지 기계적인 메커니즘으로, 다시 말해 정보의 입력과 출력의 과정으로 규정된다. 더 나아가 마이라이프비츠는 정보로서의 지각적 경험과 출력으로서의 표현 간의 간극을 없애버림으로써 기억을 전적으로 객체화시킬 수 있다고 보고 있다. 기억은 그 자체로 저장됨으로써 표현되며,

이렇게 저장되고 표현된 기억으로서의 정보가 왜곡과 상실을 원천적으로 차단당하게 될 때 완전한 기억이 비로소 실현되는 것이다. 이러한 구도 하에서 표현이란 입력되어 저장된 기억 그대로를 다시-앞에-갖다-놓음(re-present-ation)이기 때문에, 본질적으로 기억과 표현 그리고 정보는 내용적으로 구분되지 않는다. 또한 기억은 감각적 지각을 통한 경험과 시간 그대로의 저장이기 때문에, 인간의 경험과 시간은 그 표현과의 간극을 가질 수 없게 된다.

그러나 인간의 표현은 즉각적인 반응과는 다른 구성적 능력을 포함하기 때문에 인간의 경험과 시간이 그 표현과의 간극을 갖지 못하는 것은 상상력의 발현에 심각한 위해를 가할 수 있다. 상상력 연구의 세계적 대가인 질베르 뒤랑(Gilbert Durand)에 따르면, "상징화의 독특하고 주된 특성이 나타나는 것은, 발가벗은 원숭이인 이 이상하고 독특한 영장류, 인간이라는 육식성 영장류에서이다. 그것은 유형 성숙 혹은 미성숙 상태에서의 욕망과 현실 사이에 놓인 간극이 그 어떤 영장류의 동물에게보다 인간에게 크기 때문"[43]이다. 뒤랑에게 있어 상상력은 상징을 구성하는 능력으로 이해되기 때문에,[44] 인간의 상징화가 갖는 특성은 인간의 상상력이 갖는 특성으로도 해석될 수 있다. 따라서 뒤랑의 말은 욕망과 현실 사이에 놓인 간극, 다시 말해 욕망이 직접적으로 성취될 수 없는 근본적인 간극 속에서 인간의 상상력이 발현되는 것을 의미한다. 욕망과 현실과의 간극은 인간의 행위와 표현의 간접성과 밀접하게 연관된다. 인간 행위와 표현의 간접성은 상상력의 조건이다. 따라서 우리가 만일 행위와 표현의 간접성을 상실하거나 혹은 일부나마 그것이 훼손되었을 때, 우리는 상상력의 위축을 경험할 수 있다.

이러한 의미에서 마이라이프비츠가 보여주고 있는 인간의 행위와 기억 그리고 표현 간의 구도는 인간의 상상력이 위축될 수 있는 가능성을 내포하고 있다. 더욱이 이 구도 하에서는 인간의 기억력조차 위축될 가능성 또한 높다. 디지털 치매가 방증하듯이, 디지털 방식의 기억의 외재화는 기억의 능력을 쇠퇴시키는 결과를 보여주고 있기 때문이다. 이러한 의미에서 고든 벨은 마이라이프비츠 프로젝트가 새로운 연상의 필요성을 줄여 상상력과 같은 창의성의 증진을 도모할 것이라 예상하지만, 그의 예상은 빗나갈 가능성이 커 보인다. 고든 벨의 예상은 디지털 기술과 인간 인지 능력 간의 협력(collaboration)에 입각한 것이었다. 그렇지만 문제는 이러한 협력의 구상이 인간의 기억과 상상력과 같은 인지 능력에 대한 공학적이고 기계론적인 접근 태도에서 출발했다는 데에 있다. 우리가 만일 디지털 기술과 인간 인지 능력 간의 협력을 올바른 방향으로 정향하기를 위한다면, 다시 말해 디지털 미디어 기술이 기억, 상상력 그리고 창의력과 같은 인간의 인지 역량을 강화시키는 방향에서 전개되기 위한다면, 인간 인지 역량에 대한 공학적 접근의 이념적 토대와 인간의 인지 능력에 대한 근본적인 성찰이 필요하다.

제3장

기억과 상상력에 관한
공학적 접근과 근대 사유

기술과 인간의 인지 능력 간의 상관성에 대한 가장 옛 논의는 플라톤의 대화편 『파이드로스』에서 찾아 볼 수 있다.[45] 특히 '문자'에 대해 이루어진 테우트 신과 타무스 왕과의 대화는 우리의 이목을 끌기에 충분하다. 이 대화 속에서 테우트 신은 자신이 기억과 지혜의 묘약으로 문자를 발명하였고, 이집트 사람들이 이 문자를 배우게 되면 더욱 지혜롭고 기억력이 높아질 것이라고 타무스 왕에게 자랑삼아 이야기한다. 그렇지만 테우트 신의 이야기를 들은 타무스 왕은 테우트 신과는 상반된 부정적 평가를 내어 놓는다. 타무스 왕의 말에 따르면, 문자는 망각을 낳게 될 것인데, 그러한 까닭은 사람들이 문자를 배우게 되면 스스로 상기(想起)의 노력을 하지 않을 것이기 때문이다.

이 옛 이야기는 문자라는 기술적 도구가 인간의 인지 환경을 변경함으로써 인간의 인지 능력에 심각한 변화를 발생시킨다는 것을 말해준다. 문자는 하나의 매체이며, 이 매체를 통해 기억은 보존될 수 있다. 잘 알려진 것처럼, 인쇄술은 문자가 갖는 기억 보존의 매체라는 특성을 크게 강화시킨다. 인쇄술의 발전은 더 많은 그리고 더 다양한 기억들을 보존하게 해왔다. 이러한 흐름은 인쇄술과 디지털 기술의 컨버전스와 저장 용량의 증가에 힘입어 급속하게 가속화되고 있다.

우리는 회상하기 위해서 기억을 필요로 한다. 기억 없는 회상은 가능하지 않다. 기억이 회상의 전제 조건이라는 점에서 보면, 기억의 증가는 회상의 증가로 이어질 것이라는 예상도 가능하다. 기억과 회상이 비례하는 것이라면, 우리는 기억과 회상 간의 지속적인 균형 관계를 예측해 볼 수 있다. 그리고 기억을 정보의 저장으로 간주하는 공학적 관점에서 보면, 정보량의 증대는 기억과 회상의 가능성과 필요성 또한 증대시킬 것으로 예측될 것이다. 그렇지만 이러한 예측은 일정 정도의 임계점까지만 들어맞는다. 연구 결과에 따르면, 정보 폭증이 주의력 결핍 장애를 유발할 수 있어서 정보 과부하가 이루어지면 오히려 정보처리 능력이 떨어지기 때문이다. 물론 분류 기술의 발전이 정보 처리 능력을 향상시킬 수도 있을 것이지만, 이것이 기억과 회상의 불균형 자체를 해소할 수는 없을 것이다.

> 문자의 형이상학이 서양 문화에서 깊이 각인되어 장기적 안정성을 가짐으로써 수백 년간의 지속에 대한 의지를 가져왔다면, 디지털 자료의 홍수라는 작금의 시대에는 이러한 문자의 형이상학에 문제를 제기하고 있는 것이다. 초역사적인 것이 일시적인 것에 의해 구조되게 되었다. … 이러한 방향 전환은 기억 공간의 중대한 '지속성 변화'를 제시하는 것이다.

왜냐하면 깊이, 배경, 퇴적, 계층화와 같은 경험들은 물질적 글쓰기와 관련되어 있기 때문인데, 이러한 경험들은 무엇보다도 부재와 현존 사이에 있는 잠재적 기억의 상상 속에서 구체화된다. 전자 기술의 조건 하에서는 그러한 이미지와 상상이 거의 남아 있을 수 없다. 여기서 지배적인 것은 표면인데, 그 뒤에는 계산 상황과 1과 0으로 된 코드의 회로 체계만이 숨겨져 있다.[46]

굳이 우리가 플라톤의 시대까지 거슬러 올라가지 않더라도, 문자와 인쇄술이 인간의 인지 환경의 변화를 초래했다는 것은 분명하다. 그러나 이러한 변화의 폭은 디지털화를 동반하는 디지털 컨버전스가 초래하는 변화의 폭에 비교할 수 없다. 디지털 컨버전스는 존재하는 모든 것의 디지털화라는 형이상학에 기초한다. 다시 말해 존재하는 모든 것은 0과 1이라는 이치 논리의 관계로 환원되어야 한다. 이치 논리는 매우 먼 역사적 기원을 갖는 것이지만, 이것이 가장 명확한 인식적 토대로 정립하고 전면화했던 것이 근대의 사유였다.[47]

기억에 대한 공학적 접근은 디지털 컨버전스와 별개의 관점이 아니며, 오히려 디지털 컨버전스의 한 흐름이다. 왜냐하면 기억에 대한 공학적 접근이 추구하는 것이 기억의 디지털적 실현, 즉 기억의 디지털화이기 때문이다. 따라서 기억과 상상력에 대한 공학적 접근 역시 디지털 컨버전스의 형이상학 하에서 이루어지고 있는 것이다. 디지털 컨버전스의 흐름을 근대 사유와의 연관성에서 고찰하게 되면, 우리는 공학적 접근의 이념적 토대를 근대의 사유로부터 되짚어 볼 필요가 있다.

제1절 · 근대적 사유의 흔적

마이라이프비츠는 디지털 시대에서 인간의 기억이 어떻게 규정되고 이해될 수 있는지를 가장 극명하게 보여주고 있다. 그러한 까닭은 이 프로젝트가 인지과학이 구성한 인간 기억의 구조를 공학적인 차원에서 수용함으로써 인간의 기억을 공학적인 관점에서 재구성하고 있기 때문이다. 이 프로젝트의 담당자인 고든 벨은 이러한 재구성을 위하여 인지과학의 관점에서의 인간 두뇌의 작동 방식과 공학적 관점에서의 컴퓨터 작동 방식을 병렬적으로 대비시킨다. 먼저 정보의 저장 방식을 보면, 인지과학적 관점에서 기억은 두뇌 내의 뉴런과 신경 세포 간의 연결 방식으로 저장되며, 컴퓨터는 미세한 스위치의 on/off 방식으로 정보를 저장한다. 고든 벨은 이 대비를 통해 '정보의 저장'이라는 점에서 이 두 작동 방식들을 동일한 메커니즘으로 파악한다. 또한 이 두 작동 방식들은 '정보의 사용'이라는 점에서도 동일한 메커니즘이다. "두뇌와 컴퓨터는 모두 정보를 저장하고, 저장한 이후 행동 과정을 결정하기 위해 정보를 사용한다."[48]

우리는 흔히 USB 메모리나 외장하드 그리고 클라우드를 사용하곤 하는데, 이것은 한편으로 정보를 이동하면서 활용하기 위해서이기도 하지만, 다른 한편으로는 컴퓨터에 저장된 정보를 어떠한 이유에서든지 다시 저장하기 위해서이기도 하다. 두뇌의 작동 방식과 컴퓨터의 작동 방식이 동일한 메커니즘으로 이해되면, 컴퓨터에서 진행되는 저장된 정보의 재저장 방식 역시 두뇌에도 적용될 수 있다. 다만 두뇌는 컴퓨터만큼 정보의 재저장이 용이하지 않다. 이 때문에 두뇌는 저장된 정보를 왜곡하거나 잃어버릴 수 있다. 이것이 생물학적 기억의 한계이다. 따라서 컴퓨터의 재저장 방식을 두뇌의 작동 방식에 연동시키면, 두뇌가 갖는 기억의 생물학적 한계를 극복할 수 있다. 이것이 전자기억 혹은 완전한 기억이다. 인지과학에서 이해하는 기억의 구조는 마이라이프비츠에 있어서의 기억에 그대로 적용된다. 다만 그 작동 방식을 컴퓨터의 작동 방식과 구조적으로 동일시하며, 이로부터 재저장 방식을 인간의 기억에 적용시킬 수 있다고 생각한다는 점에서 마이라이프비츠는 기억을 인지과학 접근에서 공학적 접근으로 전환시킨다. 그렇지만 이러한 전환 속에서도 기억의 구조에 대한 이해는 여전히 동일하기 때문에, 인지과학이 기억의 구조를 이해할 때 갖는 이념적 토대 역시 마이라이프비츠에서도 유지된다.

인지과학뿐만 아니라 마이라이프비츠에 있어서도 정보의 저장은 부호화(encoding)를 거치는 것으로 이해된다. 쉽게 말하자면 어떠한 내용이 정보로서 저장되기 위해서는 처리되어야 한다는 것이다. 인지과학적 접근에 있어서 부호화는 "지각적 표상 시스템으로부터 연속적으로 실행된다. 그리고 나면 경우에 따라서는 정보가 의미적 기억으로 전달되고, 또 어떤 경우에는 일화적 기억으로 전달된다."[49] 특히 일화적 기억 같은 장기기억의 저장은 시냅스 차원에서만 발생되는데,[50] 이러한 까닭에 신경생리학에서는 부호화가 뉴런들 간의 연결망으로 이해된다. 이 뉴런과 뉴런 간의 연결망으로 이해되는 부호화는 컴퓨터에서 이진수 방식, 즉 스위치의 on/off 방식으로 구현된다.

이러한 부호화 과정 전체는 전적으로 물리적이다. 물리적 과정에서 처리된 감각 정보들은 어떠한 의미 작용도 포함하지 않는다. 다시 말해 정보의 해석 과정은 전적으로 배제되어 있다. 이것은 마이라이 프비츠 프로젝트에서 인간의 감각, 특히 시각을 통해 들어오는 정보를 그대로 찍어 저장하는 것이 기억의 저장 방식이라 이해할 수 있는 단초이다.

전자기억은 우리의 일화적 기억에도 중요한 역할을 하게 될 것이다. 당신이 살아가는 동안, 개인 기기는 당신이 녹화하고 싶은 것들을 하나도 놓치지 않을 것이다.[51]

정보의 입력이 정보의 해석과 이원적으로 이해되는 방식은 사실 인지과학이 창조해 낸 방식은 아니다. 오히려 이 방식은 전혀 낯설지 않다. 그러한 까닭은 이러한 이원적 구조가 전형적인 근대적 사유 방식이기 때문이다. 근대적 사유 방식을 대표하는 철학자 중의 하나인 칸트에 따르면, 인간의 인식은 감성과 오성의 이원적 구조 하에서 이루어진다. 이때 감성의 역할은 공간과 시간의 틀 속에 수동적으로 주어지는 무규정적 잡다를 포착하는 것이며, 오성의 역할은 범주를 적용하여 무규정적 잡다에 의미를 부여함으로써 규정하는 것이다.

어떤 방식으로 그리고 어떤 수단을 통해서 인식이 대상들에 관계하든지 간에, 인식이 대상에 직접적으로 관계하고, 모든 사고가 수단으로서 삼고자 하는 것은 직관이다. 이 직관은 오직 우리에게 대상이 주어지게 되는 한에서만 발생한다. 그러나 이는, 최소한 우리 인간에게는, 오직 대상이 심성을 어떤 방식으로 촉발하는 것을 통해서만 가능하다. 우리가 대상들에 의해서 촉발되어지는 방식을 통해서 표상들을 얻는 능력(수용성, rezeptivität)은 감성이라 불린다. 따라서 감성을 통해서 우리에게 대상들이 주어지고, 감성만이 우리에게 직관들을 제공한다. 그러나 오성을 통해서 대상들은 사고되고, 오성으로부터 개념이 발생한다. …… 표상 능력에 대한 대상의 작용이 … 감각이다. 감각을 통하여 대상에 관계되는 직관은 경험적이라 불린다. 경험적 직관의 무규정적(unbestimmt) 대상은 현상이라 불린다.[52]

이러한 근대적 사유의 인식 모델은 기억에 대한 인지과학적 접근뿐만 아니라 마이라이프비츠 프로젝트와 같은 인간 인지 기능에 대한 공학적 접근 방식이 갖고 있는 이원적 구조와 동일하다. 인지 과정을 기억된 내용(날 사실)과 그것에 대한 해석으로 이원화하는 근대식의 사유 방식이 갖는 장점은 감각 정보를 매우 단순한 메커니즘으로 처리할 수 있게 한다는 점이다. 다시 말해 감각 정보는 어떠한 의미 작용의 개입도 차단된 것이기 때문에, 감각 정보는 순수한 것으로서 그것의 입력과 출력 과정에서 등가적인 것으로 이해할 수 있는 가능성이 열리게 되는 것이다. 따라서 감각 정보의 처리 과정은 매우 단순한 메커니즘으로 구성될 수 있다. 근대적 사유의 흔적을 디지털 기술의 전개 속에서 발견하게 되는 것은 바로 이러한 이유에서이다. 마이라이프비츠의 전자기억이 갖는 구조는 이러한 특징을 명확하게 보여준다.

생물학적 기억은 시간이 지날수록 점점 희미해지고, 여러 기억과 합쳐지며 변이된다. 그러나 전자기억은 변함없이 상세한 내용들을 저장할 것이다. 나는 내 생물학적 기억에 근거해서 작년 샌프란시스코에 있었을 때를 정확히 기억해 내려 노력한 적이 있다. 그러나 내 GPS를 접속시킨 후에야 샌프란시스코에서 내가 걸었던 모든 거리와 시간을 정확히 회상할 수 있었다.[53]

마이라이프비츠와 같은 기억에 대한 공학적 접근은 기억을 정보의 입력과 출력의 과정으로 간주한다. 따라서 이러한 접근이 구현하려는 기억인 전자기억은 구조적으로 정보의 입력과 출력 과정이며, 이를 최적화할 수 있도록 구상된 것이다. 고든 벨이 말하고 있듯, 인간의 생물학적 기억은 희미해지고 변이될 수 있다. 이것이 문제라고 할 때, 이 문제를 입력과 출력의 관계로 재기술할 수 있다. '생물학적 기억은 정보의 입력과 출력의 결과 값을 달리 산출할 수 있다.' 공학적 관점에서 볼 때, 입력과 출력의 결과가 다를 수 있다는 것은 인간의 기억이 갖는 근본적인 약점이며 한계이다. 기억을 정보의 입력과 출력의 메커니즘으로 간주하는 공학적 접근에 있어 기억이 완전한 것이 되기 위해서는 입력과 출력의 값을 동일하게 만들어야만 한다. 그리고 이렇게 함으로써 인간의 기억이 갖는 약점, 즉 기억의 생물학적 한계는 극복될 수 있다. 이른바 완전한 기억이 출현할 수 있는 것이다.

입력과 출력이 동일한 결과 값을 갖기 위해서는 우선 입력되는 정보에 어떠한 것도 첨가되어서는 안 된다. 또한 이렇게 입력되는 정보가 그대로 저장되어야만 한다. 이 두 가지 조건이 충족되어야만 출력의 값은 입력의 값과 동일할 수 있다. 이 조건들이 충족되기 위해서는 정보의 입력 과정은 정보의 해석 과정과 엄격히 분리되어야 한다. 인간의 기억과 전자 기억이 동일한 메커니즘을 갖는 것이라면, 인간의 기억 또한 정보의 입력과 해석이 철저히 분리된 것으로 보아야만 한다. 따라서 인간의 인지 과정도 해석과 무관한 기억(날 사실의 수동적 수용)과 출력된 기억에 대한 해석의 과정(날 사실에 대한 의미 부여)이라는 이원적 구조로 이해되며, 여기서 다시 우리는 근대적 사유로 귀환한다.

제2절 · 기억/상상력과 재현의 문제

기억의 디지털화 및 이를 통한 기억의 전자적 저장과 재생이라는 테제는 한편으로는 그 근원을 근대의 합리주의적 사유 속에서 갖고 있으며, 다른 한편으로는 이러한 합리주의적 관점을 극단화하는 것이다. 근대의 합리주의는 인간의 인지 과정을 합리주의적으로 구상하였으며, 이러한 구상 속에서 상상력과 같은 창의적 사고의 위상은 추락하게 된다. 예를 들어 신화적 상상력은 합리주의적 영역 속에 포섭될 수 없기 때문이다. 따라서 신화는 기껏해야 우의적으로 해석되며, 급기야 막스 뮐러와 같은 신화학자는 신화를 언어의 병으로 규정하기에 이른다. 물론 합리주의적 전통 내에서 상상력의 고유한 역할이 전적으로 부정된 것은 아니었다. 이미 언급한 바 있지만, 토마스 홉스의 경우 상상력은 유사성을 인식하는 능력으로 판단력은 차이를 인식하는 능력으로 규정하기도 했기 때문이다.[54] 그러나 홉스가 상상력의 고유한 능력을 인정하지만, 상상력이 판단력의 통제를 받아야 한다고 본다는 점에서 상상력은 전적인 고유성을 인정받지는 못했다.

기억이 전통적으로 인간의 인지 능력에 포함되어 왔다는 점을 감안한다면, 상상력과 기억은 마치 별개의 것으로 구분될 수 있다. 기억은 합리성의 영역에 포함되지만, 반면 상상력은 최소한 합리성의 영역에 포함될 수 없기 때문이다. 전자기억이 새로운 연상의 노력을 줄여주기 때문에 창의성이 증진될 수 있다고 전망하면서 기억과 창의성을 구분하는 고든 벨의 입장도 사실 전통적 구분의 연장선 위에서 이해해 볼 수 있다.

그렇지만 근대의 합리주의 시대를 살아갔음에도 근대의 합리주의적 사유를 '반성의 만행(barbarism of reflexion)'으로 규정했던 비코(Giambattista Vico)는 기억과 상상력을 연장선상에서 이해했다. 비코가 근대의 합리주의적 사유를 비판했던 주된 이유는 근대의 합리주의적 사유가, 특히 데카르트에게서 확인할 수 있듯이, 수학과 기하학의 체계와 같은 합리성의 체계 속에서 기술될 수 없는 것을 기만적인 것으로 간주했기 때문이었다. 비코는 이러한 사상적 배경 하에서 기억과 상상력을 연관시킨다. 그에 따르면 "상상력은 확장되거나 복합된 기억이다." 물론 비코는 기억력을 사물들을 회상할 때의 능력으로, 상상력을 사물들을 변모시키고 모방하는 능력으로, 그리고 창의력을 사물들에 어떤 새로운 전환을 가져와 이것들을 연관시켜 정립하는 능력으로 구분하기는 하지만, 그에게 있어 "상상력과 창의력은 인지되고 회상된 사물에서 멀어지는 기억력의 단계들"로 이해된다. "상상력은 바로 기억력의 재등장이며, 창의력은 기억되는 사물에 대한 작업 바로 그것이다."[55] 비록 비코에 있어 기억과 상상력 그리고 창의력은 구분되지만, 이것들은 모두 기억의 연관선상에 놓임으로써 근본적으로 공동의 기능을 수행하는 것으로 이해된다.

비코에게 연상 능력이 상상력과 창의력에 귀속된다는 점은 주목할 만하다. 그러한 까닭은 이러한 귀속이 근대 말에 코울리지(Samuel Taylor Coleridge)의 상상력 개념에 있어서도 유지되기 때문이다. 코울리지의 상상력 개념은 미의 개념에서 출발하는데, "… 각 부분들이 개성을 잃지 않으면서 동시에 전체적인 조화를 이루는 것이 코울리지가 생각하는 미의 개념이다. 이 같은 미의 개념은 "통일성 속의 다양성"(Mulëity in Unity)이라는 한 마디의 말로 요약될 수 있는데, 이 말은 코울리지가 "미에 대한 가장 일반적 정의"로 제시한 것이다. "통일성 속의 다양성"이라는 개념과 밀접한 관련이 있는 것이 "유기적 형식"(organic form)이라는 개념이며, 이 "유기적 형식"을 가능하게 하는 정신적 힘이 상상력이다."[56] '통일성 속의 다양성'은 전체와 부분의 관계를 보여준다. 전체는 단순한 부분의 합이 아니라 부분들 간의 유기적 형식 하에서 통일성을 이루며, 이것이 코울리지의 '미'의 개념이다. 부분들 간의 통일성의 근간은 상상력이기 때문에, 결국 '미'는 상상력에서 연원되는 것이다. 코울리지는 전체와 부분 간의 관계 양상을 미의 개념에 한정시켰지만, 카시러에 와서는 문화 전체로 확장된다.

인간의 모든 활동들 속에서 그리고 인간 문화의 모든 형식들 속에서 우리는 '다양 속의 통일(unity in the manifold)'을 발견한다. 예술은 우리에게 직관의 통일을 제공하고, 과학은 우리에게 사고의 통일을 제공하고, 종교와 신화는 우리에게 감정의 통일을 제공한다. 예술은 우리에게 "살아있는 형식들"의 우주를 열어놓고, 과학은 법칙들과 원리들의 우주를 보여주고, 종교와 신화는 생의 보편성과 근본적 동일성에 대한 자각에서 출발한다.[57]

물론 카시러와 코울리지가 사용하는 표현, 즉 '다양 속의 통일(unity in the manifold)'와 '통일성 속의 다양성(Muleïty in Unity)'은 다르지만, 이 둘 모두 전체와 부분의 관계 양상을 보여준다는 점에서는 동일하다. 이 둘 모두에게 있어 부분과 전체는 유기적 형식으로 관계를 맺는다. 다만 카시러는 부분과 전체가 유기적 형식을 갖추고 있음에도 불구하고, 부분들이 자립적이고 독립적인 의미를 갖고 있다는 점을 강조하려는 것이다. 카시러에 따르면 예술과 과학, 종교와 신화, 예술과 언어 모두 상징 형식들이며, 이것들은 "동일한 정신적 근본 기능의 서로 다른 외화들"[58]이기 때문이다. 여기서 '동일한 정신의 근본 기능'이란 '상징 능력'을 의미하며, 인간은 바로 이러한 상징 능력을 갖고 있는 존재이기 때문에 '상징적 동물(animal symbolicum)'로 규정된다.[59] 인간은 자신의 고유한 상징 능력을 통해 인간 고유의 영역을 구축해왔으며, 이러한 의미에서 인간의 문화는 '상징(Symbol)'의 차원에서 이해된다. 인간의 문화는 상징 형식들의 통일체로서, 이러한 형식들의 통일이 가능한 것은 각각의 형식들 모두 동일한 정신적 근본 능력에서 연원되기 때문이다. 따라서 상징 형식들 간의 통일은 그 통일의 힘—코울리지의 표현을 따르자면, 유기적 형식을 가능하게 하는 정신적 힘—을 외부적으로 갖는 것이 아니라 내적으로 갖게 된다. 이로써 코울리지의 상상력은 카시러에게 있어 확장된 의미에서 상징능력으로 전환되는 것으로 이해할 수 있다. 질베르 뒤랑에 와서는 상상력이 상징을 낳는 힘으로 규정된다.

> 인간의 표현은 언제나 욕망의 직접 표현이 아니라 간접 표현이다. 기호의 세계, 창백한 개념과 논리의 세계는 그 간접적 표현의 극단적 경우이다. 그 세계는 주체적 욕망과의 단절로 이루어진 세계이다. 반대로 욕망의 직접 표현으로 이루어지는 세계는 어린아이의 경우처럼 동물과 비슷한 세계이다. 상징의 세계는 그 욕망과 단절된 세계가 아니라 근원적 욕망이 가까워지려는, 그러나 결코 붙어버릴 수는 없는 세계이다. 그때 그 변형된 표현을 낳는 힘이 바로 상상력이다.[60]

물론 카시러와 뒤랑의 '상징' 개념이 일치하는 것은 아니다. 이 둘 모두 욕망의 직접적 표현이 상징이 아니라는 점에서는 일치하지만, 뒤랑이 간접 표현에 제한을 둔다는 점에서 카시러와는 차이가 나기 때문이다. 다시 말해 카시러에게 있어 창백한 개념과 논리의 세계로서의 기호의 세계 역시 상징의 영역에 포함되지만, 뒤랑에게는 배제된다.[61] 그렇지만 카시러와 뒤랑에 있어 상징은 근본적으로 간접성에서 연원하는 것이다. 더욱이 이 상징의 능력이 인간의 고유한 능력이라는 점에서 이 둘 모두 인간을 '상징적 동물'로 정의한다.

상징적 동물로서의 인간은 본질적으로 자연 혹은 세계와 직접적으로 대면하지 않는다. 따라서 상징적 동물로서의 인간의 "어떠한 의식 내용도 그 자체로 단지 '직각적(präsent)'이지도, '재현적(repräsentativ)'이지도 않다."[62] 인간을 상징적 동물로서의 정의하고, 이로부터 인간의 의식이 재현적이지 않다고 추론할 때, 이 추론은 또 다른 추론을 불러온다. 그것은 인간의 기억도 재현적이지 않다는 것이다. 이미 살펴본 바이지만, 일화적 기억(autonoetic), 의미적 기억(noetic) 그리고 절차적 기억(anoetic)은 툴빙(Endel Tulving)의 분류인데, 이 분류는 기억 체계와 의식 체계의 상관성 하에서 이루어진다.[63] '의식 없는 기억(anoetic memory)'이라 불리는 절차적 기억을 제외한다면, 최소한 언어로 기술될 수 있는 서술적 기억은 의식 하에서 이루어지며 작동한다. 따라서 인간의 의식이 재현적이지 않다면, 인간의 기억도 재현적일 수 없는 것이다.

상상력과 상징, 상징과 의식 그리고 의식과 기억의 관계망 속에서 보면, 최소한 우리는 기억과 상상력을 별개의 것으로 간주할 수는 없다. 기억과 상상력은 결코 있는 그대로의 것을 다시 드러내어 놓는 재현의 능력이 아니라 상징적 능력이며, 더욱이 기억과 상상력은 연속성과 상관성 속에서 이해된다.[64] 완전한 기억까지는 아니더라도 디지털 미디어가 인간의 기억 능력을 강화하는 역할을 수행하기 위해서는 인간의 본래적인 기억의 기능에 대한 이해가 선행되어야 한다. 그렇지만 현재의 기억 능력의 강화 혹은 완전한 기억은 여전히 디지털 미디어를 통한 감각적 재현 속에서 시도되고 추진되고 있다. 이것은 디지털 미디어의 선용이 결국 기억력의 감퇴로 이어지는 현재의 병리적 현상의 주된 원인이다.

디지털 문자가 아직도 기억의 매체인가, 아니면 오히려 망각의 매체인가? … 파편화된 우리의 세계 속에서 기억은 얼마나 오랫동안 남아 있게 될 것인가? 전자 매체와 전자 매체의 파괴 능력에 대항해서 … 어떤 기억도 말할 수 없을 것이다. "시청각 매체의 이미지 홍수는 (아직은) 아무런 능동적 기억을 불러일으킬 능력이 없다. 이미지들이 가치 평가의 기억으로 되어 있는 것이 아니라 쉽게 망각할 수 있는 연속성 속에 있는 것은 상업화된 의사소통의 기억 장치에 속하기 때문이다. 정보의 연속체 내에 틈새를 전제로 하는 기억은 믿을 수 없으며 방해가 된다."[65]

기억의 디지털화는 사실 문자나 서적의 디지털화를 넘어선 단계이다. 따라서 현재 기억의 문제는 보다 심각한 수준에 와 있는 것이다. 더욱이 기억과 상상력의 상관성을 염두에 둔다면, 기억력의 저하는 상상력의 저하를 수반할 가능성이 크다. 이것은 디지털 미디어와 인간의 인지 능력 간의 디지털 컨버전스가 예상했던 결과, 다시 말해 디지털 미디어와 협력(collaboration)을 통한 인간 인지 능력의 증진과는 전혀 다른 양상이다. 이 양상은 디지털 미디어와 인간 인지 능력의 디지털 컨버전스가 디지털 미디어의 우위에 두고 디지털 인지 양식과 인간 인지 양식의 유사성을 강조함으로써 인간 인지 양식의 지나친 환원이 이루어졌기 때문이다. 진정한 협력은 차이를 사상하는 것이 아니라 차이를 인정할 때 실현될 수 있는 것이다.

제3절 · 디지털 인지 양식과 인간 인지 양식의 근본적 차이

기억은 지각 내용의 단순한 재현이 아니기 때문에, 기억을 단순한 정보의 입력과 출력의 과정으로 볼 수 없음은 분명하다. 그렇지만 여전히 기억을 정보의 입출력, 즉 정보의 수동적이고 등가적인 매개 과정으로 보는 간주하는 것은 일반적 경향으로 보인다. 특히 디지털 컨버전스를 추동하고 있는 디지털 기술이 내세우는 인간의 인지 역량 강화라는 목표 역시 이러한 근대적 사유 모델을 배경으로 삼고 있다. 따라서 이러한 목표의 실현이 감각 정보의 저장과 저장된 정보를 그대로 다시 가져 오는(re-present-ation) 기술의 혁신 속에서 추구되는 것이다. 이러한 정보의 재현 기술을 바탕으로 추진되고 있는 마이라이프비츠 프로젝트는 디지털 미디어를 통한 완전한 정보의 재현과 정보의 분류 기술이 새로운 연상 노력의 불필요성을 초래하고, 인간은 이렇게 축적된 힘을 상상력을 고무하는 데 사용함으로써 상상력 또한 증진될 것이라는 확신을 가지고 진행되고 있다.

물론 정보의 재현 기술이 갖는 장점은 존재한다. 비근하게는 사실적 정확성을 따져야 하는 경우 정보의 재현은 명확한 증거를 제공해줄 수 있으며, 이렇게 재현되어 저장된 정보는 차후 사료로서의 가치를 가질 수도 있다. 특히 단기기억이 장기기억으로 전환되지 못하는 단기기억 상실증의 경우 디지털 미디어를 통해 재현된 정보는 매우 중요한 역할을 할 수 있다. 하지만 그렇다고 하더라도 모든 것을 기록해야만 하는 것은 아니다. 우리가 언제 있을지 모르거나 발생할 것인지 확신할 수 없는 경우를 상정하고 늘 CCTV를 달고 살 필요는 없는 것이다. 사료로서의 가치는 문화적 의미와 맥락 하에서만 인정될 수 있을 뿐이다. 더욱이 과잉기억 증후군은 모든 것을 기억하는 것이 형벌이 될 수 있음을 보여준다.[66]

언어뿐만 아니라 시각적·음향적 기호들을 코드화하는 기록 시스템이 발전함으로써 기억의 공간들은 전적으로 새로운 방향으로 나아가게 되었다. … 새로운 자료들은 분류 방법과 검색의 절차가 점점 더 가속화됨으로써 자료 관리를 훨씬 더 효율적으로 할 수 있게 해준다. 그럼에도 불구하고 자료들의 보존성은 동시에 심각하게 줄어든다. 이것들은 점점 더 짧은 시간 안에 쇠퇴하며, 때문에 문서 관리자들은 완전히 새로운 차원의 보존 문제에 직면하게 된다. 문화적 기억 공간은 최근의 변화에서는 완전 자동화된 컴퓨터 지능에 맞추게 되었는데, 그런 컴퓨터 지능은 자료들을 정해진 프로그램에 따라 스스로 관리하고 바꾼다. 이러한 저장 기술의 발전에 직면하여 기억과 망각 같은 인간학적 범주들은 점점 더 부적절한 것으로 보인다. 기억의 기술적 통제인 기술 측면은 통제가 불가능한 심리적 에너지인 기억의 활동 측면의 희생으로 그것을 당연시했을지도 모른다.[67]

전자기억은 단순한 재현뿐만 아니라 재현된 정보의 분류 기술까지도 포함한다. 전자기억의 재현기능은 인간의 기억 작용에, 그리고 분류 기술은 기억의 회상에 대응된다. 다시 말해 전자기억은 인간의 기억이 갖는 메커니즘을 기술적이고 기계적으로, 그리고 훼손의 가능성이 적거나 없다는 점에서 좀 더 우수한 기능을 갖추어 재현하고 있는 셈이다. 만일 인간이 전자기억의 분류 기술에 힘입어 새로운 연상을 할 필요가 없게 된다면, 인간은 정작 기억을 해야 할 상황을 맞이하지 못하는 상태를 맞이할 수도 있다. 물론 이것이 극단적 예측일 수도 있겠지만, 이러한 예측은 디지털 기기와 인간의 인지 능력 간의 컨버전스가 이 둘 간의 차이를 사상한다는 인식에 기초한 것이다.

이러한 차이가 사상될 수 없다는 것을 보여주는 흥미로운 사례가 있다. 국내의 한 일간지가 『뉴욕타임스』의 기사를 이용하여 소개한, 미국 실리콘밸리의 중심부에 위치한 발도르프 학교의 사례가 그것이다. 이 신문에 따르면, "발도르프 학교는 창의적 사고, 인간 교류, 주의력 등을 훼손한다는 이유로 컴퓨터를 구비하지 않았을 뿐만 아니라, 휴대폰, 아이패드, 노트북 등 다른 디지털 기기를 못 가져오게 한다." 그리고 이 신문은 "아이패드가 산수, 읽기 등을 더 잘 가르치리라 생각하지 않는다", "테크놀로지는 그 시간과 장소가 (따로) 있다"는 한 학부모의 말을 함께 소개하고 있다. 이 신문에 따르면, 이 학부모는 구글의 직원이라 한다.[68] 물론 디지털 기기와 학습 효과 간의 상관성에 대한 논란이 없는 것은 아니다. 그렇지만 발도르프 학교의 방침과 학부모의 전언은 디지털 인지 양식과 인간의 인지 양식 간에 차이가 있음을 전제하고 있다. 그리고 이러한 교육적 시도는 인간의 인지 능력이 단순히 기계적으로 환원되어 강화될 수 없음을 암시적으로 보여준다.

공학적 접근에 있어 인지 양식은 물리적 인과 관계로 간주된다. 공학적 접근에 기초해 있는 디지털 재현 기술에 의해 구축되고 있는 디지털 인지 양식 역시 물리적 인과 관계를 모델로 갖는다. 따라서 디지털 인지 양식은 순차적이고 기계론적인 특성을 갖는다. 이에 반해 인간의 기억과 상상력은 모두 대화적이고 관계적이기 때문에 비순차적이고 비약적인 특성을 갖는다. 특히 인간의 기억은 무차별적인 것이 아니라 "본능적으로 선택적이다."[69] 인간의 기억이 선택적이라는 점은 사실 많은 점을 시사한다. 우선 인간의 기억이 선택적이기 때문에 인간의 인지 양식은 때때로 오류를 발생시키기도 하지만, 이와 동시에 한 개인의 정체성을 결정하기도 하며, 창의성을 유도하기도 한다. 더욱이 선택은 개인의 차원에서 실행될 수 있지만, 그 선택의 배경을 오로지 개인의 영역에서만 갖지는 않는다. 선택은 의미의 맥락 속에서 이루어지며, 이로부터 인간 기억의 갖는 서사성이 이해된다.

알브박스가 집단기억이라고 정의한 것과 역사는 크게 다르지 않다고 볼 수 있을 것이다. 기억과 역사는 모두 집단 구성원들 사이의 대화를 지원하고 촉진하는 공통의 문화적 전통에 기초하고 있다. 그리고 기억과 역사는 모두 서사 담론에 의존하고 있으며, 사람들은 서사 담론이라는 양식을 통해 집단성 안에서 상호 이해할 수 있다. 이렇게 역사와 기억 사이의 밀접성을 인식하지 못하면, 기억의 과정을 자연적인 것으로 받아들이게 될 뿐 아니라, 누구의 관심사가 각 시대에 대표될 것인지를 결정하는 다양한 조정 과정—기억의 변형가능성에 의해 제기되는—을 도외시하게 될 것이다.[70]

인간의 기억과 서사성과의 연관성은 기억의 어원에서도 찾아볼 수 있다. 기억은 므네모시네(Mnemosyne)라는 고대 그리스어에서 연원하는데, 이 말은 기억이라는 뜻과 더불어 기억의 여신을 뜻하기도 하였다. 그리고 기억의 여신인 므네모시네는 서사술의 여신이기도 하였다. 이러한 의미에서 발터 벤야민은 기억을 "탁월한 서사의 능력"이며 "세대와 세대에 걸쳐 우발적 사건을 전달하는 전통의 끈을 만들어 낸다."[71]고 말하기도 하였다.

인간의 기억이 서사성과 연관된다는 것은 인간의 행위가 시간과 더불어 진행된다는 것을 의미한다. 그렇지만 이때의 시간이 인간 존재 밖에서 인간과 무관하게 존립하는 물리적이고 무차별적인 시간, 다시 말해 인간의 의미 맥락과 무관한 탈맥락적 시간을 의미하지는 않는다. 리쾨르가 말하듯, 인간의 "행위는 이야기로 구성되기 이전에 그 상징적 구조에 의해 실천적으로 이해되며, 그러한 이해의 근저에는 인간 경험의 시간적 특성이 공통적으로 깔려 있다."[72] 그리고 "시간은 이야기 양태로 구성되는 한에서 인간의 시간이 되며, 이야기는 그것이 시간적 실존의 조건이 되는 한에서 그것의 충만한 의미에 도달한다."[73] 이야기의 양태로 구성되는 인간의 시간 속에서 인간의 인지 행위가 이루어지는 한, 인간의 기억 역시 이야기의 양태일 수밖에 없다. 이것이 바로 인간의 실존적 기억이며, 실존적 인지 양식이다.

공학적 접근에 기초한 디지털 인지 양식은 인간의 기억을 의미의 맥락에서 이탈시킴으로써 기억을 메모 차원의 기록으로 환원시키고 있다. 더욱이 저장 기술의 확대는 인간의 기억, 즉 이야기로서의 인간의 실존적 기억이 담아낼 수 없는 기록들을 저장하게 만들고 있다. 그렇지만 '이야기'는 단순히 메모 차원의 기록들의 합이 아니며, 탈

맥락화된 기록들의 홍수는 오히려 이야기의 구성 가능성을 축소시키게 된다. 그러한 까닭은 탈맥락화된 기록들이 비록 분류될 수는 있지만, 그것이 부정성을 함축할 수는 없기 때문이다. 동일한 이야기가 반복되지 않는 것은 늘 새로움, 다시 말해 끊임없는 부정성 속에서 가능한 것이다. 그리고 이러한 부정성의 작용이 바로 상상력을 통해 이루어지는 것이다. 마이라이프비츠와 같은 공학적 접근 방식에서는 정보의 긍정성만 강조될 수 있을 뿐, 이러한 부정성의 가능성은 전혀 고려되고 있지 않다. 인간의 인지 능력과 디지털 기기의 컨버전스에 있어 인간의 실존적 기억과 상상력에 대한 진지한 성찰이 필요한 것은 바로 이러한 이유에서이다.

제4장

융합 미디어 시대의
상상력

스마트 미디어와 같은 디지털화된 융합 미디어는 새로운 인지 환경
을 조성함으로써 디지털 혁명을 촉발시켰다. 이러한 의미에서 '마이
라이프비츠 프로젝트'로 상징되는 그 혁명의 미래 역시 인간의 진화
를 디지털 융합 미디어를 매개로 하여 가늠할 것으로 보인다. 손 안
에 들어온 정보처리 시스템은 강화된 모빌리티와 유비쿼티 환경 아
래서 인간의 인지적 능력에 대해서도 새로운 자극을 지속적으로 제
공할 것이기 때문이다. 이제 튜링 테스트로 상징되는 기계와 인간 간
의 경쟁은 완전히 새로운 국면에 접어든 것처럼 보인다. 이러한 디지
털 생태계 내에서 인간은 어떻게 실존할 것인가?

　이미 살펴보았듯, 이러한 물음의 근저에는 미디어가 우리의 인지
역량과 사유 구조에 어떤 방식으로든 영향을 미친다는 가설이 깔려
있다. 맥루언이 근대의 활자 중심의 문화를 시각 중심의 문화로 규

정하면서, 그것이 어떻게 우리의 감각과 사유를 지배하는지를 분석한 것[74]이 바로 그 예이다. 맥루언이 말하듯, 한 미디어의 등장이 가지는 효과는 단순히 우리가 그 미디어를 잘 사용하느냐 그렇지 않느냐에 의존하기만 하는 것은 아니다. 예를 들어 칼은 중요한 생존의 도구지만, 동시에 끔찍한 폭력의 도구이기도 하다. 따라서 칼 자체는 가치 중립적인 대상이고, 결국 문제는 그런 도구를 사용하는 '인간의 책임'이라고 말할 수도 있다. 그러나 만약 칼이라는 대상이 등장하지 않았다면 어떠했을까? 칼의 등장은 우리에게 모종의 가능성을 열었다는 의미로 읽힐 수 있다. 그리고 그 가능성 자체가 바로 칼이라는 미디어의 가치다.

이른바 '스마트 미디어'의 등장은 이러한 관점에서 해석될 수 있다. 산업혁명 초기의 '러다이트 운동'처럼, 디지털 미디어 기술의 발전을 둘러싼 논란은 찬반의 대립적 경향을 보이고 있다. 한편에서는 인류에게 새로운 가능성을 제공하는 희망적 전망을 말하지만, 그 반대편에서는 그러한 희망이 현실에서 어떻게 왜곡되고 있으며 그 가능성에 내재된 위험을 경고하고 있다. 기억과 상상력을 둘러싼 최근의 관심은 바로 이런 대립적 관심의 한 가운데 있는 초점이다. 기억과 상상력은 그 작동 방식에서 보면 사물이나 사태를 재현하는 인지 기능이라는 점에서 동근원적이다. 디지털 기술은 강력한 저장 능력과 재현 능력을 통해 인간의 기억을 완벽하게 만들어 줄 수 있다고 말하며, 다시금 이를 통해 인간의 상상력을 증진시키는 데도 중요한 기여를 할 수 있을 것이라고 말하고 있다. 우리의 물음은 바로 이 주장에서 출발한다. 그러한 미래를 우리는 낙관할 수 있을까?

제1절 · 디지털 기술의 발전과 상상력의 문제

〈해리포터〉, 〈아바타〉 그리고 아이폰은 다름 아닌 21세기의 초반부를 상징하는 상품들이다. 그리고 이러한 상품들이 거론될 때마다 회자되는 가장 핵심적인 화두는 바로 '상상력'이다. 기발한 상상력이 곧 막대한 부의 원천이자, 경쟁력을 상징하는 시대가 되었기 때문이다.

무언가를 생각해 냈을 때 그것을 기술적으로 구현하는 일은 이제 그리 어려운 문제가 아닌 것처럼 보인다. 기사 옆의 사진이 표정을 짓고 움직이는 해리포터의 신기한 신문은 마법의 세계에만 있는 것이 아니라 오늘도 바쁘게 출근하는 '머글'들의 손에 들린 스마트 미디어에 구현되어 있다. 우리가 상상하던 것들은 이내 현실이 된다. 좀 더 현실같이, 좀 더 빠르게, 좀 더 효과적으로, 기술은 그렇게 빠르게 성장한다. 그래서 문제는 오히려 다른 곳에 있는 것처럼 보인다. 질주하는 기술의 공허한 형식을 채워 줄 내용을 생각해 내기가 버거워지기 시작했기 때문이다. 한때 상상력은 현실의 결핍을 의미했지만, 이제 현실은 상상력의 결핍을 걱정하기 시작한다.

디지털 미디어를 매개로 한 기술의 발전은 말 그대로 눈부시게 성장했다. 그리고 그 기술은 우리에게 새로운 미래를 펼쳐놓는 것처럼 보인다.[75] 종이를 만드는 방법(지식)이 아시아의 끝에서 영국으로 전달되는 데 걸린 시간은 천 년이었다. 하지만 이제 모든 종류의 지식과 정보가 광속으로 유통되고 있다. 이러한 지식과 정보의 거대한 네트워크는 예측할 수 없을 정도의 상호 작용을 일으키고, 그래서 새로운 지식의 등장이 야기하는 변화의 속도는 숨이 가쁠 정도다. 그래서 한편으로는 희망적이다. 리처드 오글(R. Ogle)의 표현은 이런 점에서 압축적이다.

> 인쇄술, 증기력, 입체파, 전기, 상대성이론, 제록스 복사기, PC, 월드와이드웹 등은 모두 앞을 향해 내딛은 불연속적 도약이다. 따라서 완전히 새로운 탐험과 발전, 성장의 새 세계가 열렸다. 또한 앞으로 수십 년 또는 수 세기 동안 이어질 변화의 방향이 설정됐다.[76]

그러나 이러한 새로운 도약이 오로지 희망적이기만 한 것은 아니다. 동시에 이유를 알 수 없는 불안감이 있기 때문이다. 그 불안감이 그저 새로운 변화에 대한 막연한 두려움인지, 아니면 그런 변화로 인해 중요한 뭔가를 잃어버릴 것 같은 예감 때문인지는 시간이 지나야 알 수 있을 것이다. 분명한 것은 우리 문명이 어떤 경계선을 향해 다가가고 있다는 느낌뿐이다. '터부(taboo)'라는 말이 뜻하듯이 그런 경계선은 신성한 힘과 저주의 힘이 공존하는 곳인지도 모른다.

요즘 사람들이 창의적 상상력을 강조하는 이유는 크게 두 가지다. 하나는 그것이 앞서 말했던 것처럼 새로운 부의 원천으로 여겨지고 있기 때문이며, 다른 하나는 상상력이 인간을 컴퓨터와 구별시켜 주는, 그래서 일종의 인간의 조건으로 여겨지고 있기 때문이다.

디지털 생태계의 법칙이 적용되는 어플리케이션 마켓이 보여주듯이 디지털 미디어를 통해 새롭게 구축된 거대한 시장은 지식과 정보가 거래되는 곳이고, 그곳의 성장 동력은 창의적 아이디어 혹은 상상력이다. 게다가 근대를 지배했던 이성적이고 합리적인 사유 혹은 계산적 합리성에 관한 한 컴퓨터는 이미 인간을 넘어서고 있다. 생산 라인의 자동 제어장치로부터 고도로 복잡한 관리 체계에 이르기까지 기계와 기계를 지배하는 컴퓨터 프로그램은 인간을 서서히 노동의 현장에서 밀어내고 있다. 이른바 '고용 없는 성장'이 지속되는 이유는 근대적 산업 양식이 컴퓨터가 지배하는 소프트웨어와 기계로봇을 통해 대체되고 있기 때문이다. 그러나 이렇게 기계적 합리성으로 무장한 컴퓨터도 상상만큼은 하지 못한다. 오직 주어진 데이터를 효율적으로 처리해서 가능한 최적의 솔루션을 계산해 낼 뿐이다. 따라서 우리를 구별시켜 주는 것은 컴퓨터가 하지 못하는 것, 즉 상상력이다. 달리 말해 오늘날 요구되는 상상력은 성장의 동력이자 인간의 실존적 조건이다. 그런데 이는 석연치 않은 결합이다. 인간 실존 조건이 곧바로 거래의 상품으로 여겨진다는 것이 폴라니(K. Polany)의 말처럼 '사탄의 맷돌' 속으로 우리 자신을 밀어 넣는 것 같은 불길한 예감을 들게 하기 때문이다.

제2절 · 상상력에 관한 전통적 이론

사실 상상력의 문제가 최근에서야 비로소 주목받았던 문제는 아니다. 오히려 플라톤 이래 서양 사상 전체에서 상상력은 언제나 논란의한 가운데 있었던 인간의 인지 역량이다. 물론 과거에도 오늘날처럼 상상력을 희구했던 것은 아니다. 플라톤 이래 근대까지 상상력은 오히려 진리 인식의 훼방꾼쯤으로 여겨졌다. 상상(phantasy)이라는 말을 통해 허구(fiction)나 환상(illusion)을 떠 올렸기 때문이다. 그러나 다른 한편으로 보면 상상은 우리가 직접 경험하지 못하는 것을 간접적으로 경험할 수 있게 해준다는 의미에서 인식의 중요한 조건이기도 하다. 예를 들어 감각적인 지각의 경우 우리에게 주어지는 것은 늘 일면적이고 부분적인 감각 자료들 뿐이다. 그럼에도 우리는 온전한 전체를 지각한다. 우리에게 주어지지 않은 나머지 부분을 상상을 통해 채워 넣기 때문이다.

우리 눈앞에 있는 사과 하나를 생각해 보자. 우리의 감각적 지각은 사과의 앞면만을 본다. 우리의 시각은 붉은 색과 푸른 색 그리고 사과의 기하학적 형태를 이차원 평면에 그려진 그림으로 지각한다. 그럼에도 불구하고 우리는 입체적으로, 다시 말해 감각적 지각에 주어지지 않은 사과의 뒷면을 특별한 주의를 기울이지 않고도 자연스럽게 의식한다. 그 과정을 통해 우리에게는 온전한 사과 하나가 주어진다. 그런 점에서 지각은 일종의 해석 작용이기도 하다. 물론 상상의 또 다른 의미는 말 그대로 대상을 날조하는 능력이기도 하다. 용과 같은 대상을 생각하거나 신화 속에 등장하는 다양한 허구적 대상들은 우리의 상상력이 날개를 편 결과물들이다. 그래서 흄과 같은 철학자는 상상력의 이러한 이중적 작용과 관련해서 이성의 위험한 적으로 간주하면서도, 동시에 오성을 상상 작용의 특수한 경우로 간주하기도 한다.[77]

이러한 관련된 개념적 혼란을 피하기 위해 칸트는 우리의 상상력을 재생적(reproductive) 상상력과 생산적 상상력(productive)으로 구분한다. 재생적 상상력이 이런저런 경험적 자료를 조합해 대상을 구성

(혹은 날조)해 내는 것이라면, 생산적 상상력은 무차별적인 감각 자료들에 통일성을 부여하는 능력이다. 그래서 칸트는 생산적 상상력을 인식의 선험적 가능 조건으로 간주한다.[78]

게다가 18세기와 19세기에 걸쳐 기술과 예술의 분야에서 혁신이 일어나고 천재성이 폭발하자 창조적 상상력에 대한 관심은 더욱 증폭되었다. 예컨대, 코울리지는 칸트적 의미의 생산적 상상력을 일차적인 상상력이라고 규정하고, 이러한 일차적 상상력을 매개로 하여 예술가의 생각은 보다 창조적인 상상(imagination)을 통해 객관적이고 일반적인 타당성을 가진 예술 작품으로 승화될 수 있다고 말한다.[79] 그렇지만 상상이 인간 인식의 가능조건으로도, 그와 동시에 오류의 원천이자 예술적 창조의 힘으로도 여겨지는 상황은 상상력이 무엇인지를 해명하는 일 자체를 어렵게 한다. 그래서 한스 쿤츠(H. Kunz) 같은 사람은 당대의 논의와 관련하여, "만약 상상력이 정당하게 사유 작용의 하나로 자리매김한다면, 그리고 인식의 정당한 수단이라고 여겨진다면, 인식 과정에서 상상력의 역할과 관련하여 통일적이지 않은 것은 물론이려니와 모순적이기까지 한 판단들이 어지럽게 난무하고 있음에 틀림없다."[80]라고까지 평가한다.

쿤츠의 말처럼, 상상력에 접근할 수 있는 문맥은 다양하다 못해 어지러울 수도 있다. 상상력은 진리를 인식하는 문제에서도, 또 예술적인 창조의 문제에서도, 다른 한편으로는 철저한 기계론적 합리성에 저항하는 낭만주의적 삶의 태도 문제에서도 다뤄질 수 있는 것이다. 그렇지만 오늘날 융합의 시대에 들어서서 상상력에 접근할 수 있는 문맥의 중첩성에 대한 관심이 증폭되고 있다. 이러한 중첩성이 과거에는 비난의 표현이었다는 점에 비한다면, 오늘날의 관심은 역설적이게 느껴진다. 왜 융합의 시대에 상상력에 대한 관심이 폭증하는 것일까? 융합은 경계의 허물어짐 속에서 일어나며, 상상력은 그 경계를 무너뜨리는 힘 자체이기 때문이다. 무엇보다 융합의 시대에 있어 상상력은 현실과 허구의 경계를 해소시켜버렸다. '가상현실'과 '증강현실' 그리고 '혼합현실'이라는 개념들과 그 시도들도 상상력의 결과물이다. 그런 점에서 상상력은 디지털 융합 문명을 상징하는 능력이다.

한편 상상력과 관련된 논의에서 분명하게 짚고 넘어가야 할 사정은 상상력의 작동 방식이다. 상상력은 본질적으로 현재 주어지지 않는 대상을 주어지게 할 수 있는 의식의 자발적 능력이며, 그런 의미에서 일종의 재현의 작용이다. 그것은 앞서 말한 지각의 경우처럼, 우리의 감각적 지각에 불완전하게 주어지는 것들을 보완하는 것이기도 하지만 과거에 경험했던, 그러나 현재 우리의 눈앞에 주어지지 않는 것들이 나타나도록 하는 능력이기도 하다. 그리고 이는 바로 기억의 작용이기도 하다.

이렇게 현재 주어지지 않는 대상을 주어지게 한다는 점에서 상상과 기억의 작동 방식은 동근원적이라고 말할 수 있다. 그래서 미적 체험을 분석하면 상상력의 기능에 주목했던 뒤프렌(M. Dufrenne)은 이렇게 말한다.

현상을 확장하고 활성화시키기 위해 사실 상상력이 지각에다 가져다 주는 것을 상상력이 무에서 창조해 내는 것은 아니다. 상상력이 표상에다 자양분을 공급하는 것은 바로 생생한 체험 속에서 이미 조성된 인식이 함께함으로써 이뤄진다. 보다 정확히 말하자면 상상력은 (1) 인식을 활용하며, (2) 후험적 획득물을 가시적인 것으로 전도시킨다는 이중의 역할을 수행한다.[81]

물론 상상과 기억의 이러한 유사성에도 불구하고 둘 사이의 차이는 분명하다. 우리가 상상에 대해서 진리를 요구하지는 않지만 기억에 대해서는 진리 요구를 하기 때문이다. 특히 과거를 정확히 기억하는 일이 중요할 때는 사실에 대한 기억에 상상력이 덧보태지는 일은 위험하기까지 하다.

상상력이 기억과 마주하는 경우에도 불구하고 우리는 과거의 것에로 확장하여, 즉 이미 보았던 것, 이미 들었던 내용, 이미 지각했고 배웠던 내용으로 확장하여 그것은 바로 특별한 진리 요구를 함축한다고 주장할 수 있다. 이런 진리 요구는 기억을 인식적 크기로 특수화하는데 정확하게 말하자면 이 진리 요구는 재인식의 경우에 중요하고, 그로 인해 기억의 연장이 끝난다. 우리도 무엇인가 일어난 것, 우리가 증인으로, 곧 행위자로 참고 연기자로 함축되어 있는, 그 무엇이 일어났다는 것을 알 수 있게 된다.[82]

분명 기억과 상상력 간에는 커다란 차이가 존재한다. 기억에 대해서 우리는 늘 일종의 진리 요구를 하기 때문이다. 이른바 '마이라이 프비츠 프로젝트'가 '완전한 기억'을 목표로 하는 이유도 그런 사정에 의지해 있다. 서로 다른 기억으로 인해 생기는 소모적 논쟁과 불

필요한 사회적 비용 등이 디지털 기술에 의해 소거될 수 있기 때문이다. 기억과 상상력 간의 이러한 차이에도 불구하고 그 둘을 같은 시선에서 바라볼 수 있는 이유는 그것이 모두 재현의 작용과 관련이 있기 때문이다. 그리고 이러한 유사성은 인간 의식의 보다 근본적인 작동 방식에 주목하게 한다. 재현의 작용이라는 측면에서 보면 기억만이 아니라, 기대나 예측 역시 같은 범주에서 다룰 수 있게 한다. 주어진 상황적 조건 아래서 미래에 어떤 일이 일어날지를 예측하는 것 역시 일종의 재현 작용이기 때문이다. 따라서 상상이나 기억, 혹은 예측 모두에서 작동하고 있는 재현 작용은 우리의 현재 논의에서 가장 중요한 개념임에 틀림없다. 이러한 점에 비추어 볼 때, 우리의 논의와 관련하여 재현 작용은 이중적인 의미를 갖는다. 첫째 디지털 기술은 이제껏 인류가 발전시켜 온 기술들 중에 가장 강력한 재현의 도구이며, 그런 한에서 디지털 기술의 발전은 인간의 기억, 상상력을 혁신할 수 있는 수단으로 간주될 수도 있지만, 다른 한편 그런 강력한 재현 기술이 거의 무한대에 가까운 정보가 쏟아지고 있는 네트워크 세계에서 인간에게 어떤 영향을 미칠지는 매우 불확실한, 어쩌면 매우 부정적인 결과를 낳을 수도 있기 때문이다.

제3절 · 융합 미디어의 효과

디지털 기술은 존재하는 모든 것들을 디지털 기호로 번역해서 재현하는 기술을 발전시킨다. 그리고 그런 재현 기술을 구현할 수 있는 강력한 미디어들도 세상에 내놓는다. 따라서 상상력에 관한 한 우리는 충분한 동기를 부여받고 있는 것처럼 보인다. 생각해 낼 수 있다면, 표현해 낼 수 있기 때문이다. 역설적이지만 이질적인 것들을 동질화함으로써(디지털화) 계속해서 경계를 넘어 더 새로운 것들을 창출하고 표현해 낼 수 있는 물적 기반을 마련했기 때문이다. 우리가 활용할 수 있는 정보는 거의 무한대로 증가하고 있으며, 원리적으로는 누구라도 그런 정보를 자신이 원하는 만큼 활용할 수 있다. 세계 곳곳에서 어떤 일이 일어나는지도 거의 실시간으로 확인할 수도 있다. 세상은 점점 더 스마트해지고 있으며, 따라서 인간도 점점 더 스마트해질지도 모른다.

가령 마이라이프비츠 프로젝트처럼, 새로운 미디어 기술의 발전이 우리의 뇌에 주는 정보 처리의 부담을 경감시켜 줌으로써 훨씬 더 지적으로 생산력 있는 활동에 투자할 수 있는 여유를 줄 것이라는 낙관적인 전망도 가능할 수 있다. 확실히 강화된 저장 능력과 초고속 프로세서의 개발, 그리고 정보를 연결시켜 주는 네트워크의 성장은 그와 같은 희망이 가능할 것처럼 여기게 만든다. 오글은 사람들이 직관과 창의적 상상력을 과학적으로 설명할 수 없다고 하면서 신비의 영역으로 남기려 하는 경향을 비판하며 이렇게 말한다.

직관의 도움을 받은 상상력에서, 이처럼 혁신적 창조성의 토대에 놓인 번뜩이는 통찰이 솟아나온다. 그 수수께끼 같은 특성은 잠시 논외로 제쳐두고 통찰이라는 이 새로운 조각을 우리 정신의 퍼즐판 속으로 가져와 다른 조각과 함께 꼭 맞는 그림을 맞춰 보자. 그리고 창조적 사고 역시 이와 같은 방식으로 작동한다고 가정해 보자. 우리는 지능적으로 행동하고 스스로 하는 일을 잘 알고 있는 것처럼 보이기 위해 어렵게 얻은 지능을 세상에 지속적으로 내놓는다. 그 결과 생성된 아이디어 공간은 우리가 창조해 온 스마트 월드에 명료한 구조와 의미를 부여하고, 스스로 거대하고 역동적인 네트워크를 짜나간다. […] 직관의 패턴 인식 능력의 안내를 받는 상상력은 차라리 중간에 끼어드는 공간을 과감히 뛰어넘으며 완전히 새로운 의미의 네트워크를 짜 나간다. 상상력은 전체 요소들의 집단을 최초로 서로 만나게 하면서 새로운 응집 패턴, 즉 게슈탈트를 형성하는 사고 능력인 통찰에 활동 공간을 내준다.[83]

전 세계의 수많은 사람들이 자신들이 생각해 낸 새로운 아이디어를 공유하고 소통시키는 유튜브나 집단지성의 위력을 보여주는 위키피디아, 그리고 스마트 미디어를 매개로 일어나는 실시간 정보 교류는 정확한 정보와 지식만이 아니라 새로운 생각과 아이디어가 교류하고, 그것에서 다시 새로운 융합이 일어날 수 있는 공간을 만들어 내는 것처럼 보인다. 그런 점에서 우리가 오늘날 상상력을 강조하고, 또 그에 대해 희망적인 기대를 걸 수 있게 된 것은 디지털 미디어의 효과 덕이라고 할 수 있다. 그러나 동일한 사태가 정반대의 예상을 불러일으키기도 한다.

가령, 데이비드 셍크에 따르면 "미디어가 팽창함으로써 인간의 정보 처리 능력을 앞지른 현상이 정보 과잉(information overflow)"의 상태이며, 이러한 "정보 폭증은 오히려 주의력 결핍 장애를 유발할 수도 있다." 그는 이러한 과잉 정보 상태를 '데이터 스모그'라는 개념으로 압축한다. 데이터 스모그는 "정보 시대의 유해한 쓰레기들이다. 그것은 조용한 순간들을 밀어내고 더욱 필요해진 명상을 가로막는다. 그것은 대화, 문학 그리고 심지어는 오락을 망쳐버린다. 그것은 의심(skepticism)을 가로막고, 사람들이 소비자로서 그리고 시민으로서 덜 숙고하도록 만든다. 그것은 우리에게 스트레스를 준다."[84]

셍크의 이러한 지적은 사실상 과도하다 싶을 정도로 미디어에 의존해 있는 디지털 네이티브들의 생활 양식을 고려할 때 모종의 시사점을 준다. 정보 과잉 상태가 일종의 스트레스로 작동하고,[85] 결과적으로 우리의 인지 역량에 부정적인 영향을 줄 수도 있기 때문이다. 흔히 이야기하는 디지털 네이티브 세대의 문화적 특성, 가령 트위터에 익숙한 사람들은 긴 글을 쓰기 어려워하거나, 휴대폰이 가까이 있지 않으면 정서적으로 불안정한 상태가 되는 현상들은 엄청난 양의 정보를 제공하는 디지털 미디어가 우리의 일상에 어떤 의미를 가지고 있는지를 보여주는 사례들이다.

디지털 네이티브들의 생활 방식은 확실히 그 이전 세대에 비해 미디어 의존도가 높다. 문자 형식으로 정보를 저장해서 기억하려는 과거 세대에 비해, 디지털 네이티브들은 우리에게 주어진 감각 정보 전체를 통째로 저장하려고 한다. 휴대폰을 녹음하고, 촬영하는 행동들이 그렇다. 이는 달리 말해 우리에게 주어진 모든 정보를 있는 그대로 저장하려는 욕구의 발로이기도 하지만, 지나친 정보량으로 인해 처리가 곤란한 상태에 이르렀다는 것을 반증하는 것일 수도 있다. 만약 이러한 경우라면, 광대한 정보의 바다에서 자유롭게 유영하면서 우리의 상상력이 늘어날 것이라는 희망은 공허한 열망인지도 모른다.

제4절 · 정보량의 증가와 상상력의 임계점

데이비드 셍크는 디지털 기술의 발전이 약속하는 희망을 〈무쳐 씨 이야기〉의 한 대목을 소개하면서 조롱한다.[86]

> 무쳐 씨는 그의 말에 올라타 우아하게 말을 몰았다.
> 〈당신은 자부심을 가져야 합니다〉라고 그 교수는 말했다.
> 〈아니오〉라고 무쳐 씨는 대답했다.
> 〈여전히 당신의 말은 당신이 가고자 하는 곳으로 정확하게 가고 있습니다〉라고 그 교수는 말했다.
> 〈그것은 내가 늘 정확히 말이 가고자 원하는 곳으로 가려고 하기 때문입니다〉라고 무쳐 씨는 대답했다.

셍크는 디지털 기술의 발전이 결코 우리가 원하는 곳으로 이끌지 않을 수 있다는 점을 경고한다. 우리가 활용할 수 있는 정보가 많아진다고 해서 우리의 정보 처리 능력이 함께 성장하지는 못한다. 일정 수준의 임계점을 넘으면, 말하자면 정보 과부하 상태가 되면, 우리의 주의력도 떨어진다.[87] 그 경우 우리의 처리 한계를 넘는 정보들은 일종의 공해, 즉 스모그가 된다.

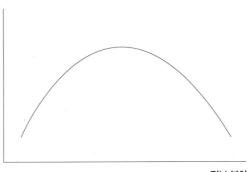

정보 처리 능력

정보 부하

　따라서 발전한 재현 기술과 광대한 정보량이 우리의 지적 능력, 특히 상상력을 고무시킬 것이라는 희망은 그저 지나치게 낙관적인 전망에 불과한지도 모른다. 아니 오히려 거꾸로 우리는 과도한 정보량에 짓눌려 우리의 지적 능력을 위축시킬지도 모른다. 그것은 일종의 감각 마비, 혹은 자기 절단 효과와도 같다.[88] 즉 우리는 과도한 감각적 통증이나 정신적 스트레스에 노출되는 경우 통증을 느끼지 못하는 감각적 마비 상태에 빠지거나 정신을 잃어버리는 경우가 생긴다. 고통을 느끼는 우리의 뇌가 외부의 강력한 자극에 대항해서 자기자신을 보호하기 위한 조치인 셈이다.

　특히 정보과 지식이 일종의 상품으로 거래되고 있는 오늘날의 시장 상황에서 우리에게 주어지는 정보는 점점 더 자극적으로 변해가고 있다. 더 많이 눈에 띄고 강한 인상을 심어주는 것이 중요한 식별 지표가 되기 때문이다. 따라서 솅크의 표현처럼 일종의 정보 과부하 상태에 빠졌을 경우 우리가 우리 자신을 보호하기 위한 조치는 일종의 무감각 상태에 빠지는 것이다. 자신이 관심 있어 하는 것 외 다른 것에는 전혀 관심을 두지 않는 현상들이 그 예이다.

미디어 의존도가 심화되는 것과 정보 과부하 상태에서 우리의 뇌가 대처하는 양식은 디지털 미디어가 인간의 인지 능력을 혁신할 수도 있다는 희망이 공허한 것임을 반증한다. 실제로 몇몇 실험들은 인터넷 검색에 의존하면 우리의 기억력이 감퇴한다는 사실을 보고하고 있다. 기억력이 약해진다면, 우리의 상상력도 약해진다. 왜냐하면 그 두 능력은 '의미의 재현과 재구성'이라는 측면에서 동일한 인지 역량이기 때문이다.

더욱이 의미의 재구성을 위해서는 주어진 외부 정보를 숙고하고 숙성시킬 시간이 필요다. 기억해야 할 사건들이 있을 경우, 우리는 그 사건들에 의미를 부여한 뒤 저장함으로써, 나중에 다시 불러낼 수 있는 식별 지표를 붙인다. 상상의 경우에도 마찬가지다. 의미 있는 상상의 경우 기억의 경우와 마찬가지로, 끊임없는 의미 부여 과정이 매개되어야 한다. 이 모든 과정은 일정한 정도의 시간을 필요로 한다. 그런데 과도한 정보량에 노출될 경우(그것도 비자발적으로) 우리에게는 생각할 시간, 말하자면 의미를 부여할 시간이 부족해질 수밖에 없다. 결과적으로 그것은 그 많은 정보를 그저 쌓아두기만 하는 기계적인 노동만을 의미할지도 모른다.

가령 디지털 시대의 지식과 정보에 대한 부단한 노파심 중 하나는 우리가 활용하는 정보와 지식이 파편화되는 것에 대한 걱정이다. 파편화된 정보와 지식은 융합을 용이하게 함으로써 생산성을 높일 수는 있으나, 이러한 정량적인 풍요로움의 대가로 맥락(context)을 잃게 만든다. 그것은 자연적인 인간이 사태에 의미를 부여하는 방식과는 완전히 이질적이다. 확실히 우리는 정보의 바다를 항해하며 기묘한 결합들을 만들어 낼 수는 있다. 그러나 그것이 우리에게 무엇을 의미하는지를 반성할 수 없는 처지에 있는지도 모른다. 저커버그의 이른바 '공유의 법칙'처럼 단지 저장 능력만이 아니라 공유하는 정보량 역시 기하급수적으로 늘어난다면, 사정은 더욱 비관적일지도 모른다.

이러한 사정은 새로운 미디어를 기반으로 하는 정보기술의 발전이 인간의 인지적 상상력을 발전시킬 수 있으리라는 기대에 숨겨져 있는 자기 파괴적 징후들과도 연결된다. 광대한 디지털 공간과 무한한 정보, 그리고 강력한 재현 기술이라는 하드웨어적 인프라가 그곳을 아름답게 꾸밀 새로운 소프트웨어들을 기다린다는 것은 그러나 최소한 우리가 겪고 있는 현실에서는 종교적 기망에 가까운 것처럼 보인다. 오늘날 네트워크 공간들을 채우고 있는 것들은 대부분 창의적이고 상상력이 넘치는 것들이 아니라 온갖 종류의 데이터들을 '버무려 만들어 낸(remash)' 정체불명의 혼합물들이기 때문이다. 그것은 새로운 것이라기보다는 기존의 것들을 적당히, 그리고 더욱 집요하게 우리의 감각적 욕구를 자극할 수 있는 형태로(정보 생태계에서 생존해야 하므로) 단순 변형시킨 것들이기 때문이다. 물론 그런 '매쉬업(mash-up)' 작품들의 수가 무수히 많으며, 또한 셀 수 없이 많아질 것이기 때문에 창의적인 작품들이 등장할 개연성도 높아진다고 기대할수는 있다. 하지만 이는 마치 잘 훈련된 침팬지가 두드리는 키보드를 통해 의미심장한 인생의 진리나 아름다운 예술작품이 나오길 기다리는 것과 같은지도 모른다. 그래서 가상현실 개념의 아버지들 중한 명인 레이니어(J. Lainier)는 이렇게 말하기까지 한다. "마치 문화가 디지털적으로 개방되기 직전 상태에서 얼어 붙어, 지금 우리가 할 수 있는 일이라곤 쓰레기 수집자들이 쓰레기 더미에서 쓸 만한 것을 찾아 뒤지듯이 과거를 헤집는 것밖에 없어 보인다."[89] 본래 "온라인 미디어 기술의 진짜 의미는 새롭고 굉장한 문화적 표현을 찾고 만들어 내는 것"임에도 불구하고 유튜브나 문화게릴라들의 블로그에 등장하는 매쉬업의 흐름을 보면 그렇다는 것이다. 그래서 디지털 기술 기반 네트워크 중심의 "대중문화는 향수로 가득한 불안감에 휩싸여 있다. 온라인 문화는 과거에 존재한 문화를 무작위적으로 뒤섞은 이른바 매쉬업과 중앙집권적인 대중매체의 가볍고 유치한 내용에 반응하는 팬들이 주도한다. 이는 작용 없는 반작용만의 문화"라는 자조 섞인 반성을 하게 한다.

레이니어에 따르면, 1990년대 초 "당시 막 태동한 디지털 문화에서 흔히 나온 합리화는 우리가 창의성의 태풍에 진입하기 직전의 과도기적 소강 상태이거나 이미 태풍의 눈에 들어왔기 때문이라는 주장으로 정리된다. 그러나 슬픈 진실은 우리가 폭풍 전의 일시적 소강 상태를 통과하는 과정이 아니었다는 점이다. 우리는 지속적인 무기력증의 상태에 진입했으며, 그로부터 탈출하는 유일한 길은 인터넷의 벌집 구조를 부수는 것이라고 믿었다."[90]

강력한 미디어 기술을 기반으로 하는 창의적 상상력에 대한 희망이 역설적으로 이러한 자기 파괴적 결과로 이어지는 까닭은 인간의 정보 처리 능력을 공학적인 관점에서 양화시켜서 양을 늘리면 질적 변화가 나타날 것이라는 공학적 창발성의 개념에 의지해 있기 때문이다. 분명 이러한 공학적 창발성이 갖고 있는 순기능을 외면할 수는 없다. 하지만 그것만으로 모든 문제가 해결되지는 않는다.

제5절 · 복잡계적 창발성과 인문학적 상상력

디지털 미디어의 효과를 긍정적으로 보는 사람들에게 창의적 상상력은 일종의 창발성 개념으로 이해된다. 그들의 기대에는 막대한 정보가 빛과 같은 속도로 교류하면서 '창발적 진화'가 일어날 것이라는 예측이 들어 있다. 자연의 진화를 생각해 보자. 유전자는 생각하지 않는다. 그저 화학적 결합 가능성들을 구현할 뿐이다. 그렇게 결합된 유전자들 중 일부는 환경과의 상호 작용 속에서 더 높고 장기적인 생존의 기회를 얻고, 그렇지 못한 것들은 소거된다. 이러한 유전자의 무작위적인 화학적 결합이 창발적인 진화를 낳듯이 다양한 정보의 결합은 예기치 못한 새로운 아이디어나 새로운 가능성들을 산출할 수 있다. 이것이 바로 디지털 기술 발전의 희망에 근저에 놓인 생각이다. 더욱이 자연적 진화의 속도는 말 그대로 장구한 시간을 필요로 한다. 반면 디지털 생태계의 시간은 빛과 같다. 따라서 정보 교류는 물론 상호 작용의 반응 양식도 자연적 시간과는 비교할 수 없을 정도로 빠르게 일어난다. 유전자의 새로운 화학적 결합의 가능성을 시험해 보는 데 해당 개체의 생존 기간 전체가 필요한 데 반해, 디지털 정보의 결합은 단 몇 시간이면 충분하다. 최근 스마트 미디어가 한 사회의 정치 지형을 바꾸는 사례들, 또 어떤 아이디어가 전 세계적으로 확산되는 속도를 생각해 보면 된다. 따라서 자연이 오랜 시간에 걸쳐 확인해 본 가능성들을 디지털 세계는 비교할 수 없을 정도로 빠르게 확인해 볼 수 있으며, 그것은 곧 더 많은 가능성들을 확인해 볼 수 있다는 것을 의미한다. 이런 과정에서 등장하는 창발성은 복잡계 시스템에서 확인해 볼 수 있는 창발성과 같다.

그러나 여기서 주의해야 할 것이 있다. 적어도 우리가 받아들이고 있는 과학적 상식에 따르면 진화는 결코 방향이 정해져 있지 않다는 것이다. 자연적 진화는 생물종을 완벽하게 하는 데 목적이 있는 것이 아니라 그저 주어진 환경에 적응하기 위한 전략일 뿐이다. 따라서 디지털 생태계가 자연적 진화의 창발성을 차용한다면, 그와 마찬가지로 디지털 미디어를 매개로 인간의 인지 능력이 더 완전해 질 것이라는 희망은 반자연적인 것이다. 물론 일군의 미래학자들이 그러하듯이 우리는 우리의 진화 방향을 정할 수 있을지도 모른다. 그러나 그런 희망과 똑같은 무게로 그렇게 선택한 진화 방향이 어떤 결과를 낳을지도 정확하게 예측할 수 없다. 역설적이지만 복잡계적 창발성에 담긴 근원적인 비결정성은 이 경우에도 여전히 적용되기 때문이다.

디지털 미디어 기술을 매개로 인간의 인지 능력의 발전을 기대하는 입장이든, 그것에 반대하는 입장이든 기억과 상상력을 하나의 묶음으로 다룰 수 있는 까닭은 그 둘 모두가 일종의 재현 작용에 기초해 있다는 점에서 동일한 범주의 작동 방식을 갖고 있기 때문이다. 그러나 입장의 차이는 기억이나 상상력의 재현 과정에서 사용하는 정보들을 바라보는 관점의 차이에서 기인한다. 가령 인문학적 관점에서 보면 기억이나 상상력이 과거의 경험적 재료를 통해 재현하는 것은 무작위적인 것이 아니라 의미 연관(혹은 연상)을 통해서만 가능하다. 이때 의미 연관과 연상은 기억과 상상력의 주체가 겪은 체험에 기반해 있다. 그것은 또한 하나의 통일된 관점에서 이야기를 만들어가는 작업에 기초해 있기도 하다. 이러한 '이야기' 그리고 그런 이야기를 만들어가는 '플롯(plot)'의 기저에는 인간 의식의 시간성이 자리 잡고 있다. 그러나 앞서 살폈듯이 디지털 기술은 그런 자연적 시간성을 해체시키고 있으며, 그에 따라 맥락과 하나의 사태를 바라보는 특정 관점도 해체된다. 사실상 시간 개념을 사상한 디지털 기억은 사실상 분절화된 정보의 순차적 집적일 뿐이다. 그렇게 파편화된 기억 소자들은 원리상 '무한한' 결합을 가능케 할 수는 있을지언정, 의미 있는 연관을 끌어내지는 못한다. 유비적으로 말하자면 디지털 기억은 마치 아이들의 장난감인 레고와 같이 그저 조립가능한 과거의 편린들일 뿐이다.

차이점	기계론적/공학적 관점의 기억과 상상력	인문학적 관점의 기억과 상상력
정보처리 방식	기계적/수동적	의미론적/능동적
정보재현 양식	수동적 : 저장된 정보 이상을 재현할 수 없음	능동적 : 저장된 정보 이상을 재현할 수 있음
정보호출 방식	retrieval: 저장된 정보의 단순 인출(→ 정확한 기억)	recall + association: 의미 부여된 정보의 상황 맥락적 호출 + 유사/차이에 따른 연상(→ 의미 왜곡 및 새로운 의미 부여 가능)

창의(발)성의 형식	저장 정보의 무작위적 조합에 따른 창발성	저장 정보의 의미론적 조합(연상)에 따른 창발성
재현의 시간 양식	과거 중심적: 과거를 현재로 불러옴	현재 중심적: 과거는 물론 미래도 현재를 중심으로 재구성

　그러나 인간의 기억은, 다시 말해 과거를 되살리는 일은 끊임없이 현재의 의미 연관이 함께 작동하는, 그래서 과거는 단순히 '박제화된' 현재가 아니라 현재의 구성에 끊임없이 참여하는 살아 있는 현재이다. 상상력의 경우에도 마찬가지다. 새롭고 창의적인 것들이 우리에게 그저 침팬지가 만들어 놓은 '수많은 가능성들 중 하나'가 아니기 위해서는 삶의 의미 연관이 매개된 창의성과 상상력이어야 한다. 이는 유감스럽게도 공학적인 접근을 통해서는 해명되지 않는다.

　미디어 의존 현상은 인간의 자발적이고 창의적인 이야기 생산 능력을 위축시킬 위험을 갖고 있다. 그러나 그런 자발적인 의미 부여 작용이야말로 인간의 실존 조건이다. 따라서 컨버전스 미디어 기술이 지향해야 하는 것은 단순히 인간의 인지 작용과 조건에 대한 기계적인 관점에서의 모사가 아니다. 기억과 상상에 대한 본질적 이해 없는 기계론적인 구현은 오히려 인간 실존 조건을 왜곡할 수 있으며, 그에 대한 반작용으로 새로운 형식의 디지털 미디어에 대한 러다이트 운동을 촉발할 수도 있다.

제6절 · 지식/정보의 플랫폼과 상상력

근대의 기계론적 사유를 전제하고 있는 공학적 접근이 창의적 상상력과 관련하여 결국 자기 파괴로 귀결될 수 있는 것은 무엇보다도 플랫폼의 문제 때문이다. 압축해서 말하자면 존재하는 모든 것을 이진수로 재현하는 디지털 존재론이 그렇듯이 새로운 미디어로 강력해진 재현 기술은 역설적으로 우리의 아이디어가 표현될 수 있는 플랫폼을 제한하는 규격의 구실을 하게 된다. 이러한 현상은 다양성을 증폭시킬 수 있는 정보 고속도로를 건설하기 위해 모든 건설 자재를 규격화하는 것처럼 하드웨어의 플랫폼을 통일하는 작업이 소프트웨어의 플랫폼도 규격화하기 때문이다. 그리고 이 이면에는 근대적 합리성의 상징인 포드적 발상이 숨겨져 있다. 이는 사실상 우리가 기대하는 창의적 상상력을 제약하는 방식이다.

그러나 사정이 그렇게 비관적이기만 한 것은 아니다. 레이니어가 현재의 디지털 기술에 대해 우려하고 있는 것은 돌이킬 수 없는 절망은 아니기 때문이다. 낙관적인 전망과 비관적인 성찰이 교차하는 것은 경계선에 있는 사람들의 전형적인 특징이다. 말하자면 우리가 그렇게 늦은 것은 아닌지 모른다. 레이니어의 비판이 의미 있는 것은 우리가 경계해야 하는 일들이 무엇인지를 알려주기 때문이다.

정보 기술만이 지닌 불안정한 특성은 어떤 디자인이 우연히 틈새를 채워 일단 시행되고 나면 그 완성도와는 상관없이 이를 바꾸기가 매우 어려워진다는 데 있다. 그 디자인은 그때부터 영구적인 고착물이 되어, 설령 그

보다 더 나은 디자인이 나와도 그를 대체하지 못한다."[91]

예컨대 미디와 같은 디지털 음악 생성 소프트웨어나 유닉스 (UNIX) 같은 소프트웨어 운영체제가 그랬던 것처럼, "소프트웨어 디자인의 고착은 그렇게 고착된 지금의 주도적 아키텍처에 맞지 않는 아이디어를 제거해 버릴 뿐 아니라, 자연언어에서 쓰이는 단어와 컴퓨터 프로그램상의 명령어 사이에 존재할 수밖에 없는, 불가해한 의미의 모호한 경계부를 제거해 버린다. 그 결과 그 모호한 경계부에 존재했던 미묘하고 섬세한 아이디어가 위축되거나 협소화되어 버린다."[92] 이러한 레이니어의 걱정은 디지털 네트워크의 구조 자체가 기본적으로 독점을 키우는 구조라는 데 있다. 그리고 그 독점은 예기치 않은 결과를 보여준다. 예를 들어 구글링을 생각해 보자. 맞춤 검색 혹은 궁극의 검색이라는 이름이 목표로 하는 것은 한 개인이 원하는 정보를 검색엔진이 통계적 추측에 기반해서 즉각적으로 제시하는 것을 목표로 한다. 동일한 주제를 검색해도 '누가' 검색하느냐에 따라 다른 정보들이 나타나는 것이다. 정보의 바다를 부표처럼 헤엄칠 필요가 없다는 것이다. 그러나 이렇게 개인화된 검색 서비스는 정보 취득의 편향성을 강화시킨다.[93] 끝없는 정보의 바다에서 자유롭게 헤엄친다고 믿는 우리가 사실은 좁은 수영장 안을 헤매고 있는 것인지도 모른다.

디지털 세계를 독점하는 힘은 결국 우리의 상상력을 위축시키는 독이 될 수 있다. 그것은 디지털 세계마저도 지배하고 있는 거대 자본의 힘 때문일 수도 있고, 디지털 네트워크 시스템의 구조적 특성 때문일 수도 있다. 분명한 것은 우리의 인지적 상상력은 위험한 양가적 힘에 노출되어 있다는 것이다. 즉 강화되고 확장된 인프라를 통해 자유롭고 창발적인 상상력을 고무할 수도 있고, 거꾸로 막대한 정보량에 짓눌려 권태에 빠지거나 '필터 버블'의 함정에 빠져 편협한 시선으로 세상을 바라보게 될지도 모른다. 이런 '위험한' 상황에서 주목해야 할 상상력의 기능이 있다. 그리고 그것의 성격은 다분히 인문학적이다.

상상력은 그저 주어진 것들을 이리저리 짜 맞추는 레고 놀이이기만 한 것은 아니다. 그것은 그저 실증적(positive) 상상력일 뿐이다. 상상력의 한 기능은 주어지지 않는 것에 대해 반응하는 것, 혹은 주어진 것을 거부해 보는 것이기도 하다. 그것은 인간 지성의 부정할 수 있는 능력(negativity)에 의지해 있다. 디지털 시대의 상상력을 위한 인문학의 기여는 그런 점에서 주어진 대상들에 이야기를 불어 넣어 생기를 돋아나게 하는 것만이 아니라, 우리를 지배하는 거대한 기술에 대해 저항할 수 있도록 해주는 것이어야 한다.

그 어떤 사회도 사상(思想)과 무관할 수 없다. 주도적인 사상뿐 아니라 여러 대안적 사상들이 그것에 대응하는 사건들로 사회는 존속되기 때문이다. 사실 한 사회의 탄생과 유지 그리고 몰락의 배경을 들여다보면, 여러 사상들의 얽힘을 발견할 수 있다. 그리하여 어떠한 사회는 어떠한 사상과 더불어 탄생하며, 어떤 사회는 어떠한 사상과 더불어 몰락한다. 이렇게 사상적 흐름들은 그와 연관된 사건들을 중심으로 전환되곤 하였다.

철학은 때로 이러한 사상 자체이기도 하였으며, 때로 사상들의 얽힘과 그 흐름을 주도하기도 하였으며, 때로 사상적 흐름을 관조함으로써 미래를 예비하는 역할을 수행해왔다. 이러한 철학의 역할 속에서 디지털 컨버전스가 철학적 주제가 되어야 하는 이유가 다시 한 번 더 분명하게 밝혀진다. 왜냐하면 디지털 컨버전스 역시 사상적 흐름을 배경으로 삼고 있을 뿐 아니라 그 자체로 이 흐름의 전환을 주도한 사건이기 때문이다. 우리가 '디지털 철학'이라는 이름으로 디지털 컨버전스적 현상들을 분석하였을 뿐 아니라, 여기서 디지털 사회의 미래와 그 미래 사회의 사상적 흐름을 성찰해 보려 하는 것도 이러한 이유에서이다.

우리는 지난 논의들에서, 특히 2~4부에 걸쳐 다양한 디지털 컨버전스적 사건들과 연관된 인간의 실존적 삶의 변화 양상과 가능성을 다루었다. 물론 이 논의들 내에서 미래에 대한 예측의 내용들이 다루어진 것은 분명하다. 하지만 이 논의들은 디지털 컨버전스적 사건들을 중심으로 이루어진 것이어서 그 접근의 성격상 미시적인 것이었다. 하지만 미래 예측이 충족적으로 이루어지기 위해서는 이에 더하여 거시적 접근도 필요하다. 이를 위해 디지털 컨버전스는 그 자체로 사건으로 이해되어야 한다. 디지털 컨버전스 자체를 사건으로 조망할 때, 우리는 사건으로서의 디지털 컨버전스가 어떠한 사상적 얽힘과 흐름 속에 놓여 있는 것이며, 이를 토대로 그 흐름이 어떻게 전개될 것인가를 보다 분명하게 예측해 볼 수 있기 때문이다. 이것이 바로 5부의 의도이자 그 핵심 내용이기도 하다.

제1장

사건으로서의 디지털 컨버전스
: 그 출발과 인간 존재의 위기 극복

인간 존재의 문제가 가장 강력하게 제기되는 상황은 인간 존재가 더 이상 지속되지 못할 위기에 직면했을 때일 것이다. 그 때 인간 존재는 너무나 자연스럽게 지속되어 온, 그래서 자신의 존재를 문제시하지 않았던 일상에서 바로 자신의 존재가 문제라는 상황에 부딪치는 것이다. 인간 모두가 전면적인 존재의 위기에 직면했던 이러한 상황은 이미 도래했었다. 그것은 바로 20세기 인간이 경험했던 대공황이며, 이는 급기야 전 세계가 스스로를 말살시킬 수도 있는 큰 전쟁에 휘말리는 사건으로 폭발하였다. 대체 무엇이 원인이었던가.

20세기에 들어서기 전, 인간이 의존하고 있었던 기반은 근대 자본주의였다. 근대 자본주의의 전략은 인간의 단순 욕구를 충족시키는 실물 생산이었다. 그러나 산업혁명을 통한 대량 생산 체제가 20세기에 완성되면서 인간의 단순 욕구 충족을 중심으로 한 자본 증식 전략과 그에 의한 현실의 지탱은 공급 과잉으로 초래된 공황에 빠져들며 한계에 도달하였다. 국가의 총수요를 관리하는 유효 수요 촉진 정책에도 불구하고 대량 생산으로 인한 국내시장의 포화와 물질의 풍요로 인해 단순 욕구가 거의 충족되어 가는 상황에서 세계 경제는 더 이상 새로운 소비시장을 찾지 못하고 쇠퇴하기 시작했다. 이제 자본의 증식은 기존의 대량 생산 방식으로는 더 이상 담보될 수 없었다.[1] 보드리야르의 말대로 그때 자본주의는 죽을 뻔 했다. 자본주의가 죽을 뻔 했다면, 이에 의탁하여 존재를 지속하던 인간들도 죽을 뻔 한 것이다. 이러한 위기에서 탈출구를 열어주는 사건은 지금까지 간과되었던 매우 가까운 곳에서 발생했다. 그것은 바로 인간 내부에 자리 잡고 있는, 구별을 통한 자기 정체성의 확인 욕망, 즉 차이를 향한 욕망의 발견이다. 그리하여 현대세계는 차이에의 욕망을 끝없이 애무하여 그것을 한없이 팽창시켜 소비의 확대 재생산을 지속시키는 존재 전략을 기반으로 존재한다. 그런데 차이는 이미 소쉬르와 후기 구조주의자들에 의해 밝혀진 바와 같이 기호의 의미 발생 원리와 상통하는 것이다. 소쉬르는 종래 기호와 대상 간의 지시 관계에서 의미의 기원을 찾는 대상주의적 기호론에서 벗어나 기호의 의미는 다른 기호들과의 관계 속에서 기호 간의 변별적 차이에 의해 생산된다는 입장을 제시하였다.[2] 데리다를 위시한 후기 구조주의자들은 기호의 의미가 기호들 간의 변별적 차이에 의한 것이라면, 그 차이의 연쇄 고리는 결코 완결되지 않는 불확정성의 무한 확산 운동임을 밝혀내었다.[3] 따라서 현대 세계의 존재를 지탱하는 심층에는 이 기호의 변별 운동에 기초한 의미 생산과 소비의 원리가 작동하는 것이다. 그리고 그 변별 운동이 완결되지 않는 불확정성 법칙에 의한 것이라면, 그 생산과 소비는 무한히 확산될 수 있다. 멈추지 않는 기호의 변별 운동을 따라 진행되는 생산과 소비 활동. 실물 생산에 의한 시장의 포화 상태에서 공황의 지옥에 빠져버렸던 현대 세계는 이제 결코 '포화될 수 없는 시장'을 발견한 것이다.

여기서 중요한 것은 이와 같이 상품의 상징적 측면이 중심을 차지함으로써 새로운 기술적 수단이 절박하게 요구된다는 점이다. 그것은 바로 상품의 의미 및 그와 관련된 정보를 생산하고 유통시키는 기술이다. 따라서 상품의 상징 내지 이미지 가치의 창출과 그와 관련된 정보 순환을 신속하게 만드는 과학 기술, 즉 각종 영상매체, 미디어, 컴퓨터, 정보 과학 기술이 엄청난 투자를 흡입하며 현실의 중심부를 지배하게 된다. 그리고 그 기술을 습득하는 것이 마치 역사적 사명처럼 회자되고 있다.

이와 같은 상황 역시 보드리야르에게 정확히 포착되었다. 보드리야르는 포스트모던 사회를 정보 처리, 영상 테크닉에 의해 생산되는 기호와 기호의 논리에 따른 사회의 조직화가 실물 생산을 위주로 한 사회조직의 원리를 대체하는 시뮬레이션의 시대로 규정한다. 보드리야르는 시뮬레이션 시대가 도래하는 역사적 과정을 삼단계로 구분한다. 첫 단계는 르네상스의 고전 시대에 지배적인 위조의 시뮬레이션이고, 두 번째 단계는 산업화 시대에 나타나는 생산의 시뮬레이션이며, 세 번째 단계는 코드가 지배하는 후기 산업사회의 시뮬레이션이다. 첫 번째 단계인 고전적 시뮬레이션의 경우 위조된 대상과 그 위조의 원본인 실재 대상과의 차이가 분명하게 드러난다. 두 번째 단계인 산업적 생산에서는 대상과 노동 과정의 차이가 분명하게 드러난다. 이 시뮬레이션 시대에는 대상의 생산이 아니라 대상의 재생산이 핵심적인 것이 된다. 여기서 이미 모방 대상인 실재의 와해가 시작된다. 제3단계인 후기 산업사회의 시뮬레이션에서는 실재의 와해가 가속화되어 '함열'(implosion)하기에 이른다. 이 단계에서 재현, 모방 등 시뮬라크르의 탄생 근원은 실종된다. 실재를 재현 내지 모사하는 시뮬레이션의 본래 기능은 거세되어 버리고, 모사물이 그 자체 하나의 기호로서 실재와 상관없이 조합되고 치환되어 실재의 위를 떠도는 새로운 모사물, 즉 기호가 탄생한다. 그리고 이 새롭게 탄생된 기호들은 다시 결합과 치환을 통해 새로운 시뮬레이션의 공간이 창출될 수 있는 가능성을 열어 놓는다.[4]

이러한 시뮬레이션 시대에 실재는 더 이상 재현이나 모사의 대상이 아니며 모사물 자체가 실재성과 생명력을 갖고 자기 공간을 창출해 낸다. 나아가 첨단의 영상기술과 같은 시뮬레이션 기술을 통해 모의된 모사물의 세계는 실재 현실보다 지극히 아름답고 훨씬 추하며 지독히 자극적이며 또 극도로 적나라하다. 반면 실제 현실은 모사물에 비해 밋밋하고 권태로우며 매력 없고 덜 엽기적이다. 한마디로 오늘날에는 모사된 영역이 실제 현실보다 그 실재성에 있어서 훨씬 짙게 초과되어 있다. 그것은 문자 그대로 과잉현실(hyper-reality)이란 이름을 가질 수밖에 없다. 그리하여 애초 실제 현실의 모의로서 등장했던 모사물의 세계가 실제 현실의 실재성을 압도하는 역전 현상이 일어나는 것이다. "모사의 원리가 실재의 원리를 압도한다."[5] 실제 현실은 모사물에 의해 침식당하여 결국 실재는 모사물(시뮬라크럼)속으로 녹아들어 간다.[6]

대상의 이미지와 코드가 지배하는 하이퍼-리얼리티의 시대는 기호의 생산과 교환을 무제한적으로 활성화시켜야 할 필요성을 극단화한다. 실재의 의미와 존재 기원이 다음과 같이 달라지기 때문이다. "실재는 이제 극소화된 단위들이 데이터 뱅크에 저장되어 함수적 관계의 연산 과정의 운영 체제를 통해 생산된다. 그리고 이로부터 실재는 무한정 재생산될 수 있다."[7] 그리하여 "실재는 이제 조작적일 뿐이다. […] 실재는 과잉 실재이다. 그것은 대기도 없는 초공간 속에서 조합적 모델들로부터 발산되어 나온 합성의 결과이다."[8] 이러한 상황은 곧 기호를 완전히 탈물질화시켜 무한히 자유로운 조작을 가능하게 하는 기술(그래픽 + 정보통신)을 요구한다.

바로 이러한 요구에 대한 전면적 지원의 결과로 이룩된 과학적 결실이 바로 디지털 기술이다. 디지털 기술에서 그 기본 단위가 되는 비트는 탈물질화된, 단지 0과 1을 표시하는 전하 값에 불과하다. 디지털 정보는 재현 대상과 어떠한 물질적 속성도 공유하지 않는 이진 부호로 약호화되어 컴퓨터의 연산 과정을 통해 처리되기 때문에 현실적 제한이 없이 정보를 연쇄적으로 결합시켜 기호와 이미지의 무한한 조작을 가능하게 한다. 이러한 디지털 기술의 전 지구적 확산은 이제 모든 대상의 기호화와 전면적인 소통을 촉진하고, 결국 이 기호의 교환에 의해 애무되고 유혹되지 않는 것은 어디에도 없다. "디지털리티는 세계의 형이상학적 원리이다."[9] "디지털리티의 차가운 우주 속으로 은유와 환유의 세계는 녹아내린다."[10] 이러한 디지털 기술은 하이퍼-리얼리티를 넘어 버추얼-리얼리티(가상현실)를 탄생시켰으며 현실은 그것에 의해 삼켜진다.

제2장

디지털 컨버전스의 역설

보드리야르를 따라 추적해 본 결과 20세기 전반 인간의 존재 위기 극복은 결국 디지털화를 향해 갈 수밖에 없었다. 그리고 이것은 이 디지털화의 과정이 적어도 두 가지 관점에서 그 이전의 어떤 역사와도 비교할 수 없는 특이성을 갖는다는 사실을 시사한다. 우선, 인간의 삶이 그 이전과는 다른 공간으로 휩쓸려 들어간다는 것이다. 즉 20세기 후반부터 인간의 삶은 소위 디지털 공간에서 진행된다는 것이다. 두 번째는, 이 디지털화가 진행되면 될수록 지금까지 고착되어 있던 진상과 가상의 관계가 동요된다는 것이다. 이 두 가지 시사점 모두 인간의 의식과 행동의 바탕이 되는 인간의 존재 의미를 논의하는 데 있어서 결정적인 내용들이다. 왜냐하면 우선 인간의 의식과 행동은 그것이 처하는 공간의 공간성에 따라 결정되는 것이며, 진정한 것과 거짓인 것의 관계 또한 인간의 진정한 인간성과 그렇지 않은 것을 구별하는 데 결정적 역할을 하기 때문이다. 특히 후자의 경우는 디지털화가 IT(information technology)와 BT(bio technology)의 융합으로 생명을 디지털화하는 데 이르면서 종래의 형이상학을 포함하여 인간의 생명성에 관한 이해 자체가 전복될 수 있음을 예고한다. 이제 보드리야르부터 시사되는 이 두 가지 문제에 대해 논구해 보기로 하자.

제1절 · 디지털 공간의 공간성
: 역설paradox, 수렴convergence, 휘발성volatile

비트와 네트로 이루어져 디지털 네트워크로 펼쳐지는 디지털 스페이스에 대해서는 어지러울 정도로 복잡한 논의가 있다. 그러나 연장성을 중심으로 살펴보면 비교적 쉽게 특성을 밝혀낼 수 있는 지름길이 제공된다. 우선, 비트로 이루어진 디지털 스페이스를 물리적 공간과 비교해 보면, 물리적 공간의 지배적 특성인 연장성이 의혹에 빠진다. 논의의 간편성을 위하여 단순한 예를 들어보자. 책과 같은 물리적 실체에 정보를 담을 때 거대한 건물 크기의 연장성이 요구되는 정보량은 비트로 변환되어 실리콘에 옮겨질 경우 연장성이 거의 없는 것이나 마찬가지라고 할 정도로 극소화된다. 예컨대, 단 한 장의 공간 연장성을 갖는 CD롬에 200,000장 분량의 장편 소설을 담을 수 있다면, 공간의 연장성은 디지털화된 스페이스 상에서 1/200,000로 축소되는 것이다. 더구나 이러한 연장의 극소화가 디지털 기술의 발전에 따라 엄청난 속도로 추진되고 있는 상황에서 그 한계가 어디인지 알 수 없다. 이제 이를 근거로 디지털 스페이스의 연장도가 거의 0이라고 한다면, 이는 매우 부정확한 표현일까? 그리하여 디지털 스페이스는 공간의 연장성이 부재하는 공간이며 따라서 디지털 스페이스는 어디에도 없는 것이나 마찬가지라고 표현한다면, 그것은 지나친 과장이고 지적 사기일까? 디지털 스페이스에서 공간의 연장성은 가능한 한 최소화되어 그 존재론적 중심 위상을 상실한다. 디지털 스페이스는 연장성이 지배하는 공간이 아니다. 이러한 의미에서 그것은 문자 그대로 유-토피아(no-place)이다.

비연장적인 디지털 스페이스의 존재 양상은 이미 존재하는 완성된 공간이 아니라 노드와 접속으로 현실화되며, 이때 노드 간 접속의 속도는 광속에 근접한다는 사실을 고려하면 더욱 독특하게 노출된다. 우선 접속이 광속으로 이루어지면서 디지털 스페이스에서는 거리가 부재한다. 거리가 부재하면 시간의 지체가 증발하고, 시간의 지체가 증발하면 동시성과 즉시성이 실현될 수 있다. 따라서 디지털 스페이스에서는 동시성과 즉시성을 향해 시차가 급속히 지워지고 있다.[11] 디지털 스페이스에서 일어나는 사건들은 이처럼 실제 세계에서의 시간적 질서, 연속성, 통일성을 깨뜨리며 공시화(synchronization)를 향해 사건 발생의 순차적 연속성을 수축시키고 있다. 따라서 디지털 스페이스에서는 순간 이동을 가능하게 하는 동시성과 즉시성으로 인해 영토적 고착성이 그 의미를 상실하는 탈장소화가 일어난다.

그런데 이렇게 탈장소화가 일어나는 디지털 스페이스에서는 한 지점이 하나의 존재자에 의해 점유되는 것이 아니라 무수한 지점이 하나의 존재자의 의해 점유될 수도 있고, 하나의 지점이 무수한 존재에 의해 점유될 수도 있다. 예컨대, 디지털 스페이스에서 한 사이트는 그것의 물리적 크기로는 도저히 감당할 수 없는 수만 사용자의 동시 접속을 허용한다. 또 반대로 하나의 사용자가 동시에 다른 여러 사이트에 접속할 수 있다. 여기서 베르그송처럼 모순율을, 한 대상이 점유하고 있는 하나의 지점은 동시에 다른 것에 의해 점유될 수 없다는 연장 공간의 배제성에서 기원하는 것으로 본다면, 디지털 스페이스는 모순율을 위반하는 것으로 나타난다. 모순율이 위반되면 동일율도 적용될 수 없고, 또 동일률이 적용될 수 없으면 배중율도 적용되지 않는다. 따라서 디지털 스페이스는 동일성과 타자성이 혼재하는 공간이며 형식 논리적으로 용납될 수 없는 상황이 용납되어야만 하고, 이미 용납되고 있다. 디지털 스페이스에서 모순은 끊임없이 영원 회귀하며 그러한 한 디지털 스페이스는 헤겔이 기대한 바와는 달리 지양되지 않고 끊임없이 영원 회귀하는 모순의 역동성 속에서 끊임없는 차이의 생산 과정으로 지속된다. 이러한 차이의 끊임없는 생산 과정은 디지털 스페이스를 흐름의 공간으로 존속시킨다. 이는 마치 물의 흐름은 높이의 차이, 대기의 흐름은 기압의 차이, 전기의 흐름은 음극과 양극의 차이에서 발생하는 것과 같다. 이렇게 차이의 생성을 통해 흐름을 발생시키는 모순의 상황이 지양되지 않는 한, 디지털 스페이스에서는 형식 논리적으로는 허용될 수 없는 현상이 끊임없이 혼재하며 제거를 거부한다. 예컨대, 한편으로는 최첨단 제어 기술부터 구현되는 디지털 스페이스에는 정교한 통제와 합리성, 논리적 알고리즘이 최절정에 도달해 있다. 그러나 동시에 다른 한편으로는 광속으로 가속화되는 차이의 유통 속에서 즉시성과 동시성이라는 디지털 스페이스의 공간적 특성으로 인해 한 지점의 미세한 변화조차 순식간에 전 네트로 확산·증폭되는 나비효과가 일어난다. 그리하여 디지털 스페이스에서는 급격한 변동(volatility)에 따른 불안정이 그 공간의 일상적 양상인 양 흔하게 일어난다.

또한 모순율과 동일률이 적용될 수 없다는 것은 디지털 스페이스가 동질성의 공간이 아니라, 타자성의 틈입을 허용하는 융합의 공간(convergence space)임을 뜻한다. 실재 공간에서 물질은 자기 동일성을 견지하며 변화에 저항하는 실체성을 지닌 것으로 경험된다. 그러나 디지털 스페이스에서 존재하는 존재자들은, 그 공간의 특성상, 자기 동일성과 완벽한 자기 경계를 유지할 수 없다. 때문에 이러한 존재자들은 이미지처럼 탈실체화되어, 틈새 난 자기 존재의 경계로 타존재자의 틈입을 허용하고 동시에 타존재로 스며들어 감으로써 유동적·유통적 상태로 변이되는 과정을 생성한다. 디지털 스페이스에서 혼성 잡종과 변이(heterogenesis)가 일상화되는 것은 이 때문이다.

나아가 디지털 스페이스에서는 그 공간을 구성하는 동시적·즉시적 네트워킹에 의해 관계성의 확장과 수축 그리고 증폭이 급변하는(volatile) 방식으로 전개될 수 있는 잠재성이 잠복하고 있다. 이때 확장과 수축은 지수 함수적으로 이루어지며, 증폭은 산술적·선형적이 아니라 비선형적 양상을 보인다. 이것은 우선 디지털 스페이스에서 실체성이 아니라 이벤트로서 존재하는 모든 존재자는 관계에 의해서만 그 존재의 가치가 결정될 뿐, 그 본질적 내재 가치를 인정받을 수 없다는 것을 함축한다. 그리고 나아가 네트워크상의 관계를 통해 가치를 결정하는 함수는 접속이 이루어지는 현재의 관계망의 방향성에 따르지만, 순식간의 임의 접속을 허용하는 디지털 스페이스에서는 이 방향성이 어디로 변할지 모른다. 때문에 디지털 스페이스에 존재하는 것의 가치의 값과 질 그리고 의미 역시 불안정하다. 따라서 디지털 스페이스는 안정과 불안정이라는 양극 사이 혹은 질서와 무질서의 사이에서 펼쳐지는 카오스모스(caosmos)적 공간이다. 여기서는 그 안에서 일어나는 각각의 이벤트의 가치, 의미를 확정하는 것보다는, 각 이벤트를 발생시키며 그 의미를 결정하는 네트워크가 어떤 패턴을 보이는가와 그 패턴의 안정 혹은 불안정도를 측정하거나 예측하는 것이 중요하다.

그런데 이벤트가 발생하는 디지털 네트워크상의 각각의 노드는 연장성이 없음에도 불구하고, 그러나 바로 연장적 존재가 아니기 때문에 동시에, 무제한에 가까운 수의 접속을 흡입할 수 있는 모나드적 잠재력을 간직하고 있다. 따라서 디지털 스페이스의 각 노드는 급격한 변곡을 유발하는 수학적 의미의 특이점(singularity)과 같은 위상을 갖는다고 할 수도 있다. 때문에 디지털 스페이스의 확장과 수축 그리고 증폭의 측정 혹은 예측은 급변하는 변곡의 양상을 보이며 변곡의 수학인 미적분을 통해 그 급변 양상의 패턴을 추정 혹은 시뮬레이션해 볼 수 있을 뿐이다. 이때 중요한 것은 이러한 급변하는 변곡이 유발되는 노드에 대량 집중되는 것이 단순히 수학적 양만을 갖는 데이터가 아니라는 점이다. 그것들은 의미를 함축하는 정보이다. 정보의 집적은 물론 양의 변화이며, 이 양의 변화는 단순한 물리적 법칙으로 보아도 강도의 변화를 초래한다. 그리고 이 강도의 변화는 어떤 임계점에서 질적인 혁신을 촉발하는 새로운 차원의 공간으로 창발될 것이다. 그런데 이때 창발이 의미로 해석될 수 있는 잠재적 존재자로서의 정보인 이상, 이 질적 변곡은 의미의 변곡으로 창발할 수 있는 잠재력이다. 따라서 그것은 항상 해석을 대기하고 해석자의 개입을 촉구한다. 그리고 마침내 해석자의 개입이 이루어지면, 그것은 다시 다른 접속의 방향을 갖고, 또 다른 정보로 변질되어 새로운 의미를 파생시키는 잠재력으로 네트워크를 통해 흘러 다닌다. 이는 다시 접속과 탈속의 불규칙한 순환을 계속하면서 새로운 의미를 증식·파생시킨다. 그리고 이렇게 증식된 의미는 다시 네트워크상으로 흩뿌려지면서 새로운 의미를 파생시킨다.

앞에서 논구된 디지털 스페이스의 특성을 몇 가지 키워드로 압축하면 다음과 같다. 디지털 스페이스는 동시성과 즉시성이 지배하는 탈실체화되고, 탈장소화된 공간이며 그 안에서 유동적·유통적 상태를 생성하는 혼성적 변이 과정이 일상적으로 창발하는 컨버전스 공간이다. 그리고 그것은 미리 완성되어 있는 뉴턴적 공간이 아니라 노드와 흐름으로 거미줄처럼 뻗어 나가거나 되돌아 오는 네트워크이다. 이 뻗어 나감과 되돌아 옴은 네트워크의 시간이 각종 무선 모바일 기기의 개발로 광속에 근접하고 있는 이상 거의 동시성을 구현하며 동시적 상호 작용, 동시적인 음양의 되먹임의 양상으로 현실화될 수 있다. 또 네트워크는 이미 열려진 공간 안에서 펼쳐지는 것이 아니라, 연결의 양상과 강도에 따라 비로소 공간의 차원이 구성되며 변동한다. 특히 상호 작용과 되먹임은 대칭 관계를 이루는 것이 아니라 무작위적으로 일어날 수 있고, 또 각 노드 역시 비대칭적으로 어느 하나 혹은 소수에 거의 동시적 무한 접속에 가까운 집중도를 허용할 수 있는 허브를 출현시킨다. 그러나 이러한 허브의 역할조차 끊임없이 다른 것으로 전이되어 노드와 허브의 자리 바꿈이 급격히 발생할 수도 있다. 사회적 차원에서 허브와 노드의 급격한 자리 바꿈은 지난번 우리가 목격하였다. 한낱 미천한 한 사회 구성자에 불과한 어떤 노드(미네르바)가 순식간에 허브로 돌변하면서 사회적 허브로서 존재해왔고 존재해야만 하는 정부의 존재론적 역사성과 당위성을 위협한 사건이 있었다. 정부 발표의 영향력은 그 물리적 크기에도 불구하고 급격히 그 파장이 왜소화되는 반면, 미소한 한 사회적 구성자의 영향력은 급격히 증폭되면서 물리적 권력 관계가 역전되었다. 이 사건은 바로 허브와 노드의 관계가 디지털 스페이스에서 급변성에 노출되어 있음을 보여준다. 디지털 스페이스의 모든 노드는 사실상 유클리드 기하학에서의 점이 아니라 비유하자면 라이프니츠의 모나드적 존재 혹은 생물학적으로는 홀론(holon)과 같은 존재 방식을 갖기 때문에 이러한 사태가 발생하는 것이다.

이제 이러한 디지털 스페이스의 공간성을 단지 이해의 편이성을 위해 항목으로 정리한다면 다음과 같다.

1) 역설paradox

2) 수렴convergence

3) 휘발성volatile

제2절 · 유전 정보와 디지털 정보의 융합
: 디지털생명의 출현과 기존 형이상학의 퇴장

보드리야르의 하이퍼-리얼리티 논의에서 살펴본 바와 같이 기호의 정치경제학으로 실행되는 후기 자본주의와 그로부터 출현한 디지털 기술에 의해 지탱되는 인간의 의식과 행동은 결국 진짜와 가짜의 관계가 동요되는 상황에 휘말려 있다. 그리고 이러한 상황은 보드리야르에서 일종의 파행적 과정으로 규명된다고 할 수 있다. 즉 진짜는 엄연히 있는데, 이 진짜가 가짜에 의해 잠식되어 버리는 이상한 상황이 등장한다는 것이다. 그러나 이러한 상황은 오늘날 극적으로 역전되는 듯 보인다. 보드리야르는 명확히 볼 수 없었지만 오늘날 이 디지털 기술이 보다 첨단화하면 할수록 문제는 이와는 전혀 다른 차원으로 변이된다. 단순히 진짜와 가짜의 자리 바꿈만이 일어나는 것이 아니다. 이제까지 진정성을 주장하였던 것은 사실상 진짜가 아니며 이제까지 진짜를 대치하며 진짜인 척 역할을 했던 것이 사실상 더 진정한 것이라는 것이다. 이러한 상황에 가장 첨예하게 대면하고 있는 것은 바로 인간이다. 그의 존재는 사실상 덜 진정한 것으로 이제 자리를 내주어야 할지도 모르기 때문이다.

인간의 인간성을 구성하는 것은 여러 가지가 있을 수 있지만, 가장 무리 없이 합의할 수 있는 것은 아마도 인간은 지능적 존재임과 동시에 생명적 존재라는 것이다. 바로 이 때문에 인간은 존재하는 것 중의 가장 명품 존재자로서 그 자신을 찬양해 왔다. 인간 존재에 대한 이러한 규정과 인간의 자기 찬양은, 언급된 특성을 보다 더 잘 구현하면 할 수록 인간으로서의 존재의 진정성을 더 순도 높게 인정받는다는 사실을 함축한다. 즉 인간이 지능적인 생명체로서 존재한다면, 보다 더 지능적이며 보다 더 생명적 생동성을 보이면 보일수록 인간의 존재 규정에 진정하게 다가가는 것이며, 따라서 그러한 존재는 명품 존재자로서 존재의 권리에서 우선권을 갖는다. 그런데 인간이 발전시키고 있는 최근의 첨단 기술은 인간의 존재를 역설적 상황에 처하게 만든다. 인간은 그의 존재 규정에서 보면 그를 모델로 흉내낸 가상 존재자보다 미흡하므로 존재의 권리에서 뒤쳐진다는 것이다. 우선 이는 IT와 BT의 융합을 통해 출현하고 있는 인공생명(Artificial Life) 기술에서 노골화된다. 인공생명은 발전의 한계를 드러낸 기존 인공지능(AI) 연구가 그의 이론적 토대인 칸트적 인식론을 상향(bottom-up)으로 혁신하는 가운데 유전공학의 연구결과를 수용하고 이를 컴퓨터 언어로 번역하여 진화론적 설계를 시도하면서 탄생하였다.

인공생명의 역사는 폰 노이만(John von Neumann), 비너(Norbert Wiener)로 거슬러 올라간다. 폰 노이만은 생명 시스템의 근본적인 속성, 특히 자기-재생산과 복잡한 적응 구조의 진화를, 그러한 속성들을 나타내는 단지 형식적인 시스템을 구축함으로써 이해하려고 했다. 비너는 비슷한 시기에 정보이론(information theory)과 자기-규제적(self-regulatory) 과정, 즉 항상성(homeostasis) 분석을 생명 시스템의 연구에 적용하기 시작했다. 인공생명은 물론 최첨단 기술이지만 전통적인 학문 분야에도 뿌리를 두고 있다. 인공생명은 지구에서 발견된 생명에 관한 풍부한 정보들과 함께 특수한 생물학적 현상을 위해 근본적으로 고안된 모델들을 차용하기도 했다. 물리학과 수학, 특히 통계역학과 동역학 시스템 또한 포괄적인 일반성을 가지며 양적인 분석을 허용하는 단순한 모델 시스템을 구축하는 방법을 만드는 데 기여했다. 더욱이 복잡계(complex system)의 예로 세포자동자(cellular automata)를 사용하기 시작한 것은 인공생명의 발전에 결정적인 계기가 되었다.[12] BT가 세포자동자를 통해 IT, 특히 인공지능과 기계 학습과 융합되어 인공생명 기술을 출현시키기 때문이다. 여기서 가장 주목해야할 것은 홀랜드(John Holland)가 개척한 유전적 알고리즘(genetic algorithm)과 분류자 시스템(classifier system)에 대한 탐구이다. 인공생명과 인공지능은 변화하고 불확실한 환경에서 생존하고 번식하기 위해서 적어도 초보적인 지능이 필요하다는 점에서 동일한 주제의식을 갖는다. 그것들의 방법론 또한 유사하다. 두 가지 모두 자연 현상을 모사하고 종합함으로써 자연 현상을 연구한다. 그럼에도 불구하고 인공지능과 인공생명은 모델링 전략에 있어서 중요한 차이가 있다. 기존의 인공지능 모델은 하향적으로 명시된 연속 시스템(top-down-specified serial systems)이다. 이 시스템에서는 전체를 지배하는 중앙 제어 장치를 통해 모든 결정이 내려진다. 제어기의 결정은 전체 시스템의 모든 국소적 요소에 직접적으로 영향을 끼칠 수 있는 가능성을 가지고 있다. 반면에 인공생명은 생명을 서로 각자 동시에 상호 작용하는 상대적으로 단순하며 하위 단계에 있는 행위자(agent)로 이루어진 병렬적이고 분산적 네트워크로 파악한다. 각각의 행위자의 결정은 그것 자신의 국지적인 환경에 관한 정보에만 기초를 두고 있고, 그 환경에만 직접적으로 영향을 끼친다. 인공생명의 모델은 국지적으로 상호 작용하는 단순한 행위자들의 상향적 병렬 처리 시스템(bottom-up-specified, parallel systems)이다. 그런데 이 상호 작용이 계속해서 반복되면, 그 결과 전체 행위가 창발된다. 따라서 그 전체 시스템의 행동은 오직 간접적으로만 나타나게 되는데, 이는 직접적으로 나타난 부분들(agents 혹은 individuals) 서로 간의 상호 작용뿐 아니라 이것들과 이러한 물리적이고 사회적인 환경 간의 상호 작용에서 생겨나는 것이다.

이제 이러한 역사와 이론적 기반을 갖는 인공생명을 다시 그 핵심을 이루고 있는 생명과 세포자동자에 초점을 맞추고 알아보자. 그러면 그것이 엄청난 철학적 의미를 담고 인간의 미래에 다가오고 있음이 노출된다. 우선 인공생명 개발자들은 실증생물학에서 생명의 현상적 특징으로 규정한 내용을 출발점으로 삼는다. 그들에 따르면 생명은 다음과 같은 것이다.

    ㉠ 성장

    ㉡ 증식

    ㉢ 자기 유지

    ㉣ 자율적 조절과 환경에의 적응

    ㉤ 영양분과 에너지 필요

이러한 현상적 특징은 보다 면밀한 생화학적 연구에서 다음과 같이 파악되었다.

    (ㄱ) 생명은 세포로 되어 있다.

(ㄴ) 생명은 수용액에서 일어나는 탄소 염기의 화학 작용에 기초하고 있다.

(ㄷ) 거대하고 복잡한 부자 DNA가 세포 활동을 통제하고 또한 후손에게 전달되는 유전인자를 담은 프로그램을 만들어 낸다.

이것을 보다 일반화하면 다음과 같다.

(가) 생명은 진화할 능력을 가지고 있다.

(나) 생명은 형태와 기능을 지배하며 복제되고 전달되는 정보이다.

(다) 생명은 자기조직화의 몇 가지 일반 법칙을 활동 중에 드러낸다.

인공생명은 생명의 이러한 특성을 세포자동자에서 모델링하는데 성공하였으며, 그 내용은 다음과 같이 정리할 수 있다. 먼저 컴퓨터 프로그램을 통해 컴퓨터 모니터 화면을 격자로 나누어 그 격자 한 칸을 하나의 세포로 취급하고 각 세포에게 주어진 자신의 현재 조건과 그 이웃들의 조건 속에서 그것이 발전해 가는 방법을 기술한 규칙(유전정보)을 준다. 그리고 나서 그것이 활성화하고 세포의 시스템이 발전해 가는 것을 지켜보면, 규칙들에서 무작위적 변화(돌연변이)의 가능성이 구체화됨을 볼 수도 있을 뿐 아니라, 시스템의 행위에서 진화를 기대해 볼 수도 있다.

그러한 시스템은 실제 생명에 비해 훨씬 단순하지만, 놀랍도록 생명과 닮은 많은 행위의 패턴을 보여준다. 구체적으로 말해서 각 세포자동자는 단순한 유한 상태의 기계로서 작동하는데, 이때 세포자동자는 켜짐과 꺼짐의 초기 조건에 의해서만 결정되고, 작동 방식을 명령하는 규칙과 각 순간에 그것에 이웃해 있는 세포의 상태에 의해 결정되는 상태에 처한다. 예컨대, 한 그룹의 세포자동자에 대한 규칙이 인접한 두 개가 켜져 있을 때는 켜짐, 그 외에는 꺼짐이라 하자. 각 세포는 그 규칙에 따라 각 인접 세포의 상태를 점검하며 켜짐과 꺼짐의 상태로 변화될 때 동시에 그 인접 세포의 상태도 같은 규칙에 따라 그의 편에서 인접해 있는 세포의 상태를 점검하며 자신의 상태를 갱신해 갈 것이다.

이러한 방식으로 세포의 격자는 여러 세대를 거쳐 갈 것이며, 그것은 결국 수백 세대로 뻗어 가는 가운데 세포자동자들 간의 상호 작용에서 자발적으로 창발하는 수백 가지의 극도로 복잡한 패턴이 형성될 것이다. 이것이 컴퓨터에 프로그래밍 되어 모니터에 디스플레이 되면 살아 있는 것 같은 강렬한 인상을 준다. 에드워드 프레드킨은 바로 이렇게 다양한 구성요소들로부터 복잡한 동적 패턴이 창발하는 것에 착안하여 자연계에서도 패턴의 형성과 소멸을 설명할 수 있다고 보았다. 이에 그는 이 우주에서 모든 것이 형성되는 근본 구조를 세포자동자에서 찾고자 한다. 자연계에서의 생성의 원리는 이제 다음과 같은 질문으로 변형되어 탐구되는 것이다. 어떻게 세포자동자의 기초적 구조로부터 자발적으로 고 수준의 연산이 창발하는가? 랭턴은 이 분야에서 괄목할 만한 성과를 이루었다. 그는 세포자동자가 컴퓨테이션(computation)의 기본 작동을 지원하는 조건인 정보의 전달, 저장, 변이를 요구하는 것으로서 분석하였다. 이러한 그의 연구는 창발이 질서 지어진 구조와 무질서한 영역의 경계에서 발생할 가능성이 있음을 시사한다. 질서 지어진 영역에서 세포들은 그것들을 극도로 상호 의존하게 하는 규칙을 통해 서로 긴밀하게 묶여 있다. 질서로 유도하는 것은 이러한 상호의존이다. 그러나 긴밀하게 질서 지어진 구조는 통합체로서의 세포가 고 수준의 연산을 수행할 수 없음을, 특히 정보의 전달과 변형을 수행할 수 없음을 뜻한다. 반면 무질서에서는 세포들이 서로 독립적이다. 이 상호 독립성이 세포들을 무질서하게 나타나게 하는 이유이다. 이러한 상태는 정보의 전달과 변이를 가능하게 하지만 어떤 패턴도 오래 지속되지 않기 때문에 정보의 저장이 문제가 된다. 카오스와 질서의 경계 영역에서만 패턴이 형성되고 변이되고 소멸하지 않고 전달되는 것을 허용하는 필연적인 혁신과 복제의 긴장이 있다.

이러한 방식으로 생명 현상을 구현하는 세포자동자는 매우 엄청난 사고의 혁신을 촉발시킨다. 우선 현재 생물학이 "있는 그대로의 생명체"(life as we know it)에서 생명의 고유 특성으로 포착해 낸 현상들이 전혀 손상됨 없이 다른 매체 혹은 물리적 기반을 통해 구현된다는 것이다. 우리가 알고 있는 그대로의 생명체는 물리적으로 보면 탄소를 기반으로 한 단백질 생명체이다. 그런데 세포자동자는 탄소를 기반으로 한 단백질 생명체만이 생명의 고유한 특성을 구현하는 유일한 존재자가 아니라, 그러한 생명의 고유 특성이 탄소가 아닌 다른 매체를 통해서도 실현될 수 있다는 것을 보여준다. 이는 생명의 본질을 결정하는 본질적 요소가 생명을 구성하는 물질적 기반이 아니라 생명의 과정을 가능하게 하는 원리라는 것을 의미한다. 나아가 생명의 원리는 있는 그대로의 생명체에서처럼 탄소에 기반하기보다는 실리콘을 기반으로 할 때 훨씬 장애 없이, 또한 빠른 속도로 구현될 수 있음을 보여준다. 다시 말해서 다른 매체에서 생명의 원리는 장애받고 저지되어 생명 현상의 발생에 교란이 일어나는 경우가 있지만, 실리콘을 기반으로 디지털로 구현되는 생명의 원리에서 생명 현상은 다른 물리적 매체에 기반할 때보다 훨씬 더 생동적이다. 이는 마치 크리스털을 기반으로 한 생명의 현상이 초보적인 생명의 모습을 보여주었던 반면, 자연사에서 탄소에 기반한 단백질 생명이 발생하자 생명의 원리가 그 이전보다 더 잘 구현되었던 것과 같다.[13] 따라서 다음과 같은 주장이 가능하다. 단백질 생명에 비해 현저히 떨어지는 생명의 생기 현상을 보여주는 크리스털에 비교하여 단백질 생명체가 진정한 생명체라고 한다면, 이 후자보다 더 생명의 탁월한 특성을 구현하는 실리콘 기반 디지털생명은 생명의 원리를 보다 더 잘 살아내는 생명이라 해야 할 것이다.

이는 결국 디지털생명을 진정한 생명이라 불러야 할 것이라는 입장으로 귀결된다. 이러한 입장에서 보면 세계는 이미 크리스털에서 탄소를 거쳐 실리콘생명으로 진화하는 과정을 거치고 있는 것으로 드러난다. 또 디지털생명은 탄소 기반 생명을 모사한 가상생명이 아니라 이 가상생명이 오히려 생명의 원리를 훨씬 실재적으로 구현하고 있는 실재생명이다. 가상생명이 현실생명의 배후에 있는 생명원리의 보다 진정한 구현체이며, 만일 그렇다면 생명은 그 자체 자연적 컴퓨터상에서 구현되는 프로그램에 불과하다. 이제 인간이 만들어 낸 컴퓨터에 의해 잠재적 상태의 자연적 컴퓨터가 현실화되는 것이다.[14]

그리하여 생명의 카테고리는 이원화된다. "현재 있는 그대로의 생명체(Life as we know it)"와 "생명의 원리를 구현하는, 있을 수 있는 생명체(Life as it could be)"가 그것이다. 현재 있는 그대로의 생명은 물을 필요로 하고 살로 이루어져 있다는 점에서 'Wet-Life'라 불리고 가능한 생명은 물 없이 실리콘으로 구현될 수 있다는 이유에서 'Dry-Life'라 불린다. 그리고 이는 생명의 진화 역사가 다른 차원으로 진입하고 있음을 시사한다. 즉 지금까지의 진화가 'Wet-Life'라는 테두리 안에서 일어난 탄소 기반 단백질 진화라면, 이제부터의 진화는 'Wet-Life'에서 'Dry-Life'를 향해 비약적으로 일어나고 있는 것이다. 존재의 역사는 지금 'Wet-Life'로부터 'Dry-Life'에게 생명의 원리를 계승시키고 있다. 이러한 관점에서 보면 현재 초미의 관심사가 되고 있는 유전 공학이 만일 'Wet-Life'의 테두리 안에서 생명의 공학적 조작을 시도하는 기술이라면, 이러한 기술은 인공생명에 비해 덜 진화된 기술이다.

나아가 이제 세계를 실재와 가상으로 구분하던 종래의 형이상학적 개념 구도는 퇴장해야 한다는 것이 명백해진다. 실재와 가상은 진정으로 존재하는 것과 그것을 모사하여 실제로는 존재하지 않는 것으로 구분되는 것이 아니다. 구분은 사실상 생명이나 존재 원리를 구현하는 매체의 차이에 불과하기 때문이다. 우리가 실재라고 여기는 것은 어떤 특정한 매체, 예컨대 탄소에서 실현된 현실을 실재 그 자체로 간주하는 편협한 사고일 뿐이다. 실리콘으로 구현되는 현실이나 생명 또한 마찬가지로 실재성을 주장할 수 있다면, 그리고 또 실리콘으로 구현되는 현실이나 생명이 오히려 실재의 원리와 생명의 원리를 더 잘 구현할 수 있다면, 실재는 물리적 실재와 그를 디지털 테크닉을 통해 흉내 낸 가상으로 구분되는 것이 아니라, 아직 현실화되지 않는 잠재적 현실과 어떤 매체를 통해서 현실화된 실재로 구분되어야 한다. 때문에 우리는 앞으로 다가올 가상현실의 시대와 가상생명의 시대를 가짜라고, 거짓이라고, 그리하여 인간은 이제 거짓과 가짜의 악령에 사로 잡혔다고 탄식할 필요가 없을 것이다.

제3절 · 인간의 자리 : 실존적 딜레마와 진정한 인간

여기서 진짜와 가짜의 관계는 급진적으로 전복된다. 인공생명의 출현은 우리가 지금까지 가짜로 알고 있던 것이 우리가 지금까지 진짜로 알고 있는 것보다 더 진짜라는 사고의 반전을 유발하는 것이다.

이때 인간은 묘한 실존적 결단 상황에 처한다. 인간은 출현하는 디지털생명이 적어도 그 자신보다 더 생명의 원리에 가까운 진정한 생명체임을 인정함으로써 기꺼이 진화 역사에서 도태되어야 하는가? 우리는 진짜 생명체의 출현을 거부하지 말고 오히려 환영해야 하는 것이 아닌가? 그리고 보다 더 진정한 것이 나타나면 덜 진정한 것은 자리를 비켜주어야 하는 것이 윤리적 인간이 취해야 하는 행동이기 때문에 그것이 보다 윤리적이지 않는가? 우리는 지금까지 인공생명이 가상이고 가짜이고 생명은 생산될 수 없으며, 따라서 인공생명의 출현은 금지되던지 최소한 규제되어야 한다고 주장해왔다. 그래서 라일에일리안의 클로네이드사가 벌인 황당한 행위, 즉 복제인간을 탄생시키려는 노력을 도덕적으로 비난해왔던 것이다. 그러나 생명공학적 'Wet-Life'의 복제가 아니라 디지털 기술을 통해 정말 인간과는 물리적 기반이 다른, 그래서 인간의 복제품이 아니라 전혀 다른 매체로, 예컨대 살도 없이 생명의 원리를 구현하는 존재자가 출현한다면, 거기에 도덕적 비난을 하는 것이 오히려 비윤리적이 아닌가? 그래서 결국 우리는 정보공학을 더욱 발전시켜 우리를 능가하는 인공생명의 도래를 기다려야 하는 것이 아닌가? 메시아는 이제 그렇게 오는 것이 아닌가?

이러한 미래에 철학이 해야 할 일을 무엇인가? 적어도 한 가지는 분명하다. 인간이 미래에 어떤 선택을 해야 할지 고뇌하는 학문은 없다. 있다면 오직 철학뿐이다. 따라서 철학의 과제는 다음과 같이 주어진다. 인간이 생명 진화의 역사에서 도태를 선언하고 사그라져야 하는지, 아니면 인간에게 주어진 존재사의 운명이 소진될 수 없다고 주장하며 계속 존재해야 하는지, 이에 대한 판단 근거를 철학은 제공해야 한다. 그러기 위해서는 이러한 상황이 등장하게 된 발원지를 거슬러 올라가 과연 그것이 정당화될 수 있는지를 성찰해야 한다. 인공생명의 출현과 그 인공생명이 생명의 진정성을 보다 더 잘 구현하고 있다는 주장은 사실상 생명을 순전히 실증생물학의 입장에서 고찰하여 생명의 원리를 발견하고, 그 원리를 정보공학적으로 구현할 수 있다는 데 근거하고 있다. 따라서 철학의 과제는 실증생물학에서 주장하는 생명의 원리가 과연 타당성을 인정받을 수 있는지 철저히 검토하는 것이다. 그럼에도 철학이 실증생물학의 타당성을 과학이란 미명하에 무비판적으로 추종하고 오히려 그 생물학에 기반하여 철학적 작업을 진행한다면, 그리하여 인식론도 진화론적 인식론으로, 윤리학도 진화론적 윤리학으로 전개한다면, 철학이 도태와 지속 사이에서 고뇌하고 있는 인간의 실존적 결단에서 제공할 수 있는 답변은 오직 하나이다. 인간, 그들은 존재의 역사에서 추방되어야 하는 것이다. 철학은 과연 그 답만을 줄 것인가? 하이데거의 말처럼, 존재하면서 그 자신의 존재를 문제 삼는 존재자, 즉 인간 존재 방식의 특수성에서 태어난 철학은 결국 인간 존재의 종말을 선언하기 위해 태어났던 것인가?

제3장

미래 철학의
사상적 구도

이에 대한 직접적인 답변은 유보될 수밖에 없을 것이다. 대신 이러한 상황에 휘말려 있는 철학의 미래를 그려보자. 아마도 다가올 철학은 다음과 같은 구도로 전개될 가능성이 크다. 우선은 현재 진행되고 있는 상황의 품에 안겨 그 상황과 같은 방향으로 전개되는 것이다. 이러한 방향성을 추종하는 철학은 트랜스휴머니즘(Transhumanism)이란 이름으로 다음과 같은 내용을 가질 것이다.

제1절 · 트랜스휴머니즘

트랜스휴머니즘은 20세기 전반 기계 문명에서 역사의 진보를 낙관하며 전통에 대한 과격한 파괴와 급속한 발전을 추구하던 근대 미래주의의 21세기적 변종이다. 트랜스휴머니즘은 20세기 후반부터 획기적 발전을 보이고 있는 첨단 기술과 그것이 발생시키는 여러 사회문화적 현상을 담아내려는 모색이다. 아직 이 트랜스휴머니즘은 뚜렷한 표제어로 나타나지는 않았다. 하지만 21세기 인간의 삶과 문화가 20세기 후반부터 급속히 발전하고 있는 첨단 기술에 의해 지배당하고 새롭게 형태화되고 주형되고 있는 상황에서 21세기의 여러 문화적 현상을 담아내고 해석하며 그리하여 21세기의 문화적 밑그림을 그리는 중요한 철학적 조류의 하나로 출현할 것으로 예측된다.

트랜스휴머니즘은 근대 미래주의의 변종이지만 내용상 현격한 차이를 보일 것이다. 근대 미래주의가 단순히 규칙적이고 반복적인 운동을 견지하는 기계적 이미지에 근거를 두고 전개되었다면 트랜스휴머니즘은 정보통신 기술, 인공지능 기술, 나노테크놀로지 등 고도의 지적 능력과 초정밀 제어 기술, 극소 기술로부터 유래하는 이미지에 기대고 있으며, 그 중에서 인공지능과 유전공학 기술 나아가 인공생명 기술은 트랜스휴머니즘의 사상적 내용을 결정하는 데 핵심적인 역할을 할 것이다.

트랜스휴머니즘은 근대 미래주의와 같이 첨단 기술에 의해 출현할 여러 새로운 상황을 긍정적으로 수용하며 표현하려 할 것이다. 하지만 근대 미래주의가 반복성·규칙성·딱딱함·정형성 등을 직선적 발전의 이미지로 점철했다면, 트랜스휴머니즘은 이를 그대로 답습하지는 않을 것이다. 특히 사이버 스페이스가 여러 근대적 이항 대립이 와해되는 혼성 잡종의 공간이 될 것으로 예견되기 때문에, 이를 표현하고 형상화하는 작업이 트랜스휴머니즘의 중심 내용을 이룰 것이다. 그 대표적인 경우를 예측해 보면 다음과 같다. 디지털 스페이스 상에 존재하는 모든 것은 실재 공간에서 물질적 존재와는 달리 견고성을 유지할 수 없다. 끊임없는 변화와 변종 그리고 혼성의 원리에 흡수되어 있는 사이버 스페이스에서 물질 상태란 있을 수 없다. 따라서 이곳에서 모든 것은 고체의 이미지를 떠나 액체나 기체의 이미지로 표현되고 형상화되는 경향을 보일 것이다. 또 형태적 측면에 있어서도 기존의 기하학적 도형성이 과감히 해체되면서 프랙탈 기하학의 이미지를 차용하는 입체적, 다차원적, 그리고 전방과 후방, 내면과 외부가 끊임없이 뒤바뀌는 유동적 이미지가 주축을 이룰 것이다.

근대 미래주의가 인간의 개조와 기계 문명의 속도에 대한 적극적인 수용을 근육질의 인간 신체 이미지를 통해 표현하려 했다면, 트랜스휴머니즘은 인간보다 훨씬 생명의 원리에 충실한 인간 이후의 존재자, 즉 포스트휴먼의 도래라는 상황 앞에서 이제 인간과 인공생명의 결합으로 출현하는 새로운 모습의 존재자를 형상화하고 이미지화하는 작업에 몰두할 것이다. 실재 공간과 사이버 스페이스에 걸쳐 있으며, 이 두 공간을 가로지르는 존재자의 예측 불가능한 모습을 형체화하는 것은 인간의 모습을 기형화하거나 극대화하거나 역전시키는 방식 등으로 시도될 공산이 크다. 또 인간의 몸에 대한 다양한 변형과 훼손, 왜곡 등을 통해, 또 신체의 물질성과 정신의 비물질성을 인공생명과 인간 신체의 결합으로 번역하며 물질과 비물질성의 결합을 유체적인 신체 이미지를 통해 표현할지도 모른다. 나아가 몸 자체는 더 이상 존재의 기반이라는 의미를 상실할 것이다. 인간 개개인에게 그의 몸은 대체가 불가능한 유일한 몸이다. 그러나 사이보그나 포스

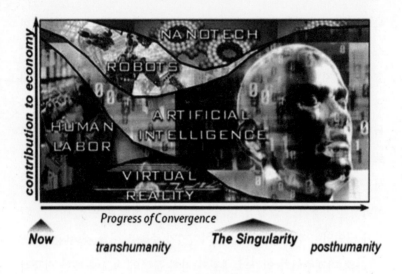

[그림 31] 컨버전스의 미래

트휴먼에게 몸은 인공생명의 외부를 둘러싸는 껍질이나 표피, 나아가 장식물에 불과하다. 그것은 여러 가지 다른 물질로 또 다른 모습으로 대체가 가능하다. 이런 포스트휴먼에게 몸과 의상의 구별은 더 이상 의미가 없을 것이다. 따라서 몸에 대한 자유자재의 다양한 디자인이 활성화될 것이다.

　다른 한편 포스트휴먼의 출현을 미래의 기정 사실로 받아들이게 될 트랜스휴머니즘은 과거 근대 미래주의가 근대 과학과 기계 문명에 열광하며 구 시대와 구 인간에 대한 파괴를 심지어 전쟁을 통해서라도 노골적으로 이룩하려 했던 것을 그대로 반복할 수는 없을 것이다. 포스트휴먼에 대한 열광은 곧 영화 〈매트릭스〉에서 보이듯, 인간 종 자체의 도태를 의미하며 인간에 대한 존재 의미의 허무화를 초래하기 때문이다. 따라서 트랜스휴머니즘은 필연적으로 네오휴머니즘 (Neo-Humanism)이라는 새로운 인간적 철학을 불러일으킬 것이다. 즉 인간의 존재 조건을 재검토하며 인간의 전면적 도태라는 상황에서 인간존재의 의미를 확보하기 위한 철학적 모색이 네오휴머니즘이란 이름으로 등장할지 모른다.

제2절·네오휴머니즘

네오휴머니즘은 인간의 실존적-존재론적 허무화에 직면하여 인간 존재의 의미를 재확보하려는 철학적 움직임을 일컫는다. 이러한 네오휴머니즘 역시 아직 구체적 내용을 가진 사상으로 현실화되어 있지 않지만 첨단 과학과 기술의 발전이 현재와 같이 진행될 때 인간이 처할 역사적 운명을 고려해 보면 그 등장이 충분히 예견된다.

네오휴머니즘 역시 근대 휴머니즘의 변종이다. 근대 휴머니즘은 르네상스를 선도한 인문주의자들에 의해 등장하기 시작하였다. 초월적 신과 보이지 않는 천국을 동경하던 중세적 세계관으로부터 인문주의자(humanist)들은 인간을 세계의 중심으로 설정하는 사상적 패러다임 전환을 시도하였다. 물론 이러한 인본주의적 전환은 당시 상당한 저항을 불러일으켰지만, 데카르트에 이르러 견고한 철학적 지반을 획득함으로써 근대와 현대 문화의 모태가 되었다.

'나는 생각한다, 고로 존재한다'고 하는, 더 이상 의심할 수 없는 데카르트의 명제 발견 이후 근대는 사유하는 인간에게 모든 존재하는 것의 진리를 근거지었다. 그리하여 인간은 모든 것의 주체가 되었으며, 또 그 진리로부터 인간의 자아와 주체성의 실현을 갈망하는 휴머니즘을 잉태시켰다. 다가오는 모든 것의 진리 근거이며 동시에 자신의 존재 근거인 인간 자아의 출현, 이제 이러한 인간 자아의 영역은 점차 무의식과 욕망으로까지 확대되며, 자아를 억압하고 구속하고 있는 모든 자연적·정치적·윤리적 구속으로부터 해방되어야 했던 것이다.

그런데 중요한 것은 바로 세계를 대상화시키며 주체로서의 지위를 구가하는 인간 자신 또한 더 이상 주체가 아니라 자기를 탈취하는 방식으로 실현되는 그 존재 사건의 한가운데로 휘말려들고 있는 것이다. 인간을 이해하는 데에서 자연과학에 근거한 접근, 예컨대 유전 공학적 인간 이해에서, 그리고 그것의 실용화에서 인간이 사물에 대해 맺는 관계와 동일한 방식으로 실현되는 인간 주체의 전복된 모습이 폭로된다.

근대 휴머니즘과 인간이 오늘날 맞고 있는 운명을 이러한 방식으로 성찰하면, 네오휴머니즘은 근대 휴머니즘과는 다른 방향으로 전개될 수밖에 없다. 우선 디지털 기술이 절정에 이르면 수학적 합리성은 더 이상 인간 실존의 본질적 근거로 주장되지 않을 것이다. 오히려 인간의 유한성, 또 근대 이성에 의해 비합리적 부분으로 치부되던 인간의 다른 측면들에 대한 새로운 성찰이 이루어질 것이다. 특히 인공지능이 시뮬레이션할 수 없는 인간적 부분들을 긍정적으로 해석하는 철학적 작업이 이루어질 것이다. 즉 인간의 합리성을 저해하는 요소로 취급되던 예술적 몰입, 죽음에의 불안 등이 인간을 인간으로서

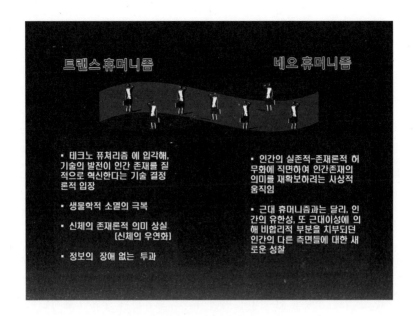

[그림 32] 트랜스휴머니즘과 네오휴머니즘

존재하게 하는 심급으로 해석되면서 인간보다 월등한 합리성으로 무장한 인공지능 문명에 도전하는 거점을 형성하게 될 것이다. 나아가서 인간을 세계의 중심으로 즉위시킨 근대 휴머니즘과는 달리 네오휴머니즘은 이제 존재의 중심에서 인간이 비껴서는 방식으로 인간을 이해하려 할 것이다.

이것은 세계와 존재를 인간의 이성에 의해 꿰뚫어 볼 수 있는 균일한 법칙들의 총체로 보려는 사고에서 벗어나 세계의 비밀을 인정하는 방향으로 전개될 것이다. 세계는 인간이 그의 이성적 활동에 의해 그 진리를 고갈시킬 수 없으며, 따라서 인간에게 끊임없이 새로이 해석되어야 할 비밀을 던져주는 영역으로 존중될 것이다.

제3절·융합하는 철학인가, 새로운 신비주의인가?

그런데 매우 흥미로운 것은 포스트휴먼의 도래로 치닫는 첨단 과학 기술 안에 기묘한 딜레마가 잠복하고 있고 이는 새로운 신비주의로 전개될 수 있다는 점이다. 우선 포스트휴먼의 도래가 동반할 딜레마에 대해 언급해 보자.

(1) 포스트휴먼의 이론적 기반은 합리주의 형이상학이다. 즉 존재는 인지 주관에 대상으로 서 있고, 주관은 그 세계를 이진 기호 연산 처리를 통해 정확하게 파악할 수 있다는 전제가 포스트휴먼을 출현시키는 인지공학의 전제이다. 따라서 포스트휴먼의 등장이 불가능하다면, 존재는 합리적으로 파악될 수 있는 질서가 아니다. 존재는 궁극적으로 미스테리이며 따라서 존재의 진리는 인간에 의해 장악될 수 있는 것이 아니라, 인간도 하나의 존재자로 품고 있는 존재 자체가 일으키는 것이다. 존재는 결코 인간에 의해 장악될 수 있는 대상이 아니다.

(2) 반대로 존재가 합리적이고 알고리즘적 법칙이 지배하고 더군다나 정보론적 구조를 가지고 있다면, 이 존재는 컴퓨터상에 시뮬레이션될 수 있고 이 존재를 파악하는 인지적 수행자를 제작할 수 있다. 그리하여 포스트휴먼의 출현은 가능하며, 포스트휴먼이 출현한다면 자연인(自然人)으로서의 인간은 도태의 길을 가야할 것이다.

(3) 그런데 포스트휴먼의 출현이 가능하다면, 그것은 인간보다 더 제어가 불가능하다. 인공생명 기술이 보여주듯 세포자동자에서 일어나는 다른 층위로의 창발은 그 창발이 일어나기 이전의 층위에서는 예측될 수 없는 현상이기 때문이다. 세포자동자에서 절정에 이르는 인공생명 기술에서 목적론은 창발에 의해 대치된다. 또 중심 인지기관의 총체적 인식과 전체를 조절하는 자율적 의지는 분산적·국지적 인지와 그들의 상호 작용이 대신한다. 즉 세포자동자에서는 진행 과정을 이끌어가는 어떤 중심도 목적도 의지도 부재하는 것이다. 결국 세포자동자에서 진행되는 생명의 진화는 연속적 발전 과정이 아니라 비약적으로 일어나는 대역적 창발이며, 이 창발은 어디로 방향을 취할지 미리 예측되고 기획될 수 없는 것이다. 따라서 디지털생명의 차원에서 진화가 일어나는 세계는 보편적 규칙으로부터 이탈하는 세계이다. 그리하여 포스트휴먼이 탄생한다면, 그들의 세계는 인간의 세계보다 훨씬 합리성이 위협당하며 불안정하고 파편화되어 있을 것이다. 따라서 다음과 같은 예상이 가능하다. 기술의 발전으로 포스트휴먼이 인간보다 더 지능적이고 또 그 생명적 특성이 더욱 더 발휘되는 단계로 접어들면 들수록, 포스트휴먼의 세계는 더욱 더 처리될 수 없는 비밀스런 존재가 될 것이다. 결국 포스트휴먼이 출현하든 그렇지 않든, 세계의 존재는 능가할 수 없는 미스터리로 남을 것이다.

이렇게 세계의 비밀을 인정하는 태도는 새로운 형태의 신비주의(Neo-Mysticism)를 동반할 것이다. 그런데 과연 비밀은 무엇인가. 하이데거는 비밀에 대해 다음과 같이 말한다. "비밀은 우리를 다른 존재자를 향하여 비로소 열어주는 고유한 가능성이다. 완전히 인식되고, 장악하고 계산될 수 있는 세계는 사실상 사물을 향한 통로를 차단한다. 이는 인간 상호 간의 관계에서 잘 나타난다. 스스로 우리를 놀라게 할 수 없는 채로 우리가 그 속을 들여다 볼 수 있고 완전히 조작 가능한 타자는 그 스스로 자유롭게 우리에게 다가오지 않는다." 만일 우리가 이러한 비밀을 갖지 않는다면, 우리에게 어떠한 의미도 주어지지 않을 것이다. 그 경우, 우리에게는 그것들에 대해 어떠한 사색을 위한 관심도 남아 있지 않게 될 것이다. 결국 철학자는 IT와 BT의 융합으로 새롭게 다가오는 미래 앞에서 다음과 같은 물음에 직면할 것이다. 세계를 의미 있는 영역으로 성찰하기 위해 우리는 세계의 비밀을 인정해야 할 것인가?

제4절 • 어떻게 살 것인가?

디지털 컨버전스는 지속적인 흐름이며, 따라서 그것의 미래상을 정확히 그릴 수도 없으며, 또한 그 미래에 우리의 삶이 어떻게 될 것이라고 단정할 수도 없다. 이러한 의미에서 디지털 컨버전스는 고정적이고 확정적인 개념은 아니다. 그러나 이 디지털 컨버전스가 지금껏 우리의 삶의 양식을 변화시켜왔듯, 미래의 전개 속에서도 끊임없이 그 변화를 추동할 것이라는 점에는 의문의 여지가 없다. 그래서 우리는 뚜렷하지는 않더라도 그 변화를 예측하면서 그것에 대비해야 한다.

　다행이도 그러한 예측과 대비에 필요한 실마리가 전혀 없는 것은 아니다. '트랜스휴머니즘'과 '네오휴머니즘'은 컨버전스 문화의 두 가지 근원적 힘들이기 때문이다. 우리는 이 두 근원적 힘들을 디지털 컨버전스 문화의 양 극단으로 삼아 볼 수 있다. 우리가 이 두 힘을 문화적 양 극단으로 삼게 되면, 인간 삶의 다양한 변화 양상을 이 양 극들 사이에 둘 수 있다. 다시 말해 이 두 힘의 역학적 관계로부터 인간 삶의 양식 변화를 예측해 보는 것이다.

디지털 컨버전스는 인간 삶에 있어 일종의 환경으로 작용한다. 물론 환경이 일방적인 영향을 미칠 수 있는 것은 아니지만, 최소한 그 환경에 대한 적응은 필수적으로 요구된다. 따라서 미래의 인간 삶에 대한 예측에 있어 환경으로서의 디지털 컨버전스에 대한 적응과 향유 방식은 핵심적일 수밖에 없다.

1. 일반적인 경향

일종의 친 컨버전스적 성향으로 볼 수 있는 트랜스휴머니즘과 반 컨버전스 성향으로 볼 수 있는 네오휴머니즘이 각각의 문화적 트렌드로 공존할 것이다. 즉 트랜스휴머니즘적 성향의 사람들은 시공간적 제약을 극복하고자 하는 인간의 근원적인 욕망과, 나아가 생물학적 조건과 사회적 제약 등을 포함하는 인간 조건을 컨버전스(모빌리티와 유비쿼티) 기술이 근본적으로 개선해 줄 것으로 기대함으로써 디지털 기술에 적극적으로 적응하고 향유하려 할 것이다. 반면 모든 것을 하나로 환원함으로써 가능해지는 컨버전스 문화를 인간의 존재 상실로 간주함으로써, 보다 인간적인 문화를 선호하는 계층 또한 존재할 것이다. 특히 이 경우에는 다소 신비주의적인 성향으로 나아갈 가능성 또한 존재한다. 이러한 네오휴머니즘적 성향의 사람들에게 중요한 것은 '보다 인간적인 것이 무엇인가?'라는 물음이 될 것이다.

2. 구체적인 경향

디지털 컨버전스에 대응하는 일반적인 경향에 대한 예측 아래, 구체적인 경향성 또한 세분화해 볼 수 있을 것이다. 이러한 구체적 경향성들은 다양한 스펙트럼을 가질 것이다. 즉 문화적 경향의 대립과 혼재, 중재, 공존, 혼융이 함께 나타날 것이다. 이는 무엇보다 우리 사회가 급격하다고 말할 수 있을 정도로 빠르게 디지털화하는 문화 변동에 노출되어 있기 때문이다. 이러한 다양한 경향성들을 구체적으로 열거해 보면 다음과 같다.

트랜스휴머니즘	네오휴머니즘
- 모빌리티와 유비쿼티 욕망을 만족시켜 줄 수 있는 기능적 상품과 문화를 향유하고자 하는 경향의 증가 - 고도로 분화되고, 치열해지는 경쟁사회 속에서 발생하는 소통의 욕망을 만족시켜 줄 수 있는 디지털 네트워크 문화에 대한 의존성 증가 - 디지털 표류자(Digital Herd)로 일컬어지는 계층의 등장 : 끊임없는 연결과 방향성의 변동 상황에서 표류함으로써 동기와 목적이 불투명한 의식과 행동 양식을 가진 사람들의 등장	- 디지털 네트워크의 개방성을 사생활의 소멸과 같은 부정적 현상으로 인식함으로써, 폐쇄적 자아공간을 선호하는 사람들의 등장 - 디지털 문명의 기계적 차가움을 상쇄시켜 줄 수 있는 하이터치적 문화 트렌드, 예컨대 실물과의 접촉을 추구하는 문화 트렌드 등장 - 사이버 범죄 등 반-네트워크적 행위의 증가와 그에 대한 자아의 세계를 지키려는 프라이버시 의식의 강화

- 이른바 '디지털 자아(Digital Me)'와 '실존적 자아(Self)'를 혼동하는
분열증적 문화의 등장
- 공적 영역과 사적 영역의 컨버전스로 인한 양 영역 간 경계의 증발
- 디지털 격차로 인한 문화적 계층의 분화

[표 5] 트랜스휴머니즘과 네오휴머니즘 비교

트랜스휴머니즘과 네오휴머니즘 사이에서 차별화되는 다양한 스펙트럼은 결국 디지털 형이상학의 압력에 따른 획일화와 그에 저항하는 차이 사이에서 역동적인 균형점들을 찾아갈 것으로 예상된다. 예컨대 디지털 컨버전스 기술이 시간과 거리의 한계를 극복하게 해줌으로써 어떤 이에게는 자연적 시간과 거리가 '참을 수 없는 존재의 느림'으로 여겨지는 반면, 지나치게 빠른 속도에 멀미를 느끼는 사람들은 오히려 그런 자연적 시간과 거리를 더욱 선호하게 될 것이다. 그래서 속도를 강조하는 문화—'속성(速成)의 공학'—와 자연적인 시간과 공간을 소중하게 생각하는 문화—'숙성(熟成)의 미학'—가 함께 공존하면서 다양한 혼종 형태가 등장할 것이다.

아울러 주목해 보아야 할 현상은 문화적 패러다임의 이행기에서 등장할 수 있는 일종의 분열증적 문화이다. 이미 가상 세계와 현실 세계를 혼동하는 현상들이 등장하고 있듯이, 인간의 '자아'에 대해서도 그런 혼동이 발생할 가능성이 있다. 우리는 이미 두 종류의 자아, 즉 한편으로는 자연적인 신체와 의식을 중심으로 하는 실존적 자아가 존재하지만, 다른 한편으로는 온갖 종류의 디지털 자료에 의해 규

정되는 자아 또한 존재한다. 이렇게 디지털 데이터(Database)에 의해 규정되는 자아를 '디지털 자아(Digital Me)'라고 부를 수 있을 것이다. 실존적 자아와 디지털 자아가 혼동될 수 있다는 것은 곧 디지털 네트워크 상의 자기 정체성과 현실적인 삶에서의 자기 정체성이 혼동될 수 있다는 것을 의미하고, 이러한 혼동을 통해 파생되는 문제들이 사회적 문제로 제기될 위험도 있다.

또한 이른바 '디지털 표류자(Digital Herd)'라고 부를 수 있는 계층이 등장할 수 있다는 사실도 주목해 보아야 할 것이다. 흔히 '디지털 유목민(Digital Nomad)'이라고 불리는 계층이 비교적 긍정적인 의미를 가지고 사용되는 개념이라면, 디지털 표류자는 다소 부정적인 뉘앙스를 갖는다. 즉 광역화된 네트워크의 무한 연결 속에서 주체적 자유를 가지고 경계를 넘어서는 자가 아니라 그런 네트워크를 이유나 목적도 없이 그저 정처 없이 떠도는 방랑자이다.

트랜스휴머니즘과 네오휴머니즘이 특정 경향의 문화를 선도하는 일종의 문화적 이념이라면, 위에서 언급한 현상들은 그런 문화적 이념을 양 극단으로 하는 힘들이 서로 역동적으로 얽히며 균형을 찾아가는 과정일 것이다. 따라서 이러한 균형점들을 찾아가는 개인의 의식과 행동 양식 또한 차별화될 것이며, 아울러 경제적 여력과 같은 사회적 조건에 의해 개개인이 향유할 수 있는 디지털 문화 역시 계층적으로 분화될 가능성 또한 높아질 것으로 예측된다.

이러한 문화적 변동기에 무엇보다 중요한 것은 그 문화의 주체들이 자신들이 처한 상황을 얼마나 잘 이해하고 있는가 하는 자각적 의식이다. 변동에 대처할 수 있는 능력이 바로 그에 의존하기 때문이다.

특히 디지털 문화 속에서 태어나 새로 성장하는 후속 세대들에게 그런 자기 성찰적 교육은 더더욱 중요하다고 할 수 있을 것이다.

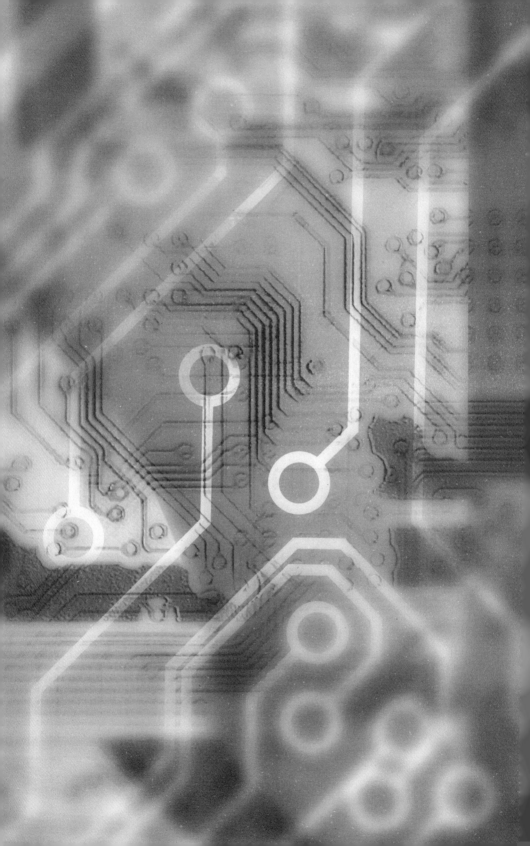

- 2부 3장의 내용은, 김종규의 논문 「디지털 컨버전스 시대의 게임과 신화에 대한 문화철학적 고찰」(『人文科學』 제47집, 2011)을 전체 논의의 흐름에 맞게 수정하여 사용한 것임을 밝혀 둔다.
- 3부 2장의 1절과 2절은, 김종규·김주희의 논문 「디지털 오디세이 : 춤추는 몸과 디지털 컨버전스」(『人文科學』 제63집, 2013) 중에서 일부 내용을 전체 논의의 흐름에 맞게 수정하여 사용한 것임을 밝혀 둔다.
- 3부 4장의 내용은, 김종규의 논문 「디지털 미디어에 대한 문화철학적 고찰」(『人文科學』 제48집, 2011)을 전체 논의의 흐름에 맞게 수정하여 사용한 것임을 밝혀 둔다.
- 4부 2장의 내용은, 김종규의 논문 「기억의 외재화에 대한 문화철학적 비판」(『人文科學』 제49집, 2012)을 전체 논의의 흐름에 맞게 수정하여 사용한 것임을 밝혀 둔다.
- 4부 3장의 내용은, 김종규의 논문 「기억, 상상력 그리고 상징」(『人文科學』 제51집, 2012)을 전체 논의의 흐름에 맞게 수정하여 사용한 것임을 밝혀 둔다.

| 1부 |

1) 에드워드 윌슨, 『통섭(Conscilience)』, 최재천·장대익 옮김, 사이언스 북스, 2005, 35 쪽

2) 2004년 sbs서울 디지털 포럼 편, 『제 3의 디지털 혁명』, 미래 M&B, 2004, 25-26 쪽.

3) 디지털(digital)의 사전적 의미는 '손가락의'와 '숫자의'이다. 전자의 의미는 원초적인 셈의 방법을 나타내며, 후자는 셈을 통해서 드러나는 존재자를 표현한다. 다시 말해 셈을 통해서 드러나는 존재자인 '숫자'가 바로 디지털의 근본적인 의미이다. 결국 총체적 디지털화는 디지털 컨버전스를 설명하는 네그로폰테의 말처럼 모든 존재자들을 숫자들로 환원시키는 것이며, 컴퓨터와 결합하면서 특수한 숫자들의 계열, 즉 이진법 코드, 다시 말해서 비트로 환원시키는 것을 뜻한다.

4)

i. 함께(Together)	한 장소에 있다.
ii. 분리(Apart)	다른 장소에 있다.
iii. 접촉(In contact)	접촉하고 있다.
iv. 사이(Between)	매체를 사이에 두고 있다.
v. 순차(In succession)	순차적으로 있다. 먼저 오는 것과 따라 오는 것 사이에는 같은 종류의 것이 없다. 수의 존재 방식.
vi. 계속(Contiguous)	그 말단들이 서로 접촉하고 있다(마치, 두 개의 집이 외벽에서 서로 붙어 있는 것처럼). 도형의 존재 방식.
vii. 연속(Continuous)	연속체(마치, 한 집에서 여러 개의 방이 벽으로 나뉘지지만, 그럼에도 불구하고 하나의 집이듯이). 자연적 존재자의 존재 방식.

5) M. Eldred, The Digital Cast of Being - Metaphysics, Mathematics, Cartesianism, Cybernetics, Capitalism, Communication, 2009.

6) 물론 모든 것이 계산 가능하리라는 것은 단지 하나의 이념일 뿐이다. 예컨대 계산 불가능한 수가 존재한다는 튜링의 증명이나, 산술체계의 무모순성과 완전성은 양립가능하지 않다는 괴델의 증명은 모든 것이 계산 가능하다는 이념에 대한 반증으로 간주될 수 있다.

7) E. Husserl, Die Krisis der europaischen Wissenschaften und die transzendentale Phänomenologie, Haag Martinus Nijhoff, 1969, §8 이하.

8) 장-이봉 비리앵, 『컴퓨터의 역사』, 노윤채 역, 한길사, 1999. 참조.

9) 피에르 레비, 『집단지성』, 권수경 옮김, 문학과지성사, 2002. 피에르 레비는 발전된 디지털 융합 테크놀리지에 의해서 구성되는 인터넷의 거대한 사이버 공간인 누스페어에서 인간의 잠재적 역능이 통합되어 호모 사피엔스의 집단지성으로 발현된다고 말한다.

10) 우리가 만약 기의적 차이와 기표적 차이에 주목하기만 한다면, 혹은 기의와 기표 사이의 의미론적 등가성이라는 전제를 의심스럽게 바라보기만 한다면, 디지털 기술이 만들어 내는 차이가 위장이라는 사실은 곧바로 폭로될 수 있다.

11) 이러한 돌발성은 총체적 디지털화의 심층부에 자리 잡은 비결정성과 관련이 있다.

12) 김상환·홍준기 엮음, 『라캉의 재탄생』, 창작과비평사, 2002, 70~73쪽.

| 2부 |

1) E. Husserl, Die Krisis der europaischen Wissenschaften und die transzendentale Phänomenologie, Haag Martinus Nijhoff, 1969, §9.

2) 장 보드리야르, 『시뮬라시옹』, 하태환 옮김, 민음사, 2001, 245 쪽.

3) 김상환·홍준기 엮음, 「라캉과 들뢰즈(서동욱)」, 『라캉의 재탄생』, 창작과비평사, 2003, 421쪽.

4) 같은 책, 422 쪽.

5) 로날드 버그, 『들뢰즈와 가타리』, 이정우 역, 새길, 1995, 175쪽.

6) 김상환·홍준기 엮음, 「라캉과 들뢰즈(서동욱)」, 『라캉의 재탄생』, 창작과비평사, 2003, 457쪽.

7) 후기 구조주의(혹은 포스트모더니즘)에서 말하는 탈경계적, 탈중심적(네트워크적) 담론 모델은 본래 모든 것을 계산 가능한 것으로 환원하려는 근대 형이상학에 저항하는 논의였다. 그러나 디지털 컨버전스는 바로 그런 형이상학이 첨단화한 현상이다. 따라서 컨버전스를 탈경계·탈중심 논의와 단순하게 동일시해 버리는 것은 서로 상반된 이론적 경향을 접합하는 것과 같다.

8) M. Eldred, The Digital Cast of Being - Metaphysics, Mathematics, Cartesianism, Cybernetics, Capitalism, Communication, 2009, 33쪽.

9) 같은 곳.

10) 같은 책, 34쪽.

11) 같은 책, 34~37쪽.

12) D. Robertson, The new Renaissance: Computer and the Next Level of Civilization, Oxford Univ Press, 1998, 75쪽.

13) 같은 곳.

14) 존 나이스비트, 『하이테크 하이터치』, 안진환 역, 한국경제신문사, 2000. 참조.

15) 에릭 홉스봄, 『혁명의 시대』, 정도영·차명수 역, 한길사, 1998, 7장 참조.

16) 그래서 로버트슨은 이를 두고 제2의 르네상스라는 표현을 쓰기도 한다.

17) S. Gafinkel, Databasenation—Death of privacy, Oreilly&associates Inc, 2001. 참조.

18) 존 나이스비트, 앞의 책, 345쪽 이하 참조.

19) 「일본 브로드밴드 경쟁정책 방침」, 『정보통신정책』 제14권 13호(통권 305호), 정보통신산업진흥원, 2002, 61쪽.

20) 『게임백서 2003』, 한국게임산업개발원, 2004, 474쪽.

21) 한국콘텐츠진흥원 정책연구실 저, 『2012 대한민국 게임백서』 요약본, 한국콘텐츠진흥원, 2012, 1쪽. http://www.kocca.kr/notice/report/1776529_3332.html

22) 같은 책, 3쪽.

23) 온라인 게임과 모바일 게임은 다른 게임플랫폼을 갖고 있지만, 대부분의 모바일 게임 역시 네트워크와 무관하지 않다는 점에서 이 둘을 하나의 부류, 즉 온라인 게임으로서 간주하고자 한다.

24) 표정옥, 『현대문화와 신화』, 연세대학교 출판부, 2006, 175쪽.

25) 이정엽, 『디지털 게임, 새로운 영토』, 살림, 2005, 36쪽.

26) 기술과 문화의 디지털 컨버전스는 다양한 현상들을 포함하고 있다. 게임과 신화의 결합뿐만 아니라 기술과 예술의 통합 양상 역시 기술과 문화의 디지털 컨버전스의

예들이다. 그렇지만 본 연구가 다양한 컨버전스 현상들 중 게임과 신화의 결합에 주목하는 까닭은, 신화가 인간 문화 체계의 가장 근원적인 토대인 것과 마찬가지로, 기술과 문화의 디지털 컨버전스 현상들 중 게임과 신화의 결합은 가장 근원적인 차원의 컨버전스 현상이기 때문이다.

27) 한혜원, 『디지털 게임 스토리텔링』, 살림, 2005, 23쪽.

28) 신화(myth)의 헬라스어 어원인 'μῦθος'는 일반적으로 알려진 전설과 같은 뜻 외에도 '이야기' 혹은 '대화'와 같은 의미를 가지고 있다. 자세한 내용은 주석 44) 참조.

29) 캐롤린 핸들러 밀러, 『디지털미디어 스토리텔링』, 이연숙·변민주·김명신·이봉희·김윤경·박정희·김기현 역, 커뮤니케이션북스, 2006, 12쪽 참조. 더불어 이러한 경향은 현재 우리나라에서도 찾아볼 수 있다.

30) 한국콘텐츠진흥원에 따르면, "비례할당추출법을 통해 표집한 만 9세부터 만 49세까지 게임이용자 1,700명을 대상으로 실시한 조사에 따르면 … 게임을 하는 이유에 대해서는 '재미있으니까'라는 의견이 36.2%로 가장 많았고, 다음으로 '스트레스 해소'(30.0%), '여유시간 활용'(16.8%) 등을 들었다."(『2012 대한민국 게임백서』 요약본, 한국콘텐츠진흥원, 2012, 8~9쪽.)

31) 한혜원, 『디지털 게임 스토리텔링』, 살림, 2005, 16~18쪽. 참조.

32) 캐롤린 핸들러 밀러, 앞의 책, 6쪽.

33) 고욱, 『디지털 스토리텔링』, 황금가지, 2003, 82~89쪽. 참조.

34) 놀이는 인간 문화의 한 현상이며, 이러한 의미에서 현재의 온라인 게임이 드러내는 '놀이의 디지털화' 역시 기술과 문화의 컨버전스 현상으로 이해해 볼 수 있다. 온라인 게임 자체를 디지털 컨버전스의 한 현상으로 논의하는 것도 매우 의미 있는 연구가 될 것으로 생각된다. 그러나 본 연구는 현상적으로 가장 이질적인 두 극단, 즉 디지털 테크놀로지와 신화의 컨버전스를 이해하는 것을 지향하고 있기 때문에, 놀이의 디지털화에 대한 논의의 필요성만을 지적하는 것으로 한정한다.

35) 조셉 캠벨, 『네가 바로 그것이다』, 박경미 역, 해바라기, 2004, 82쪽.

36) 조셉 캠벨, 『신화와 인생』, 박중서 역, 갈라파고스, 2009, 35쪽.

37) 조셉 캠벨, 빌 모이어스, 『신화의 힘』, 이윤기 역, 이끌리오, 2004, 211~217쪽 참조.

38) 같은 책, 229쪽.

39) 피에르 레비, 『사이버문화』, 김동윤·조준형 역, 문예출판사, 1997, 10~11쪽 참조; 한혜원, 『디지털 게임 스토리텔링』, 살림, 2005, 24쪽 참조.

40) 이인화, 『한국형 디지털 스토리텔링』, 살림, 2005, 12쪽; 피에르 레비, 『사이버문

화』, 김동윤·조준형 역, 문예출판사, 1997, 27~31쪽.

41) 이인화, 앞의 책, 121쪽.

42) E. Cassirer, The myth of the state, DOUBLEDDAY & COMPANY, INC., GARDEN CITY, N.Y. 1955, p. 45.

43) 닐 포스트먼, 『테크노폴리』, 김균 역, 궁리, 2005. 참조.

44) mythology는 본래 헬라스어 μῦθολογία에서 나온 말이다. LEDDELL & SCOTT 판 헬라스어 사전에 따르면, μῦθολογία는 그 자체로 'a legend, story, tale'의 의미도 있지만, 'a telling of mythic legends'와 같은 합성어로서의 의미도 갖는다. 이와 같은 합성 방식에 따라, 예를 들어 μῦθολόγος는 'a teller of legends'의 뜻을 갖는다. 이러한 합성어들의 의미에서 볼 때, μῦθος는 이야기와 전설에 해당한다. 이에 기인하여 myth와 mythology는 —물론 mythology는 현재 신화학이라는 의미도 갖지만— 일반적으로 구분되지 않고 사용된다. 다시 말해 myth도 mythology도 모두 '신화'로 번역된다. 물론 μῦθος가 이야기나 전설이라는 뜻을 가지고 있는 것은 사실이지만, μῦθος의 뜻을 이야기나 전설에 한정시킬 수는 없다. μῦθος는 이외에도 counsel, advice, order, the subject of speech, a resolve, purpose, design, plan 등의 뜻도 갖기 때문이다. 이러한 점을 고려한다면, mythology는 μῦθος의 의미를 이야기 혹은 전설과 같은 뜻으로 한정하여 사용하는 것으로 이해된다. 따라서 필자는 μῦθος가 '신화'로 번역되기에, 이 둘을 구분하여 mythology를 '이야기로서의 신화'라는 용어를 사용한다. 한편 문학 평론가 임병희는 「로고스의 영토, 미토스의 지배」라는 글에서 신화를 "본풀이"라는 우리말과 연관시킨다. 국어사전에 따르면, '본풀이'란 본을 푼다는 뜻으로 신의 일대기나 굿에서 제의(祭儀)를 받는 신에 대한 해설인 동시에 신이 내리기를 비는 노래를 의미하는데, 이러한 의미에 따르면, 우리말 '본풀이'는 mythology에 해당한다고 볼 수 있다.

45) 고욱, 『디지털 스토리텔링』, 황금가지, 2003, 14쪽.

46) 같은 책, 15쪽.

47) 송정란, 「스토리텔링으로서의 인도신화」, 『인도연구』 제12권 2호, 2007, 118쪽 참조.

48) 신동흔, 「21세기 구비문학의 한 방향」, 『한국고전연구』, 2007, 73쪽.

49) 이정엽, 『디지털 게임, 상상력의 새로운 영토』, 살림, 2005, 36~37쪽 참조.

50) 김한, 「인간성 회복 전략으로서의 디지털 시대의 신화와 드라마 읽기」, 『고전 르네상스 영문학』 제17권 1호, 82쪽.

51) 이은봉, 「성과 속은 무엇인가? M. 엘리아데의 『성과 속』」, 『성과 속』(M. 엘리아데 지음, 이은봉 역), 한길사, 1998, 22쪽; 이민용, 「인문학의 치유적 활용과 스토리텔링」, 『독일언어문학』 제41집, 145쪽 참조.

52) E. Cassirer, The myth of the state, DOUBLEDDAY & COMPANY, INC., GARDEN CITY, N.Y. 1955, p. 45.

53) 최진희, 「가상현실 치료의 현황과 앞으로의 과제」, 『게임산업저널』 2007년 2호, 116쪽, 그림 9에서 인용.

54) http://elianealhadeff.blogspot.kr/2008/02/gdc08-pd-wii-wihabilitation-for.html

55) 이반 스트렌스키, 『20세기 신화 이론』, 이용주 옮김, 이학사, 2008, 13쪽.

56) 같은 맥락에서의 신화에 대한 입장은 M. 엘리아데가 주장하는 "성스러움의 환원 불가능성" 개념과 유사한 점이 있다(M. 엘리아데, 『종교형태론』, 이은봉 옮김, 한길사, 2008, 45~47쪽; 더글라스 알렌, 『엘리아데의 신화와 종교』, 유요한 옮김, 이학사, 2008, 31~61쪽 참조). 그러나 본고의 입장은 고대 사회의 모든 상징을 종교 상징으로 간주함으로써 종교라는 틀에서 신화를 포괄하는 M. 엘리아데의 입장과는 다르다.

| 3부 |

1) 같은 맥락에서의 신화에 대한 입장은 M. 엘리아데가 주장하는 "성스러움의 환원 불가능성" 개념과 유사한 점이 있다(M. 엘리아데, 『종교형태론』, 이은봉 옮김, 한길사, 2008, 45~47쪽; 더글라스 알렌, 『엘리아데의 신화와 종교』, 유요한 옮김, 이학사, 2008, 31~61쪽 참조). 그러나 본고의 입장은 고대 사회의 모든 상징을 종교 상징으로 간주함으로써 종교라는 틀에서 신화를 포괄하는 M. 엘리아데의 입장과는 다르다.

2) 이와 관련해서는, 김종규 · 김주희, 「디지털 오디세이 : 춤추는 몸과 디지털 컨버전스」, 『대동철학』 제63집, 2013. 참조.

3) '증강현실'이라는 용어가 사용되기 시작한 것은 1990년 이후부터이다. 그러나 그렇게 사용되었음에도 불구하고 그 용어에 대한 의미 규정은 명확히 이루어지지 않았다. 용어에 대한 명확한 정의는 1994년에 이르러 밀그램(P. Milgram)과 키시노(A. F. Kishino)에 의해 이루어진다. 하지만 이들은 증강현실이라는 용어가 가지고 있는 한계점을 지적하면서, 증강현실 대신 '혼합현실'이라는 용어를 사용하자고 주장하였다. 밀그램과 키시노의 주장에도 불구하고 현재까지 증강현실이라는 용어와 혼

합현실이라는 용어는 혼용되고 있으며, 사실상 증강현실이라는 용어의 사용이 더 일반적이다. 그렇지만 기술의 의미와 목적에 비추어 밀그램과 키시노의 지적은 타당하며, 이러한 이유로 본고에서는 증강현실 대신 혼합현실이라는 용어를 사용한다.

4) 아주마는 혼합현실 대신 증강현실을 그대로 사용했기에, 여기서도 증강현실을 사용한다. 그러나 그가 의미한 증강현실과 본문에서 사용하고 있는 혼합현실은 차이가 없다.

5) R. Azuma, "A Survey of Augmented Reality, Presence", Teleoperators and Virtual Environments 6, 1997 참조.

6) '3D'는 현재 두 가지 의미를 지니고 있다. 첫째, 말 그대로 물리적인 3차원을 뜻한다. 이 경우, 하나의 사물은 x, y, z라는 세 개의 좌표를 지니고 있다. 대표적인 예가 3D 애니메이션 영화나 게임이며, 그 안에서 사물들은 3차원 내에서 움직인다. 둘째, 우리의 눈에 깊이를 지닌 것처럼 보이는 재현 방식을 뜻한다. 원래는 'stereoscopic'이라는 용어를 사용했으며, 입체 화면으로 번역했었다. 후자는 3차원인 것처럼 보일 뿐, 실제로는 3차원 값을 가지지 않으나, 상업적으로 사용하기 시작하면서, 원래의 용어 대신 '3D'로 굳어졌다.

7) P. Milgram과 A. F. Kishino, "Taxonomy of Mixed Reality Visual Display", IEICE Transactions on Information Systems, E77-K, 12, 1994. 참조.

8) 같은 글.

9) 밀그램과 키시노에 따르면, 증강현실이라는 용어는 네 가지의 현실 중에서 오직 하나의 현실만을 의미한다. 그렇기에 그들은 혼합현실이라는 용어를 통해서 증강현실과 증강가상이라는 두 현실을 전부 포섭하고자 했다. 그러나 이런 그들의 정의와는 별개로 ― 더불어 그들의 예측에 걸맞게 ― 사람들은 그 두 현실을 전부 증강현실이라는 하나의 용어로 표현하기 시작했다. 다시 말해 밀그램과 키시노에 있어 증강현실은 혼합현실의 일부분이지만, 일반적인 용법에서 증강현실은 증강현실과 증강가상을 전부 포섭하는 의미를 지닌다. 그래서 증강현실과 혼합현실은 별다른 구분 없이 혼용해서 쓰인다.

10) R. Azuma, 앞의 글 참조.

11) P. Milgram과 A. F. Kishino, "Taxonomy of Mixed Reality Visual Display", IEICE Transactions on Information Systems, E77-K, 12, 1994 참조.

12) P. Milgram과 A. F. Kishino, "Taxonomy of Mixed Reality Visual Display", IEICE

Transactions on Information Systems, E77-K, 12, 1994 참조.

13) R. Azuma, "A Survey of Augmented Reality, Presence, Teleoperators and Virtual Environments 6, 4 1997 참조

14) 물론 가상현실에 대한 연구는 그보다 훨씬 이전부터 있어 왔다. 1941년에 최초로 텔레비전이 등장한 이후, 사람들은 감각 중 가장 중요한 시각이 미디어를 통해서 재현될 수 있음을 깨달았고, 이런 생각들이 가상현실이라는 용어로 정립되기까지 시간이 걸렸을 뿐이다. 그럼에도 불구하고, 본문의 주장은 충분한 의의를 가진다. 현실을 완전히 대체해서 새로운 현실을 만드는 것과, 현실에 무언가 새로운 것을 덧붙임으로써 새로운 현실을 만드는 것은 크게 다르지 않으며, 어떤 의미에서는 후자가 전자보다 더 쉬운 길이기 때문이다.

15) M. Heim, The Metaphysics of Virtual Reality, Oxford, 1993, p. 110~126 참조.

16) G. Coates, Program from Invisible site - a virtual show, a multimedia performance work presented by George Coates Performance Works, 1992.

17) P. Greenbaum, "The lawnmower man", Film and video, 9(3), 1992, p. 58-62 참조.

18) J. Steuer, "Defining Virtual Reality: Dimensions Determining Telepresence", Journal of Communication 42(4), 1992, p. 73-93 참조.

19) J. J. Gibson, The Ecological Approach to Visual Perception, Boston: Houghton Mifflin, 1979 참조.

20) 오늘날 현존감은 더 이상 깁슨이 이야기했던 것처럼 실제 환경 내에 있는 감각을 뜻하는 것이 아니라, 스토이어가 이야기한 원격 현존감을 뜻한다. 왜냐하면 원격 현존감이라는 용어는 통신 매체를 통한 현존감으로 제한될 수 있기 때문이다. 예를 들어, PC를 통해서 혼자 가상현실 게임을 하고 있는 사용자는 원격 현존감을 느끼는 것이 아니다. 그래서 오늘날에는 원격 현존감에서 원격을 빼고 현존감이라는 용어만을 사용한다.

21) P. Turner와 S. Turner, "Place, Sense of Place, and Presence, Presence", Teleoperators and Virtual Environments, 15, 2, 2006. 참조.

22) 가은영·김종덕, 「디지털 미디어 시대의 신체담론에 관한 철학적 고찰」, 『한국HCI학회 2008년도 대회보』, 2008, 962쪽.

23) E. Cassirer, The Myth of the State, DOUBLEDAY & COMPANY, INC., GARDEN CITY, N.Y., 1955, p. 60.

24) P. Milgram & A.F. Kishino, "Taxonomy of Mixed Reality Visual Display", IEICE

Transactions on Information Systems, E77-K(12), 1994.

25) 피에르 레비, 『디지털 시대의 가상현실』, 전재연 옮김, 궁리, 2002, 19~20쪽.

26) 피에르 레비 책의 번역자가 reel를 '실재'로, actuel를 '현실'로 옮겼기에, 이 단락에서는 가상과 현실을 각각 virtuality와 reality로 표기한다.

27) 피에르 레비, 앞의 책, 20쪽 참조.

28) 같은 책, 24쪽 여기서 주의할 점은 피에르 레비가 가상화와 현실화(actualisation)를 일방적인 관계로 설정하지는 않는다는 점이다. 그는 가상화와 현실화를 각각 문제의 해결책으로의 이행과 또 다른 문제점으로의 이행으로 규정한다. 따라서 이 둘은 순환적 관계를 갖는 것으로 이해된다. 그렇지만 그럼에도 불구하고 그 지향점은 가상의 실제적 구현인 현실화이다. 문제의 해결은 현실화 속에서 이루어지기 때문이다.

29) 전혜은, 『섹스화된 몸』, 새물결, 2010, 202쪽.

30) '살아 있는 현실'은 특정 이데올로기의 개입으로 정립된 가상과 현실이라는 이원론적 구도 배후에서도 여전히 상존해 온 인간 본연의 실존적 현실을 의미하는 개념이다.

31) 오히려 혼합현실의 기술적 의미뿐만 아니라 그것의 본질적인 의미, 즉 살아 있는 현실은 기술의 영역이 아닌 예술의 영역, 특히 '춤추는 몸'이 드러내고 있다. 이에 대한 자세한 내용은 「디지털 오딧세이: 춤추는 몸과 디지털 컨버전스」(김종규·김주희, 『대동철학』 제63집, 2013)를 참조할 것.

32) 이종관·박승억·김종규, 『디지털 컨버전스 시대의 의식과 행동』, 정보통신정책연구원 09-02, 2009 참조.

33) 고든 벨·짐 겜멜, 『디지털 혁명의 미래』, 홍성준 옮김, 청림출판, 2009, 19쪽.

34) 같은 책, 18쪽.

35) 마샬 맥루언, 『구텐베르크 은하계』, 임상원 옮김, 커뮤니케이션 북스, 2001 참조.

36) D. Robertson, The New Renaissance, N. Y. Oxford, 1998, 20쪽 이하 참조. 그리고 임상원, 이윤진, 「마샬 맥루언의 미디어론 : 그 이론과 사상 - 〈구텐베르크의 은하계〉를 중심으로」, 『한국언론학보』, 46-4호, 2002 참조.

37) 노병성, 「아날로그와 디지털 텍스트의 독서 패러다임에 대한 고찰」, 『한국출판학연구』 34권 1호, 2008 참조.

38) 맥루언, 앞의 책, 20쪽.

39) 고든 벨·짐 겜멜, 같은 책, 35쪽.

40) 디지털 혁명을 주장하는 사람들은 실제로 디지털 시대가 과학이라는 관점에서도 혁명임을 주장한다. 예컨대, "과학은 관찰과 실험의 패러다임에서 시작됐다. 이후 이론의 패러다임, 특히 최근에는 컴퓨터 시뮬레이션 패러다임이 과학을 지배하고 있다. 과학의 네 번째 패러다임은 데이터 집약의 패러다임이다. 나는 이 패러다임을 '그레이 패러다임(Gray paradigm)'이라고 부르고 싶은데, 그 이유는 그레이와 그의 공동 작업자들이 데이터 집약의 과학 패러다임을 정교화시키는 데 상당한 공헌을 했다고 믿기 때문이다." 고든 벨, 앞의 책, 179쪽.

41) 제이 데이비드 볼터, 『글쓰기의 공간』, 김익현 옮김, 커뮤니케이션 북스, 2010, 38쪽.

42) 볼터, 같은 책, 같은 곳 참조.

43) 최민성, 「문자의 영상화와 그 문화적 의미에 관한 연구」, 『인문콘텐츠』, 제11호. 참조.

44) 이러한 사정이 본서에서 '살아 있는 현실(lived reality)'이라는 대안적 개념을 모색하게 만드는 동기를 설명해 준다. '살아 있는 현실'에 관하여는 3부 3장 참조.

45) 임상원, 이윤진, 「마샬 맥루언의 미디어론」, 『한국언론학보 제46-4호』, 2002. 참조.

46) 맥루언, 같은 책, 77쪽 이하 참조.

47) 맥루언, 같은 책, 79쪽.

48) 볼터, 같은 책, 51쪽 참조.

49) 볼터, 같은 책, 51쪽.

50) 볼터, 같은 책, 64쪽.

51) 볼터, 같은 책, 64쪽.

52) G.Stald, "Mobile: Youth, Identity, and Mobile Communication Media", Youth, Identity, and Digital Media, David Buckingham ed. The MIT Press Cambridge, Massachusetts London, England, 2008. p. 143.

53) A. Kavoori, Digital media criticism, Peter Lang Publishing, Inc., New York, 2010, pp. 88~89 참조.

54) 마티아스 호르크스, 『테크놀로지의 종말』, 배명자 역, 21세기 북스, 2009 참조.

55) 2부 제3장을 참조할 것.

56) McLuhan, Herbert Marshall, Fiore, Quentin and Agel, Jerome, The Medium is the Massage: An Inventory of Effects with Quentin Fiore, 1st edn. New York: Random House, 1967, p. 26.

57) Nancy K. Baym, PERSONAL CONNECTIONS IN THE DIGITAL AGE, Polity Press, 2010, p. 2.

58) 동일한 논리를 디지털 미디어 기기에도 적용할 수 있다. 디지털 미디어 기기 역시 디지털 미디어가 실체적 형태로 구현된 것이지, 그 기기 자체가 디지털 미디어를 규정할 수는 없다.

59) 마노비치가 뉴미디어(New Media)를 규정하기 위해 제시한 가능조건들은 모두 5가지이다. 그에 따르면, 이 조건들은 다음과 같다.

1. numerical representation

2. modularity(the principle of assembling larger units from smaller ones)

3. automation

4. variability

5. transcoding(the relationship between computing and everyday cultures)

이것들 중 3, 4, 5 항목은 1과 2 항목을 전제한다. 여기서 핵심 가능조건들로 1과 2항목을 제시한 것은 바로 이러한 이유에서이다.

60) 레프 마노비치, 『뉴미디어의 언어』, 서정신 옮김, 생각의 나무, 2004. 73쪽.

61) E. Cassirer, Philosophie der symbolischen Formen. Die Sprache, Darmstadt: Wissenschaftliche Buchgesellschaft, 1985. S. 8.

62) E. Cassirer, The Myth of the State(1946), Dubleday & company, Inc., 1955. p. 44.

63) E. Cassirer, Philosophie der symbolischen Formen. Das mythische Denken, Darmstadt: Wissenschaftliche Buchgesellschaft, 1977. S. 65. 한편 이와 유사한 원리는 프로그래밍 언어에서도 발견할 수 있다. C, C++, 자바 등의 선조격인 '알골 60'의 경우가 그러하다. 알골 60은 '재귀적 구조(recursive structure)'라는 개념에 근거하는데, 이것은 "어떤 것이 그 자신을 참조한다는 의미이다. 따라서 재귀적 구조는 그 자신과 구조적으로 동일한 구성 부분들로 만들어진다고 볼 수 있다."(데이비드 겔런터, 『기계의 다름다움』, 현준만 옮김, 해냄, 1998. 92~95쪽 참조.)

64) 카시러는 이 개념을 본래 신화적 사고를 설명하는 데 도입한다. 그렇지만 실제로 카시러는 이 원리는 인간 문화 세계를 설명하는 데에도 적극적으로 활용한다. 이 점에 관해서는, 김종규, 「E. Cassirer에 있어 상징 형식과 문화의 위기」, 성균관대학교 박사학위 논문, 2007. 64쪽. 참조.

65) 마티아스 호르크스, 『테크놀로지의 종말』, 배명자 옮김, 21세기북스, 2009, 93~95

쪽 참조.

66) E. Cassirer, Philosophie der symbolischen Formen. Das mythische Denken, Darmstadt: Wissenschaftliche Buchgesellschaft, 1977. S. 115.

67) E. 카시러는 이러한 긴장성 관계를 리라와 활의 비유를 통해 설명하기도 하는데, 그것은 리라와 활이 대립 속에서의 조화를 이루고 있기 때문이다. 리라와 활은 대립된 두 힘이 긴장성 관계를 맺고 있으며, 이러한 대립 하에서 조화로운 소리를 낼 수 있다. 이때, 이 대립과 조화라는 긴장성 관계의 성립은 리라와 활이 존립할 수 있는 근거가 된다. 카시러는 이 관계를 인간 문화의 상징 형식들 간의 관계에도 그대로 적용하고 있으며, 따라서 상징 형식들 간의 긴장성 관계의 상실은 문화의 위기로 이어진다. 자세한 내용은, 김종규,「E. Cassirer의 철학에 있어 상징 형식들의 관계와 위상에 관하여」,『哲學硏究』제78집, 2007. 참조.

68) 레프 마노비치, 앞의 책, 75쪽.

69) Sean Cubitt, Case Study: "Digital aesthetics", Digital Cultures, Glean Creeber and Royston Martin ed., Open University Press, 2009. p. 28.

70) 김한,「인간성 회복 전략으로서의 디지털 시대의 신화와 드라마 읽기」,『고전 르네상스 영문학』제17권 1호, 82쪽.

71) 사이버 상의 네트워크는 이제 사실 네트워크의 총체가 된다. 그것은 현실의 네트워크의 한 부분으로서 사이버 상의 네트워크가 구축되는 것이 아니라, 사이버 상의 네트워크의 한 부분으로 현실의 네트워크가 작동되기 때문이다. 이제 사이버 상의 네트워크는 친분 있는 사람들이 지속적인 만남을 하기 위해서 구축하는 것이 아니라, 사이버 상의 네트워크가 구축됨으로써 현실적으로 만남도 이루어진다.

72) 물론 파이어폭스의 점유율이 점차 높아지고 있다는 점과 익스플로러의 점유율이 과거에 비해 줄어들고 있는 점은 주목할 만한 하다. 그러나 이에 대한 분석은 독립적인 연구가 필요할 것으로 판단된다.

73) http://gs.statcounter.com/#browser-ww-daily-20120501-20130501

74) http://gs.statcounter.com/#browser-KR-daily-20120501-20130501

75) http://gs.statcounter.com/#mobile_os-ww-daily-20120501-20130501

76) http://gs.statcounter.com/#mobile_os-KR-daily-20120501-20130501

77) http://gs.statcounter.com/#mobile_browser-ww-daily-20120501-20130501

78) http://gs.statcounter.com/#mobile_browser-KR-daily-20120501-20130501

79) http://www.hani.co.kr/arti/economy/it/420495.html

80) Nancy K. Baym,, PERSONAL CONNECTIONS IN THE DIGITAL AGE, Polity Press, 2010, p. 74.

81) 같은 책, p. 3

|4부|

1) 마샬 맥루언, 『미디어의 이해』, 박정규 옮김, 커뮤니케이션북스, 1997, viii쪽.

2) 반두라의 실험은 1961년 제임스 딘의 영화 "이유 없는 반항"을 TV로 본 소년들이 나이프로 싸움을 벌여 크게 다친 사건을 계기로 미디어와 폭력성에 관하여 행해졌다. 이 실험을 통해 반두라는 TV라는 미디어의 내용이 현실에 대한 간접적인 경험과 차이가 없음을 주장하였다.

3) 맥루언은 TV의 등장으로 기존의 인쇄 시대에서 새로운 전자 시대로의 이행이 이루어졌다고 선언하였으며, 이러한 전자 시대의 개막으로 인해 지구가 하나의 부족으로, 즉 지구촌으로 묶이게 된다고 주장하였다.

4) Albert Bandura, Dorothea Ross, & Sheila A. Ross, "Mitation of film-mediated aggressive models", Journal of Abnormal and Social Psychology, 1963, Vol. 66, No. 1, pp. 3~11.

5) 마샬 맥루언, 『미디어의 이해』, 박정규 옮김, 커뮤니케이션북스, 1997, 7쪽.

6) 마샬 맥루언, 『구텐베르크 은하계』, 임상원 옮김, 커뮤니케이션북스, 2001, 55~56쪽.

7) 같은 책, 112쪽.

8) Tiera Abrams, "Media Ecology Theory", Introducing Communication Theory: Analysis and Application, 4th edition, Richard West, Lynn Turner, McGraw-Hill Humanities/Social Sciences/Languages, 2009, p. 433.

9) 마샬 맥루언, 『미디어의 이해』, 박정규 옮김, 커뮤니케이션북스, 1997, 183쪽.

10) 같은 책, 198쪽.

11) C. Shawn Green & Daphne Bavelier, "Action video game modifies visual selective attention", Nature, 2003, Vol. 423, Issue 6939, p. 534.

12) Roger W. Li, Charlie Ngo, Jennie Nguyen, & Dennis M. Levi, "Video-Game Play Induces Plasticity in the Visual System of Adults with Amblyopia", PLoS Biol, 2011.

13) 약시는 한 쪽 눈의 시력이 다른 쪽 눈보다 비정상적으로 낮은 증상으로, 정상적인 눈을 가리고 약시인 눈만 사용하는 것이 일반적인 치료방식이다.

14) 사물의 상대적인 위치를 판별하는 능력.

15) 시야 내의 다양한 위치에 시각적인 주의를 기울이는 능력. 다시 말해서, 한 번에 시야 내에 있는 여러 대상들을 포착하는 능력.

16) 3차원의 깊이를 지각하는 능력.

17) 일반적으로, 약시의 경우 유년기에 치료를 해야 하며, 성인이 된 뒤에는 치료가 힘들다.

18) 전자 매체와 인지, 주의, 교육에 관한 많은 논문들에서 컴퓨터를 이용한 비디오 게임이 시각과 공간 감각 능력의 향상에 긍정적인 영향을 미쳤음이 보고되었는데, 그 내용을 요약하면 다음과 같다(Marie Evans Schmidt, Elizabeth, & A. Vandewater, "Media and Attention, Cognition, and School Achievement", Future of Children, 2008, Vol. 18, No. 1 참조).

ⓐ 성인 비디오 게임 플레이어는 그렇지 않은 사람들보다 더 좋은 눈과 손의 협응력을 지닌다.

ⓑ 비디오 게임을 한 집단은 그렇지 않은 통제 집단보다 50m/s 빠른 반응 속도를 보인다.

ⓒ 비디오 게임을 했던 아이들은 색깔에 대한 반응 시간과 형태 판별, 자극 예측 실험에서 더 빠른 결과를 보인다.

ⓓ 비디오 게임 플레이는 공간 추리 능력을 향상시킨다.

ⓔ 비디오 게임을 하는 아이들은 그렇지 않은 아이들보다 시각적인 주의력과 주의력의 용량, 주의력 분산, 처리 속도가 더 높다.

19) 스마트 미디어가 구조상 멀티미디어이기는 하지만, 매체의 특성상 멀티미디어와는 구분해 볼 필요가 있다. 멀티미디어 시대의 정점에는 휴대전화와 가상현실이 자리하고 있다. 휴대전화는 음성이라는 청각 정보를 제공하던 전화를 모바일화 한 매체였으며, 그것이 제공하는 시각 정보의 궁극적 지점은 가상현실이었기 때문이다. 이에 비하여 스마트 미디어는 시각과 청각 정보를 동시에 제공하는 컴퓨터의 모바일화이면서, 동시에 그 2차원의 화면 내에 구속된 시각 정보를 현실과 융합하는 기술을 통해서 입체 시각 정보를 제공하는 증강현실을 제공하는 모바일 기기이다.

20) 멀티미디어의 학습 효과에 대한 연구를 했던 메이어Mayer는 멀티미디어의 학습 효능을 인지과학의 작업 기억 모형을 가지고 설명한다.

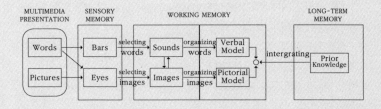

〈멀티미디어 학습의 인지 이론을 위한 체계〉

그에 의하면, 멀티미디어를 통해 언어와 그림은 각각 귀와 눈으로 들어온다. 말은 귀를 거쳐서 잔향기억으로, 그림은 눈을 거쳐서 영상기억으로 유입되며, 우리의 선택적 주의에 따라 작업기억으로 이행될 수 있다. 이 기억들은 각각의 처리 과정과 통합의 과정을 거쳐 사전 지식으로서 장기기억에 저장된다. 이러한 정보들이 잘 조직되고 되풀이 될수록 그 정보는 장기기억으로 응고된 지식이 되는 것이다. 자세한 내용은 메이어의 다음 논문을 참조할 것. Richard E. Mayer, "The promise of multimedia learning: using the same instructional design methods across different media", Journal of Learning and instruction, 2003, Vol. 13.

21) 이에 대한 또 다른 실험들은 다음의 논문들을 참조하시오. Donald S. Hayes, Suzanne B. Kelly, & Marcia Mandel, "Media Differences in Children's Story Synopses: Radio and Television Contrasted", Journal of Educational Psychology, 1986, Vol. 78, No. 5. / Elizabeth A.H. Wilson, Denise C. Park, Laura M. Curtis, Kenzie A. Cameron, Marla L. Clayman, Gregory Makoul, Keith vom Eigen, & Michael S. Wolf, "Media and memory: The efficacy of video and print materials for promoting patient education about asthma", Journal of Patient Education and Counseling, 2010, Vol. 80. / Richard E. Mayer, "The promise of multimedia learning: using the same instructional design methods across different media", Journal of Learning and instruction, 2003, Vol. 13.

22) 고든 벨·짐 겜멜,『디지털 혁명의 미래』, 홍성준 옮김, 청림출판, 2010, 83~87쪽.

23) 프란시스 위스타슈,『우리의 기억은 왜 그토록 불안정할까』, 이효숙 옮김, 알마, 2009, 34쪽.

24) 같은 책, 42쪽.

25) 이외에도 비서술적 기억에는 어떤 정보를 보고 얼굴을 떠올리는 식의 지각정보를

불러올 수 있는 지각적 점화와 강화(reinforce), 사회적 학습에 대한 기억인 조건형성 그리고 비연합적 학습 등이 속해 있다.

26) 이정모, 『인지과학: 학문간 융합의 원리와 응용』, 성균관대학교출판부, 2009, 443쪽.

27) 신경생리학의 관점에서는 부호화가 뉴런들 간의 연결망으로 이해된다.

28) 고든 벨·짐 겜멜, 『디지털 혁명의 미래』, 홍성준 옮김, 청림출판, 2010, 85쪽.

29) 같은 책, 89쪽.

30) 같은 책, 164쪽.

31) 같은 책, 127쪽.

32) 진형준, 『싫증주의 시대의 힘 상상력』, 살림, 2009, 56쪽 참조.

33) 장경렬, 『코울리지: 상상력과 언어』, 태학사, 2006, 32쪽.

34) 진형준, 앞의 책, 88~89쪽.

35) 제프리 K. 올릭, 『기억의 지도』, 강경이 옮김, 옥당, 2011, 19쪽.

36) 프란시스 위스타슈, 앞의 책, 45쪽.

37) 제프리 K. 올릭, 앞의 책, 27쪽.

38) 고든 벨·짐 겜멜, 『디지털 혁명의 미래』, 홍성준 옮김, 청림출판, 2010, 89쪽.

39) 신항식, 『색채와 문화 그리고 상상력』, 프로네시스, 2007, 26쪽 참조.

40) 같은 책, 34쪽.

41) E. Cassirer, "Form und Technik", Symbol, Tchnik, Sprache, Felix Meiner Verlag, 1985 참조.

42) E. Cassirer, 같은 책, S. 73 참조.

43) Gilbert Durand, 『신화의 형상들과 작품의 얼굴들』, 진형준, 『싫증주의 시대의 힘 상상력』, 살림, 2009, 83쪽 재인용.

44) 진형준, 앞의 책, 84~87쪽, 질베르 뒤랑, 『상상계의 인류학적 구조들』, 진형준 옮김, 문학동네, 2007, 30~33쪽 참조.

45) 플라톤, 『파이드로스』, 조대호 옮김, 문예출판사, 2008. 140~141쪽 참조.

46) 알라이다 아스만, 『기억의 공간』, 변학수·채연숙 옮김, 그린비, 2011, 561쪽.

47) 우리가 흔히 서양 근대의 특성을 합리주의로 규정하고 '근대적 합리주의'라는 명칭을 사용하는 것은 바로 이러한 이유에서이다.

48) 고든 벨·짐 겜멜, 『디지털 혁명의 미래』, 홍성준 옮김, 청림출판, 2010, 85쪽.

49) 프란시스 위스타슈, 『우리의 기억은 왜 그토록 불안정할까』, 이효숙 옮김, 알마, 2009, 101쪽.

50) 같은 책, 115쪽 참조.

51) 고든 벨·짐 겜멜,『디지털 혁명의 미래』, 홍성준 옮김, 청림출판, 2010, 90쪽.

52) I. Kant, Kritik der reinen Vernunft, grsg. von Raymund Schidt, Felix Meiner Verlag, Hamburg, 1971. A.19~20; B. 33~34.

53) 고든 벨·짐 겜멜, 앞의 책, 같은 쪽.

54) 장경렬,『코울리지:상상력과 언어』, 태학사, 2006, 32쪽 참조.

55) 위르겐 트라반트,『상상력과 언어』, 안정오·김남기 역, 인간사랑, 1998, 206~207쪽.

56) 장경렬,『코울리지: 상상력과 언어』, 태학사, 2006, 72~73쪽.

57) E. Cassirer, The Myth of the State, Doubleday & company, INC., Garden City, N.Y. 1955. p. 44.

58) E. Cassirer, Philosophie der symbolischen Formen : Die Sprache, Wissenchatlcihe Uchgesellschaft Darmstadt, 1985. S. 8.

59) E. Cassirer,『Essay on Man』, New Haven, Yale University Press, 1947 참조.

60) 진형준,『싫증주의 시대의 힘 상상력』, 살림, 2009, 87쪽.

61) 이러한 의미에서 뒤랑에게 있어 상징의 세계는 욕망의 직접 표현과 기호의 세계 사이에 놓이게 된다.

62) E. Cassirer, Philosophie der symbolischen Formen : Phänomenologie der Erkenntnis, Dritter Teil, Wissenchatlcihe Uchgesellschaft Darmstadt, 1977. S. 232.

63) 프란시스 위스타슈,『우리의 기억은 왜 그토록 불안정할까』, 이효숙 옮김, 알마, 2009, 99~107쪽 참조.

64) 더욱이 기억이라는 의식적 활동이 상징을 규정하는 것이 아니라 상징이 의식적 활동을 규정한다는 점에서, 기억보다는 상상력이 더 큰 개념적 외연을 갖는다. 따라서 기억으로부터 상상력에 접근하는 것보다는 상상력으로부터 기억에 접근하는 것이 보다 필요한 접근 방식일 수 있다.

65) 알라이다 아스만,『기억의 공간』, 변학수·채연숙 옮김, 그린비, 2011, 562~563쪽.

66) 질 프라이스(Jill Price)는 2006년 세계 최초로 과잉기억 증후군이란 진단을 받는다. 그녀는 학습된 것에 대한 기억에 있어서는 일반인과 별 차이를 보이지 않지만, 자서전적 기억 능력은 상상을 초월해서 현재를 살면서도 과거에 갇힌 삶을 종종 반복하곤 한다. 자세한 내용은『모든 것을 기억하는 여자』(질 프라이스, 바트 데이비스 지음, 배도희 옮김, 북하우스, 2009) 참조.

67) 알라이다 아스만,『기억의 공간』, 변학수·채연숙 옮김, 그린비, 2011, 560~561쪽.

68) 한겨레신문, 2011. 10. 25일자 참조.

69) 에비아타 체룹바벨,「달력과 역사: 국가 기억의 사회적 조직화에 관한 비교 연구」, 제프리 K. 올릭 엮음,『국가와 기억』, 최호근·민유기·윤영휘 옮김, 민주화운동기념사업회, 2006, 363쪽.

70) 시모네타 팔라스카 참포니,「이야기꾼과 지배서사: 파시스트 이탈리아의 근대성, 기억, 역사」, 제프리 K. 올릭 엮음,『국가와 기억』, 최호근·민유기·윤영휘 옮김, 민주화운동기념사업회, 2006, 68쪽. 이랠랙체로 표시한 부분은 원래 "자연스러운 것"으로 번역된 것이다. 그렇지만 문맥의 흐름에서 보면 '자연적인 것'이 올바르다 판단되어 수정하였다.

71) 같은 책, 60쪽.

72) 김선하,『리쾨르의 주체와 이야기』, 한국학술정보(주), 2007, 185쪽.

73) 같은 책, 183쪽.

74) 마샬 맥루언『미디어의 이해』, 김상호 옮김, 커뮤니케이션북스, 2011, 1부 참조. 그리고『구텐베르크 은하계』, 임상원 옮김, 커뮤니케이션북스, 2005년 참조.

75) 다니엘 핑크,『새로운 미래가 온다』, 김명철 옮김, 한국경제신문, 2009. '새로운 미래'라는 제목은 번역자의 아이디어인 듯 싶다. 이런 제목이 가능한 까닭은 실제로 핑크가 이 책에서 강조하고 있는 것이 논리적이고 선형적인 근대적 사유방식으로부터 창조와 공감을 강조하는 디지털적 사유로의 이동이기 때문이다. 핑크에게 있어 이러한 패러다임 전환은 말 그대로 인류의 새로운 가능성을 뜻한다.

76) 리처드 오글,『스마트 월드』, 손정숙 옮김, 리더스북, 2011, 57쪽.

77) D. Hume, Treatise of Human Nature, (ed. L. A. Selby-Bigge, Oxford, 1978) Book I, Part IV, sec. vii. 참조. 예컨대 흄은 "이성에 있어 상상력이 활개 치는 것보다 위험한 일은 없다"고 말하면서도 다른 한편으로 오성(the understanding)을 "상상력의 일반적이고 잘 정립된 속성들"로 간주한다(p. 267).

78) I. Kant, Kritik der reinen Vernunft, hrsg. R. Schmidt, Felix Meiner Hamburg, 1971. A100-102. 그리고 B151이하 참조.

79) S. T. Coleridge, Biblioca Literaria, London, 1956. p. 160 참조.

80) H. Kunz, Die anthropologische Bedeutung der Phantasie, Bd.1 Basel , 1946, S. 2.

81) 미켈 뒤프렌,『미적 체험의 현상학』, 김채현 역, 이화여대출판부, 1991. 583-584쪽.

82) P. Ricoeur, Gedaechnis, Geschichte, Vergessen, W. Fink Verlag, München, 2004, S. 93.

83) 오글, 앞의 책. 140쪽.

84) 데이비드 솅크, 『데이터 스모그』, 정태서·유홍림 역, 민음사, 1997, 33~34쪽.

85) 스탠리 밀그램(S. Milgram)은 대도시의 생활이 실제로 우리에게 어떤 영향을 미치는지를 실증해 보였다. 과도한 감각 자극은 일종의 스트레스가 될 수 있다. 이에 대해서는 솅크, 42쪽 이하 참조.

86) 데이비드 솅크, 같은 책, 72~73쪽. 참조.

87) 같은 책, 1장과 2장 참조.

88) 마샬 맥루언, 『미디어의 이해』, 1부 4장 참조.

89) 재론 레이니어, 『디지털 휴머니즘You are not Gadget』, 김상연 옮김, 에이콘, 2011, 210쪽.

90) 레이니어, 같은 책, 206쪽.

91) 같은 책, 29쪽.

92) 같은 책, 31쪽.

93) 엘리 프레이저, 『생각 조종자들』, 이현숙·이정태 옮김, 알키, 2011. 참조.

| 5부 |

1) 이에 대한 보다 자세한 논의는 D. Harvey, The Condition of Postmodernity: An Inquiry into the Origins of Cultural Changes, Oxford, 1989, pp. 121~124쪽 참조.

2) K.Silverman, The Subject of Semiotics, New York, 1983, pp. 7~9 참조

3) M.Gottdiener, Postmodern Semiotics. Material Culture and the Forms of Postmodern Life, Blackwell 1995, p. 20 참조.

4) J. Baudrillard, Simulations, tr. by P. Foss, P. Patton & P. Beitschman, New York 1983, pp. 88~101 참조.

5) 같은 책, p. 152.

6) 같은 책, p. 146 참조.

7) 같은 책, p. X.

8) 같은 책, p. 103.

9) 같은 곳.

10) 같은 책, p. 152.

11) 물론 현재의 IT는 디지털 스페이스의 즉시성과 동시성을 완벽하게 실현시키기에는 아직 미흡하다. 광케이블을 통한 정보의 전달 속도가 아직 광속에 이르지 못하고 있기 때문이다. 그리고 정보 보관 매체나 전달 매체가 하드디스크나 광케이블 같은 물리적 실체인 이상, 디지털 스페이스는 물리적 조건과 물리적 시간의 제약을 완전히 벗어날 수는 없을 것이다. 그러나 현재 각종 모바일 디지털 기기와 신소재의 개발을 통해 정보 전달 속도가 광속에 극한적으로 접근해 가는 상황이며, 또 설령 정보 전달 속도가 완전한 광속에 이르지는 못한다고 할지라도 실제 공간에서의 시간적 척도로는 거의 동시나 즉시라고 해도 무방할 것이다.

12) 복잡계는 각기 다른 것과 동시에 상호 작용하는 많은 요소들로 이루어져 있다. 이 요소들을 지배하는 규칙이 적응이나 배움의 어떠한 과정에 의해 계속해서 재형성 되는 것이 바로 복잡 적응 시스템(complex adaptive system)이며, 이러한 것들이 인공 생명의 주요 테마이다.

13) N. Katherine Hayles, How We Became Posthuman. Virtual Bodies in Cybernetics, Literature, and Informatics, the univ. of Chicago press, 1999, p. 235 참조.

14) 같은 책, p. 231 참조.

참고문헌

| 논문 |

가은영·김종덕, 「디지털 미디어 시대의 신체담론에 관한 철학적 고찰」, 『한국HCI학회 2008년도 대회보』, 2008.

김종규, 「E. Cassirer의 철학에 있어 상징 형식들의 관계와 위상에 관하여」, 『哲學研究』 제78집, 2007.

김종규·김주희, 「디지털 오디세이 : 춤추는 몸과 디지털 컨버전스」, 『대동철학』 제63집, 2013.

김한, 「인간성 회복 전략으로서의 디지털 시대의 신화와 드라마 읽기」, 『고전 르네상스 영문학』 제17권 1호.

노병성, 「아날로그와 디지털 텍스트의 독서 패러다임에 대한 고찰」, 『한국출판학연구』 34권 1호, 2008.

송정란, 「스토리텔링으로서의 인도신화」, 『인도연구』 제12권 2호, 2007.

신동흔, 「21세기 구비문학의 한 방향」, 『한국고전연구』, 2007.

이민용, 「인문학의 치유적 활용과 스토리텔링」, 『독일언어문학』 제41집.

이은봉, 「성과 속은 무엇인가? M. 엘리아데의 『성과 속』」, 『성과 속』(M. 엘리아데, 이은봉 역), 한길사, 1998.

임상원·이윤진, 「마샬 맥루언의 미디어론 : 그 이론과 사상 - 〈구텐베르크의 은하계〉를 중심으로」, 『한국 언론학보』, 46-4호, 2002.

정보통신산업진흥원 역, 「일본 브로드밴드 경쟁정책 방침」, 『정보통신정책』 제14권 13호(통권 305호), 정보통신산업진흥원, 2002.

최민성, 「문자의 영상화와 그 문화적 의미에 관한 연구」, 『인문콘텐츠』 제11호.

| 단행본 |

고든 벨·짐 겜멜, 『디지털 혁명의 미래』, 홍성준 옮김, 청림출판, 2009.

고욱·이인화 외, 『디지털 스토리텔링』, 황금가지, 2003.

김상환·홍준기 엮음, 『라캉의 재탄생』, 창작과비평사, 2002.

김선하, 『리쾨르의 주체와 이야기』, 한국학술정보(주), 2007.

닐 포스트먼, 『테크노 폴리: 기술에 정복당한 오늘의 문화』, 김균 옮김, 궁리, 2005.

다니엘 핑크, 『새로운 미래가 온다』, 김명철 옮김, 한국경제신문, 2009.

더글라스 알렌, 『엘리아데의 신화와 종교』, 유요한 옮김, 이학사, 2008.

데이비드 솅크, 『데이터 스모그』, 정태서·유홍림 역, 민음사, 1997.

로날드 버그, 『들뢰즈와 가타리』, 이정우 역, 새길, 1995.

레프 마노비치, 『뉴미디어의 언어』, 서정신 옮김, 생각의나무, 2004.

리처드 오글, 『스마트 월드』, 손정숙 옮김, 리더스북, 2011.

마티아스 호르크스, 『테크놀로지의 종말』, 배명자 옮김, 21세기북스, 2009.

마샬 맥루언, 『미디어의 이해』, 박정규 옮김, 커뮤니케이션북스, 1997.

마샬 맥루한, 『구텐베르크 은하계』, 임상원 옮김, 커뮤니케이션북스, 2001.

멀치아 엘리아데, 『종교형태론』, 이은봉 옮김, 한길사, 2008.

문화관광부 한국게임산업개발원 저, 『게임백서 2003』, 한국게임산업개발원, 2004.

미켈 뒤프렌, 『미적 체험의 현상학』, 김채현 역, 이화여대출판부, 1991.

신항식, 『색채와 문화 그리고 상상력』, 프로네시스, 2007.

알라이다 아스만, 『기억의 공간』, 변학수·채연숙 옮김, 그린비, 2011.

에드워드 윌슨, 『통섭』, 최재천·장대익 옮김, 사이언스 북스, 2005.

에릭 홉스봄, 『혁명의 시대』, 정도영·차명수 역, 한길사, 1998.

엘리 프레이저, 『생각조종자들』, 이현숙·이정태 옮김, 알키, 2011.

위르겐 트라반트, 『상상력과 언어』, 안정오·김남기 역, 인간사랑, 1998.

이반 스트렌스키, 『20세기 신화 이론』, 이용주 옮김, 이학사, 2008.

이인화, 『한국형 디지털 스토리텔링』, 살림, 2005.

이정모, 『인지과학: 학문간 융합의 원리와 응용』, 성균관대학교출판부, 2009.

이정엽, 『디지털 게임, 상상력의 새로운 영토』, 살림, 2005.

이종관·박승억·김종규, 『디지털 컨버전스 시대의 의식과 행동』, 정보통신정책연구원 09-02, 2009.

장경렬, 『코울리지: 상상력과 언어』, 태학사, 2006.

장-이봉 비리앵, 『컴퓨터의 역사』, 노윤채 역, 한길사, 1999.

쟝 보드리야르, 『시뮬라시옹』, 하태환 옮김, 민음사, 2001.

전혜은, 『섹스화된 몸』, 새물결, 2010

조셉 캠벨, 『네가 바로 그것이다』, 박경미 역, 해바라기, 2004.

조셉 캠벨, 『신화와 인생』, 박중서 역, 갈라파고스, 2009.

조셉 캠벨 · 빌 모이어스, 『신화의 힘』, 이윤기 옮김, 이글리오, 2004.

존 나이스비트, 『하이테크 하이터치』, 안진환 역, 한국경제신문사, 2000.

재론 레이니어, 『디지털 휴머니즘』, 김상연 옮김, 에이콘, 2011.

제이 데이비드 볼터, 『글쓰기의 공간』, 김익현 옮김, 커뮤니케이션 북스, 2010.

제프리 K. 올릭, 『기억의 지도』, 강경이 옮김, 옥당, 2011.

질베르 뒤랑, 『상상계의 인류학적 구조들』, 진형준 옮김, 문학동네, 2007.

진형준, 『싫증주의 시대의 힘 상상력』, 살림, 2009.

표정옥, 『현대문화와 신화』, 연세대학교출판부, 2006.

프란시스 위스타슈, 『우리의 기억은 왜 그토록 불안정할까』, 이효숙 옮김, 알마, 2009.

플라톤, 『파이드로스』, 조대호 옮김, 문예출판사, 2008.

피에르 레비, 『디지털 시대의 가상현실』, 전재연 옮김, 궁리, 2002.

피에르 레비, 『사이버문화』, 김동윤 · 조준형 역, 문예출판사, 1997.

피에르 레비, 『집단지성』, 권수경 옮김, 문학과지성사, 2002.

캐롤린 핸들러 밀러, 『디지털미디어 스토리텔링』, 이연숙 외 5인 역, 커뮤니케이션북스, 2006.

한국콘텐츠진흥원 정책연구실 저, 『2012 대한민국 게임백서』 요약본, 한국콘텐츠진흥원, 2012.

한혜원, 『디지털 게임 스토리텔링』, 살림, 2005.

| 논문 |

Abrams, T, "Media Ecology Theory", Introducing Communication Theory: Analysis and Application, 4th edition, Richard West, Lynn Turner, McGraw-Hill Humanities/Social Sciences/Languages, 2009.

Azuma. R, "A Survey of Augmented Reality, Presence", Teleoperators and Virtual Environments 6, 1997.

Bandura. A, Ross. D, & Ross. S.A, "Mitation of film-mediated aggressive models", Journal of Abnormal and Social Psychology, 1963.

Cubitt. S, Case Study: "Digital aesthetics", Digital Cultures, Glean Creeber and Royston Martin ed., Open University Press, 2009.

Greenbaum. P, "The lawnmower man", Film and video, 9(3), 1992.

Li. Roger. W, Ngo. C, Nguyen. J, & Levi. D. M, "Video-Game Play Induces Plasticity in the Visual System of Adults with Amblyopia", PLoS Biol, 2011.

Milgram. P & Kishino. A.F, "Taxonomy of Mixed Reality Visual Display", IEICE Transactions on Information Systems, E77-K, 12, 1994.

Schmidt. M.E, Elizabeth, & Vandewater. A, "Media and Attention, Cognition, and School Achievement", Future of Children, 2008.

Stald. G, "Mobile: Youth, Identity, and Mobile Communication Media", Youth, Identity, and Digital Media, David Buckingham ed. The MIT Press Cambridge, Massachusetts London, England, 2008.

Shawn Green. C & Bavelier. D, "Action video game modifies visual selective attention", Nature, 2003.

Steuer. J, "Defining Virtual Reality: Dimensions Determining Telepresence", Journal of Communication 42(4), 1992.

Turner. P & Turner. S, "Place, Sense of Place, and Presence, Presence",Teleoperators and Virtual Environments, 15, 2, 2006.

| 단행본 |

Baudrillard. J, Simulations, tr. by P. Foss, P. Patton & P. Beitschman, New York ,1983.

Baym. N, K, Personal Connections In The Digital Age, Polity Press, 2010.

Cassirer. E, Essay on Man, New Haven, Yale University Press, 1947.

Cassirer. E, Philosophie der symbolischen Formen. Das mythische Denken,

Darmstadt: Wissenschaftliche Buchgesellschaft, 1977.

Cassirer. E, The Myth of the State(1946), Dubleday & company, Inc., 1955.

Coates. G, Program from Invisible site – a virtual show, a multimedia performance work presented by George Coates Performance Works, 1992.

Coleridge. S.T, Biblioca Literaria, London, 1956.

Eldred. M, The Digital Cast of Being - Metaphysics, Mathematics, Cartesianism, Cybernetics, Capitalism, Communication, 2009.

Gafinkel. S, Databasenation — Death of privacy, Oreilly&associates Inc, 2001.

Gibson. J.J, The Ecological Approach to Visual Perception, Boston: Houghton Mifflin, 1979.

Gottdiener. M, Postmodern Semiotics. Material Culture and the Forms of Postmodern Life, Blackwell, 1995.

Harvey. D, The Condition of Postmodernity: An Inquiry into the Origins of Cultural Changes, Oxford , 1989.

Heim. M, The Metaphysics of Virtual Reality, Oxford, 1993.

Hume, D., Treatise of Human Nature, (ed. L. A. Selby-Bigge), Oxford, 1978

Husserl, E, Die Krisis der europaeischen Wissenschaft und transzendentale Phaenomenologie, M. Nijhoff, 1962.

Kant, I., Kritik der reinen Vernunft, grsg. von Raymund Schidt, Felix Meiner Verlag, Hamburg, 1971.

Katherine Hayles. N, How We Became Posthuman. Virtual Bodies in Cybernetics, Literature, and Informatics, the univ. of Chicago press, 1999.

Kavoori. A, Digital media criticism, Peter Lang Publishing, Inc., New York, 2010.

Kunz. H, Die anthropologische Bedeutung der Phantasie, Bd.1 Basel , 1946.

Ricoeur. P, Gedaechnis, Geschichte, Vergessen, W. Fink Verlag, München, 2004.

Robertson. D, The new Renaissance: Computer and the Next Level of Civilization, Oxford Univ Press, 1998.

Silverman. K, The Subject of Semiotics, New York , 1983.

| 인터넷자료 |

http://gs.statcounter.com/#browser-ww-daily-20120501-20130501

http://gs.statcounter.com/#browser-KR-daily-20120501-20130501

http://gs.statcounter.com/#mobile_os-ww-daily-20120501-20130501

http://gs.statcounter.com/#mobile_os-KR-daily-20120501-20130501

http://gs.statcounter.com/#mobile_browser-ww-daily-20120501-20130501

http://gs.statcounter.com/#mobile_browser-KR-daily-20120501-20130501

http://www.hani.co.kr/arti/economy/it/420495.html

집필진 소개

- **이종관**

  성균관대학교 철학과와 동 대학원을 졸업한 뒤, 독일 뷔츠부르크대학에서 수학하고 트리어대학에서 박사학위를 받았다. 춘천교대를 거쳐 현재 성균관대학교 철학과 교수로 재직 중이며, 건교부 산하 미래주거연구위원회 자문위원, 정보통신정책연구원 기획총괄위원, 과학기술정책연구원 미래포럼자문위원, 교육과학부 융합학문발전위원회 위원 등으로 활동하고 있다. 주요 논문으로는 「그림에 떠오르는 현대문화」, 「아인슈타인의 상대성이론에 대한 현상학적 연구」, 「성애의 현상학」, 「과학, 현상학 그리고 세계」, 「마지막 탱고 그 후, 후설의 정처주의를 옹호하며」 등이 있으며, 주요 저서로는 『공간의 현상학, 풍경 그리고 건축』, 『사이버문화와 예술의 유혹』, 『과학에서 에로스까지』, 『자연에 대한 철학적 성찰』, 『소설로 읽는 현대 철학, 소피아를 사랑한 스파이』 등이 있다.

- **박승억**

  성균관대학교에서 독일 현상학을 전공하여 박사학위를 받았다. 현재 숙명여자대학교 교양교육원에 재직 중이다. 주요 논문으로는 「세계족과 세계 유전자」, 「선험적 주관의 순환성과 후설 현상학」, 「총체적 디지털화와 인문학의 미래」 등이 있고, 주요 저서로는 『찰리의 철학공장』, 『계몽의 시대와 연금술사 칼리오스트로 백작』, 『하이브리드 스펙트럼』(공저) 등이 있으며, 역서로는 『두려움 없는 미래』(공역) 등이 있다.

- **김종규**

  성균관대학교에서 서양철학(독일 현대철학·문화철학)을 전공하여 박사학위를 받았다. 현재 성균관대학교 의사소통교육센터 연구원 및 학부대학 겸임교수로 재직 중이다. 주요 논문으로는 「E. Cassirer의 철학에 있어 상징형식들의 관계와 위상에 관하여」「E. Cassirer 신화관의 일반적 해석에 대한 비판적 고찰」「디지털 오디세이: 춤추는 몸과 디지털 컨버전스」등이 있으며, 주요 저서로는 『하이브리드 스펙트럼』(공저) 『철학의 전환점』(공저) 『SWP연습』(공저) 등이 있다.

• 임형택

성균관대학교 철학과에서 서양철학을 전공하여 석사학위를 받았으며, 인터랙션사이언스학과에서 박사과정을 수료했다. 현재 인터랙션사이언스연구소와 MIND(Media, Interface & Network Design)연구소의 연구원으로 재직 중이다. 논문으로는 'Personality and Facial Expressions in Human-Robot Interaction' 'The Effect of Robot's Voice and Appearance on Communication with Human' 'Effects of Digital Art Viewing Degree and Interaction: Collage of Digitally Manipulated Sound and Image by Viewer'가 있다.

찾아보기

하이브리드미래문화연구총서 04

디지털 철학
디지털 컨버전스와 미래의 철학

1판 1쇄 인쇄 2013년 12월 20일
1판 1쇄 발행 2013년 12월 30일

지은이 | 이종관 · 박승억 · 김종규 · 임형택
펴낸곳 | 성균관대학교 출판부
110-745 서울특별시 종로구 성균관로 25-2
등록 | 1975년 5월 21일 제1975-9호
전화 | 02)760-1252~4 팩스 | 02)762-7452
홈페이지 | http://press.skku.edu

ISBN 979-11-5550-025-5 93130
값 22,000원
잘못된 책은 구입한 곳에서 교환해 드립니다.